Inhalt

	Einführung in den Atlas	Seite 2
	Vom Bild zur Karte	
	Zwei Karten	
	Die Zeichen in der Karte	
	Deutschland	8
	Europa	32
	Afrika	66
	Asien	
	Australien	
	Nordamerika	98
	Südamerika	
	Polargebiete	
	Die Erde	120
	Die Erde im Weltraum	138
	Himmelskunde	
	Erdatmosphäre	
	Typische Wetterlagen	

Erschließungshilfen für den Atlas

Die Kartenzeichen	Vordere und hintere Klappe
Kartennetzentwürfe	142
Sachregister	143
Register	145
Staatenübersicht	Vorderer Einband
Größte Städte, höchste Berge, längste Flüsse	Hinterer Einband

2 Vom Bild zur Karte

Unser Beispiel: Der Rhein und die Nahe bei Bingen

Das Luftbild zeigt eine Landschaft so, wie sie zur Zeit der Aufnahme gerade aussieht.

Luftbild

Thematische Karten

Viele Karten zeigen nur wenige, ausgewählte Sachverhalte zu einem Thema. Dann sind sie um so deutlicher. Vier Beispiele:

Orte und Verkehrswege: **Straßenkarte**

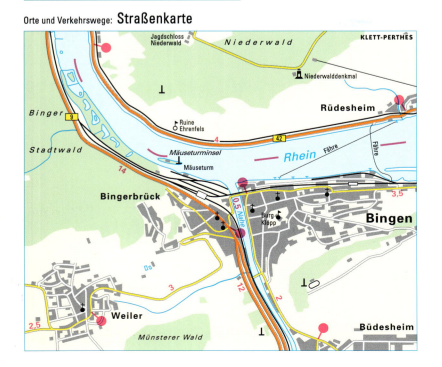

Grenzen der Länder und Landkreise: **Politische Karte**

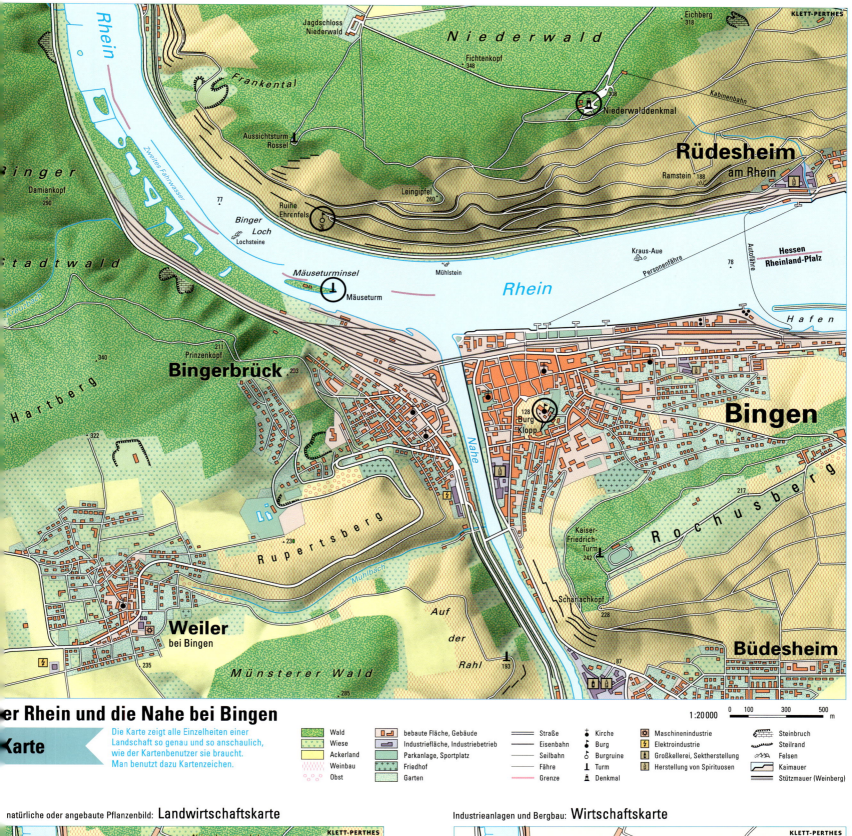

er Rhein und die Nahe bei Bingen

Die Karte zeigt alle Einzelheiten einer Landschaft so genau und so anschaulich, wie der Kartenbenutzer sie braucht. Man benutzt dazu Kartenzeichen.

1:20 000

Wald	bebaute Fläche, Gebäude	Straße
Wiese	Industriefläche, Industriebetrieb	Eisenbahn
Ackerland	Parkanlage, Sportplatz	Seilbahn
Weinbau	Friedhof	Fähre
Obst	Garten	Grenze

Kirche · Maschinenindustrie · Steinbruch
Burg · Elektroindustrie · Steilrand
Burgruine · Großkellerei, Sektherstellung · Felsen
Turm · Herstellung von Spirituosen · Kaimauer
Denkmal · · Stützmauer (Weinberg)

natürliche oder angebaute Pflanzenbild: **Landwirtschaftskarte**

Industrieanlagen und Bergbau: **Wirtschaftskarte**

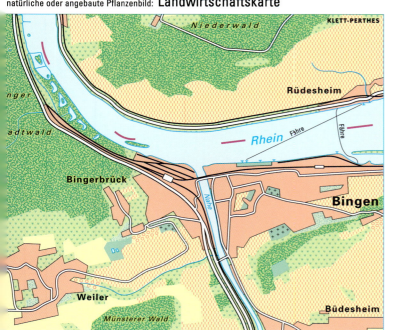

4 Zwei Karten

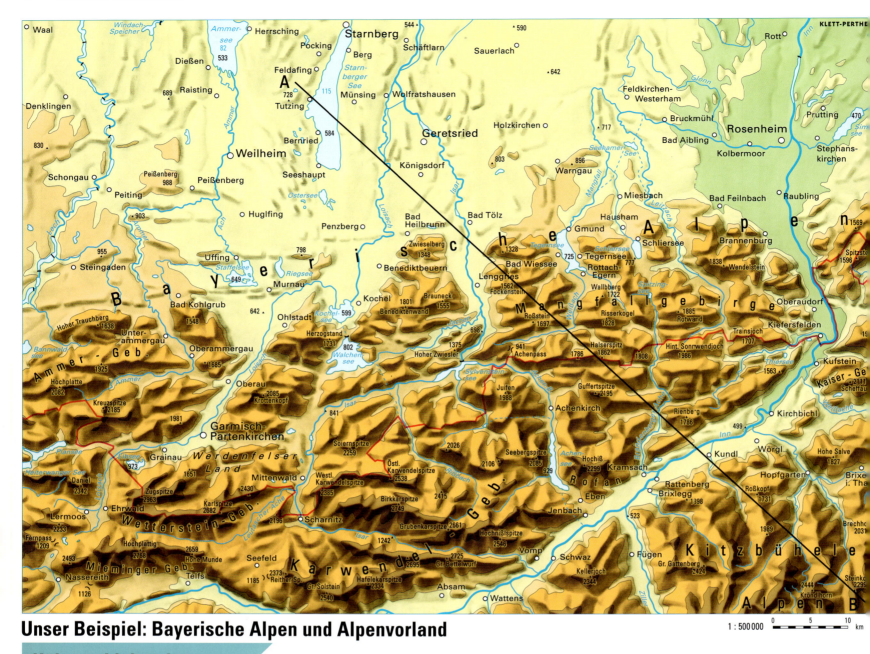

Unser Beispiel: Bayerische Alpen und Alpenvorland

1 : 500 000

Höhenschichtenkarte

- über 2000 m
- 1000 – 2000 m
- 750 – 1000 m
- 500 – 750 m
- unter 500 m

Profil

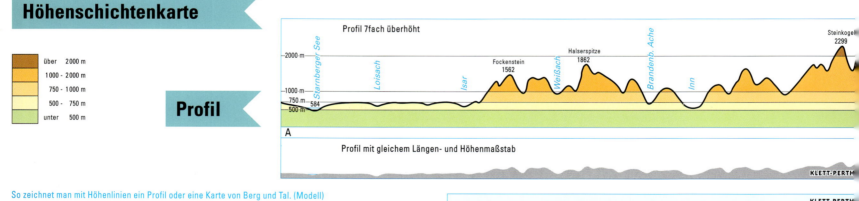

So zeichnet man mit Höhenlinien ein Profil oder eine Karte von Berg und Tal. (Modell)

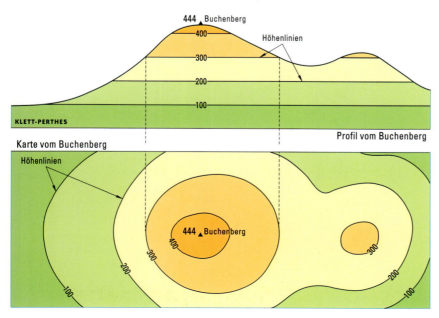

Blockbild

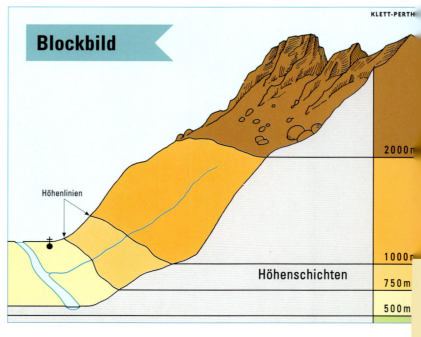

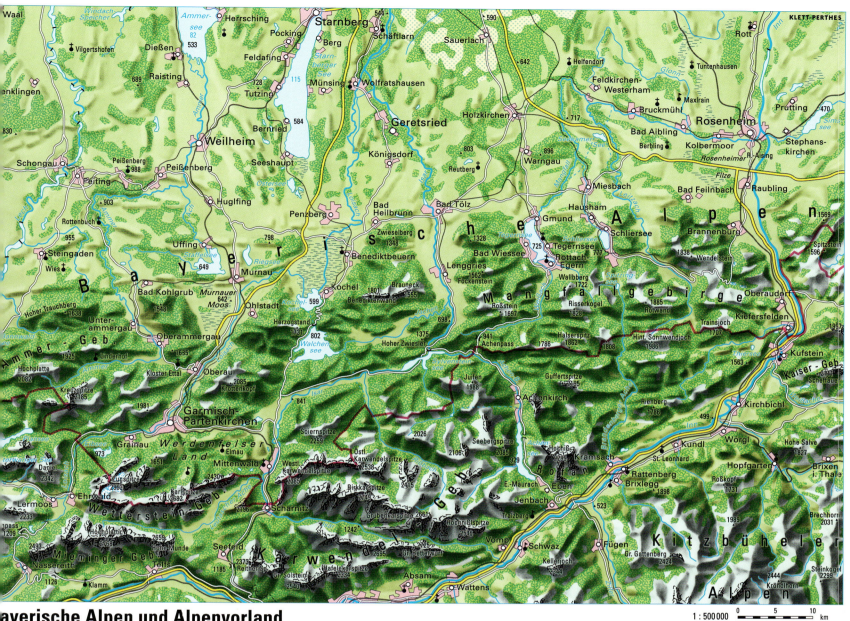

Bayerische Alpen und Alpenvorland

Landschaftskarte

Die Karten zeigen den gleichen Ausschnitt der Bayerischen Alpen südlich von München. Da die Karten einen unterschiedlichen Zweck haben, kann man sehr unterschiedliche Informationen aus ihnen herauslesen.

1 : 500 000

- Grünland und Ackerland
- Sumpf, Moor
- Weiden in den Talauen und im Alpenvorland
- Wald
- Hochgebirgsregion, Hochalmen
- Hochgebirge mit Felsen, Gletscher
- See, Seetiefe
- Fluss
- Ort, Stadt
- Kirche, Kloster
- Burg, Schloss
- Autobahn
- Bundesstraße
- Eisenbahn, Hauptstrecke
- Eisenbahn, Nebenstrecke
- Höhenangabe in Metern

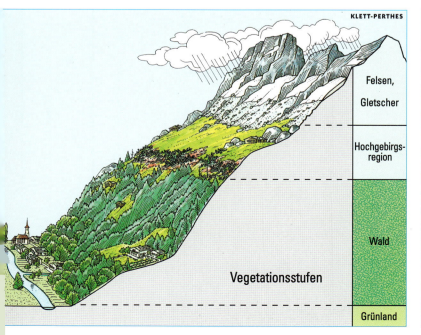

Vegetationsstufen: Felsen, Gletscher / Hochgebirgsregion / Wald / Grünland

Foto

Die Zeichen in der Karte

ALEXANDER

Auf einen Blick

Länder, 1 : 3 Mio	10
Höhenschichten, 1 : 3 Mio	11
Landschaften, 1 : 3 Mio	12
Bergbau und Industrie, 1 : 3 Mio	13

Übersichten

Klima, 1 : 6 Mio	14
– Jahresniederschlag	
– Jahrestemperatur	
– Frühlingseinzug	
– Bioklima	
Umwelt, 1 : 6 Mio	15
– Gewässergüte	
– Luftbelastung	
– Zustand des Waldes	
– Naturschutz	
Naturräume, 1 : 3 Mio	16
Landwirtschaft, 1 : 3 Mio	17
Energie: Rohstoffe und Kraftwerke, 1 : 3 Mio	18
Erholung und Verkehr, 1 : 3 Mio	19
Bevölkerungsdichte und -entwicklung, 1 : 3 Mio	20
Mitteleuropa im Wandel, 1 : 15 Mio	21
– Mitteleuropa vor dem 2. Weltkrieg	
– Mitteleuropa nach dem 2. Weltkrieg	
– Zwei deutsche Staaten in Mitteleuropa: 1949–1990	
– Mitteleuropa heute	

Großräume und Beispiele

Deutschland (Nordteil), 1 : 1,5 Mio	22–23
Deutschland (Südteil), 1 : 1,5 Mio	24–25
Schleswig-Holstein: Küstenschutz	26
Hamburg: Industrie- und Hafenstadt	26
Wirtschaftsraum Hannover	26
Börde: Zuckerrübenanbau und Zuckerfabriken	26
Rostock: Entwicklung 1950 – heute	27
Berlin und Potsdam	27
Rheinisch-Westfälisches Industriegebiet	28
Essen: Strukturwandel im Ruhrgebiet; 1850 – 1998	28
Industriegebiet Halle-Leipzig: Energie und Chemie	29
Raum Halle-Leipzig: Luftbelastung	29
Mittleres Moseltal: Strukturverbesserung	29
Saarrevier: Energie und Industrie	29
Rhein-Main-Neckarraum	30
Frankfurt am Main: Innere Stadt	30
Mannheim: Straßenverkehr und Lärmbelastung	30
Automobilwerk Sindelfingen: Pendler	31
Stuttgart: Industrie am mittleren Neckar	31
München: Industrie und Erholungsgebiete	31
Tegernsee und Schliersee: Gewässerschutz	31

Tiefland. Insel Usedom in der Ostsee

Mittelgebirge. Im Südschwarzwald am Belchen

Hochgebirge. Zugspitze mit Eibsee in den Bayerischen Alpen

Deutschland

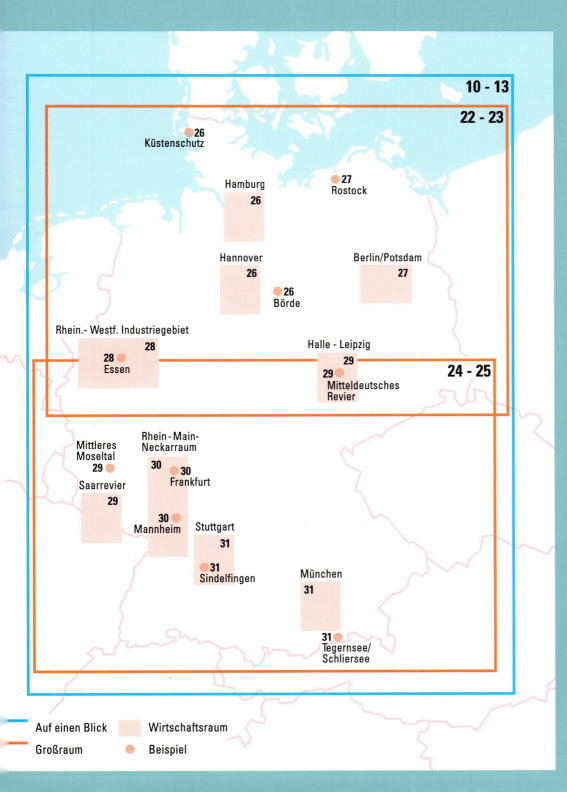

Auf einen Blick — Wirtschaftsraum
Großraum — Beispiel

Ostseebad Sellin auf Rügen

Im Hamburger Hafen

Rübenernte in der Börde

Wertheim am Main. Alte Kleinstadt zu Füßen ihrer Burg

Automobilwerk Sindelfingen bei Stuttgart

KLETT-PERTHES

Deutschland: Höhenschichten
1:3000000

14 Deutschland: Klima

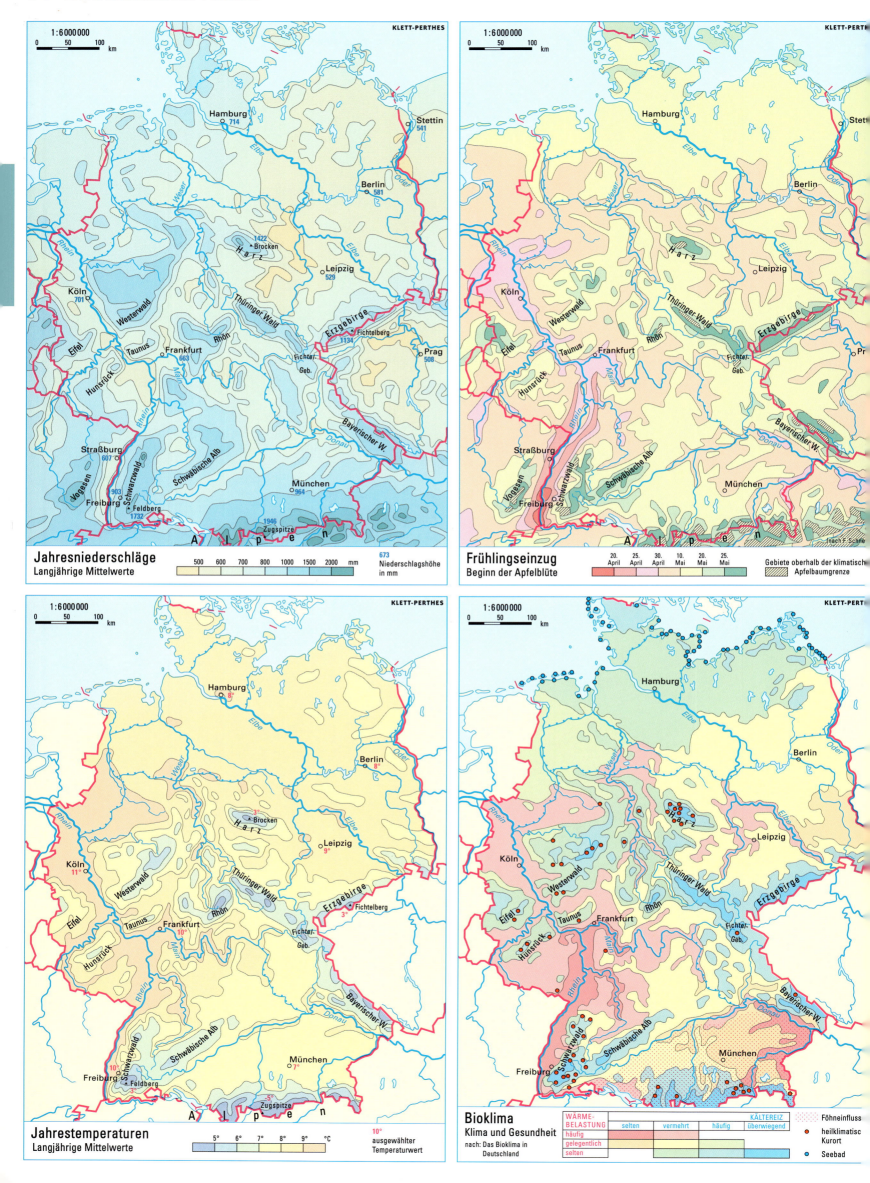

Deutschland: Umwelt

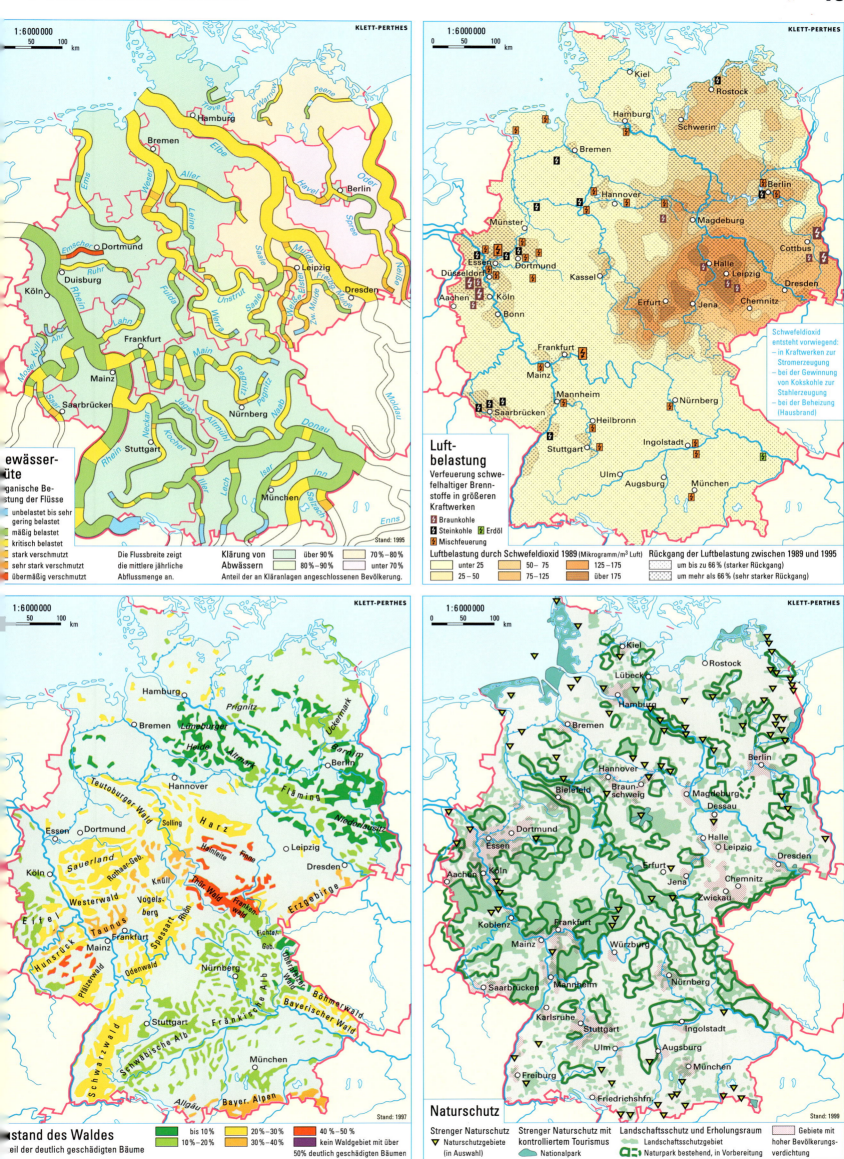

16 Deutschland: Naturräume

Deutschland: Landwirtschaft

18 Deutschland: Energie

Deutschland: Fremdenverkehr

20 Deutschland: Bevölkerung

22 Deutschland (Nordteil)

23

1:1 500 000   0 10 20 30 40 50 km

KLETT-PERTHES

O s t s e e

R K
Nakskov
Femø
Maribo
Femer
Lolland
Falster
Rødby Havn
Gedser
Gedser Odde
Nykøbing
Stubbekøbing
Stege
Aborrebjerg
Møns Klint
Møn
143
Grønsund
Guldborgsund
Ålholm

Møn
Kap Arkona
46
Lohme
Wittow
161
Stubbenkammer
Saßnitz
72
Hiddensee
Rügen
Bergen
Binz
Granitz
Sellin
Göhren
Mönchgut
Putbus

Greifswalder Oie
Pommersche Bucht

Jamunder See
Kolberg (Kołobrzeg)
Körlin

Belgard (Białogard)

Darßer Ort
Prerow
Ahrenshoop
Wustrow
Zingst
Barth
Stralsund
Graal-Müritz
R.-Warnemünde
Kühlungsborn
Ribnitz-Damgarten
Grimmen
Greifswald
Stresow
Wolgast
Zinnowitz
Peenemünde
Bansin
Heringsdorf
Ahlbeck
Swinemünde (Świnoujście)
Misdroy
Cammin
Greifenberg
Treptow
Schivelbein
177

Rostock
Bad Doberan
Schwaan
Laage
Jarmen
Demmin
Anklam
Ueckermünde
Ziegenort
Pölitz
Stettin (Szczecin)

Mecklenburg
Wismar
Bad Kleinen
Butzow
Güstrow
Teterow
Malchin
Altentreptow
Torgelow
Ueckermünder Heide
Stargard (Stargard Szczeciński)
Naugard
Labes
Falkenburg

Schwerin
Crivitz
Sternberg
Krakow
Waren
Neubrandenburg
Strasburg
Pasewalk
Prenzlau
Greifenhagen
Kolbatz
Pyritz
Arnswalde

Vorpommern

Parchim
Lübz
Plau
Malchow
Röbel
Müritz
Neustrelitz
Dedelow
Gartz
Bernstein
Soldin

Neustadt-Glewe
Grabow
Ruhner Berge
Wittstock
Fürstenberg
Templin
Angermünde
Schwedt
Königsberg
Berlinchen
Friedeberg

Ludwigslust
Dömitz
Pritzwalk
Rheinsberg
Gransee
Zehdenick
Schorfheide
Eberswalde
Bad-Freienwalde
Neudamm
Landsberg (Gorzów Wielkopolski)
Netzebruch

Perleberg
Wittenberge
Kyritz
Neuruppin
Neustadt
Havelberg
Fehrbellin
Oranienburg
Bernau
Wriezen
Letschin
Küstrin
Warthebruch
Birnbaum

Salzwedel
Osterburg
Rathenow
Nauen
Hennigsdorf
Strausberg
Seelow
Meseritz
Buchwald
Paradies

Brandenburg
Stendal
Tangermünde
Premnitz
Falkensee
Berlin
Rüdersdorf
Zielenzig
Lagow
Schwiebus

Gardelegen
Tangerhütte
Genthin
Sanssouci
Potsdam
Telfow
Werder
Wildau
Fürstenwalde
Frankfurt (Slubice)
Reppen
Zullichau

Magdeburg
Wolmirstedt
Burg
Rathenow
Belzig
Hagelberg
Ludwigsfelde
Königs Wusterhausen
Zossen
Beeskow
Eisenhüttenstadt
Crossen
Grünberg (Zielona Góra)

Schönebeck
Zerbst
Treuenbrietzen
Luckenwalde
Baruth
Lübben
Guben (Gubin)
Sommerfeld
Neusalz (Nowa Sól)

Staßfurt
Calbe
Roßlau
Coswig
Wittenberg
Jüterbog
Lübbenau
Lehde
Peitz
Freystad

Bernburg
Köthen
Dessau
Wörlitz
Jessen
Luckau
Vetschau
Cottbus
Forst (Zasieki)
Sorau (Żary)
Sagan (Żagań)
Sprottau

Quedlinburg
Aschersleben
Wolfen
Bitterfeld
Herzberg
Finsterwalde
Spremberg
Schwarze Pumpe
Weißwasser
Bunzlau (Bolesławiec)

Halle
Delitzsch
Eilenburg
Torgau
Falkenberg
Bad Liebenwerda
Lauchhammer
Senftenberg
Elsterwerda
Hoyerswerda
Lauta
Niesky
Kohlfurt

Leipzig
Merseburg
Wurzen
Grimma
Großenhain
Kamenz
Görlitz (Zgorzelec)
Lauban
Löwenberg

Weißenfels
Naumburg
Borna
Leisnig
Döbeln
Riesa
Meißen
Radeberg
Bautzen
Bischofswerda
Löbau
Greiffenberg

Zeitz
Altenburg
Rochlitz
Mittweida
Coswig
Radebeul
Dresden
Pirna
Ebersbach
Herrnhut
Friedland

Erfurt
Weimar
Apolda
Eisenberg
Freiberg
Freital
Bad Schandau
Warnsdorf
Hirschberg (Jelenia Góra)

Jena
Gera
Meerane
Chemnitz
Brand-Erbisdorf
Dippoldiswalde
Glashütte
Tetschen
Reichenbg. (Liberec)
Schneekoppe
Spindlermühle

Sachsen
Anhalt
Brandenburg
Sachsen
POLEN
TSCHECH.-REP.

Stettiner Haff
Greifswalder Bodden
Kummerower See
Müritz
Schweriner See
Lübecker Bucht

12 östliche Länge von Greenwich

24 Deutschland (Südteil)

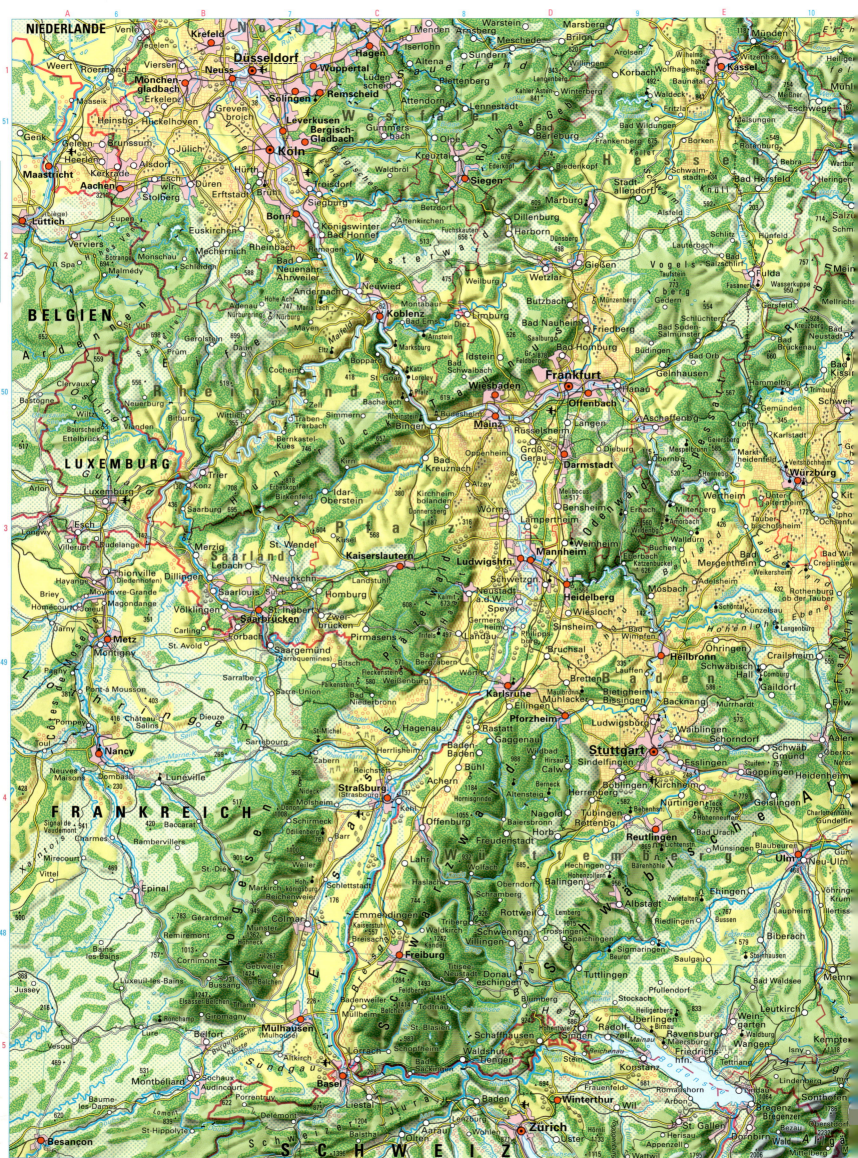

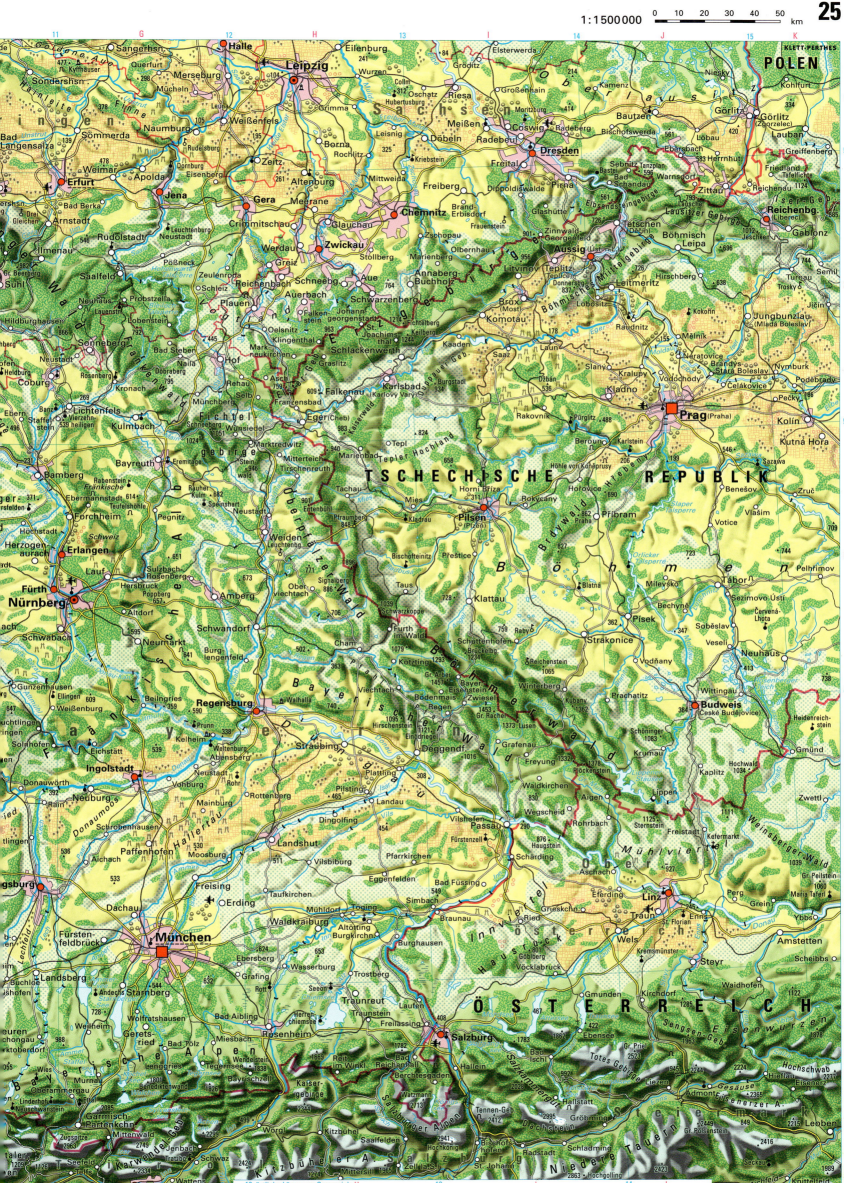

26 Deutschland: Küstenschutz · Wirtschaftsräume · Zuckerrübenanbau

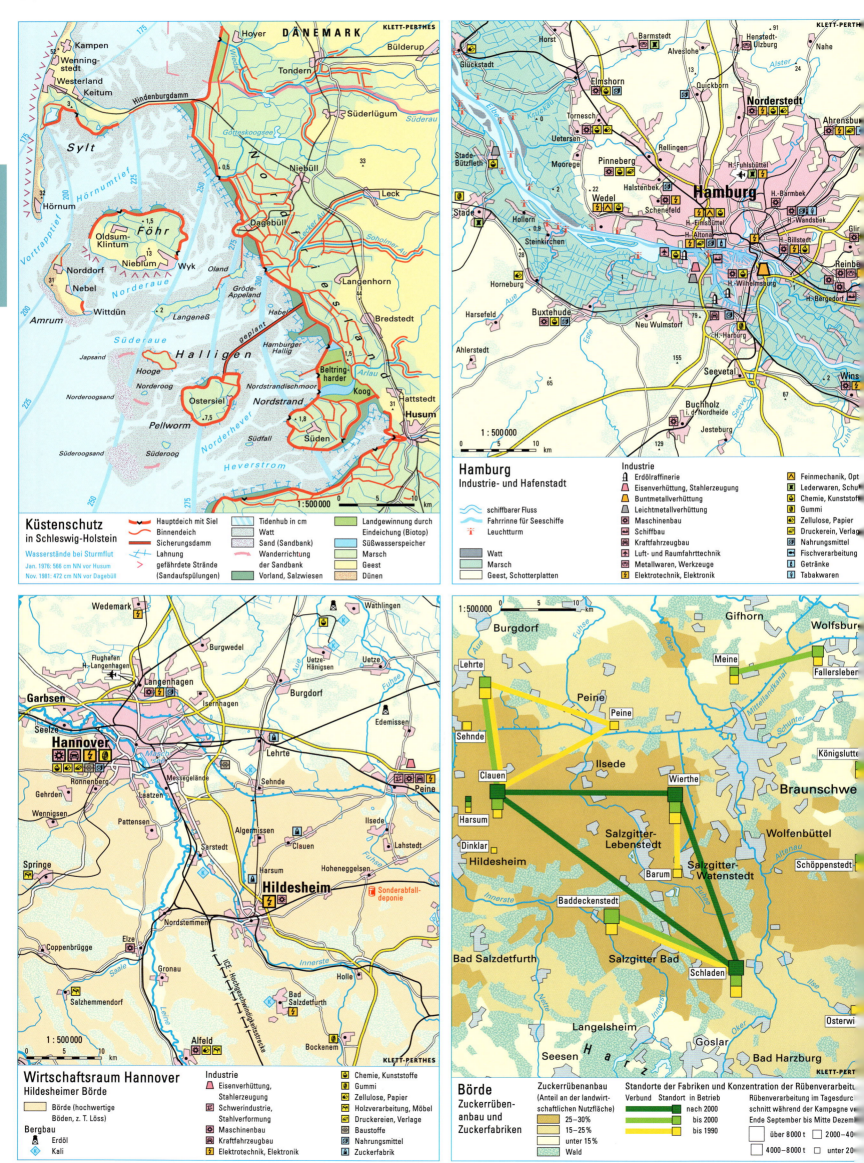

Stadtentwicklung · Berlin und Potsdam

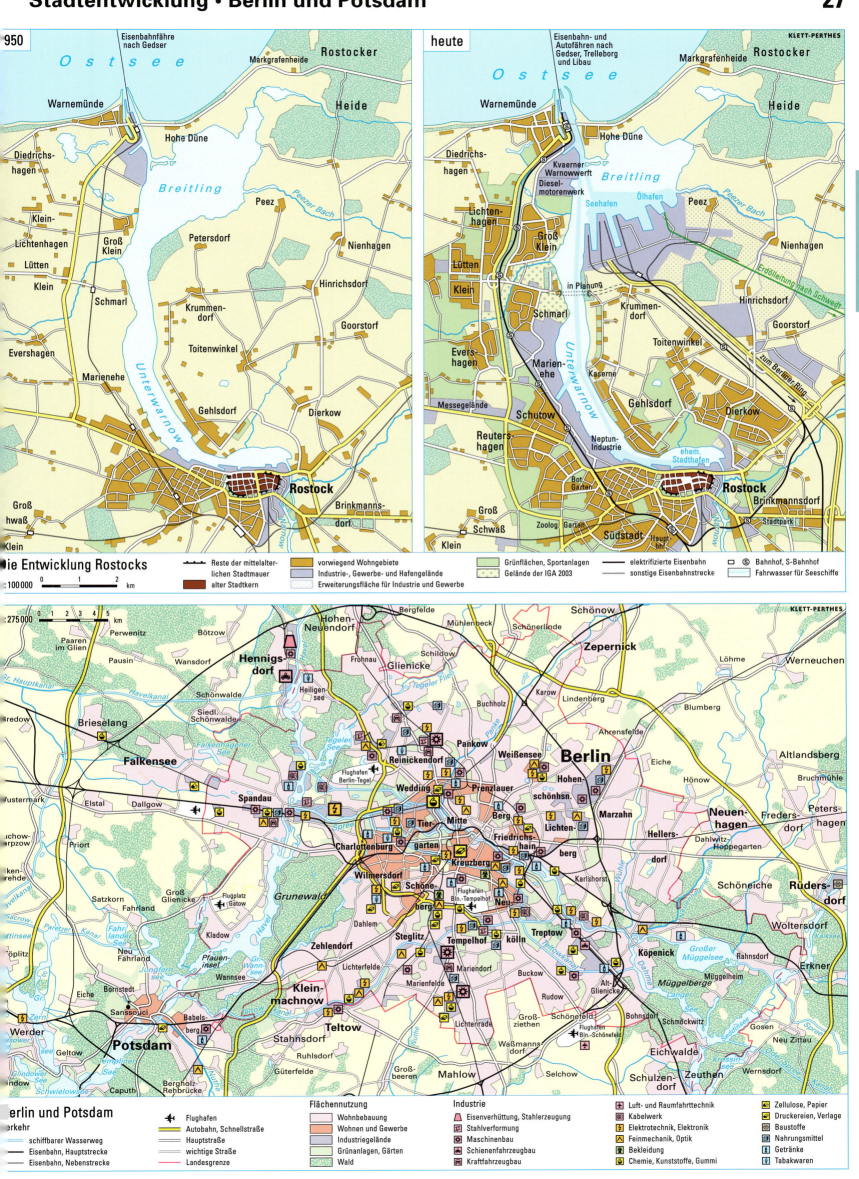

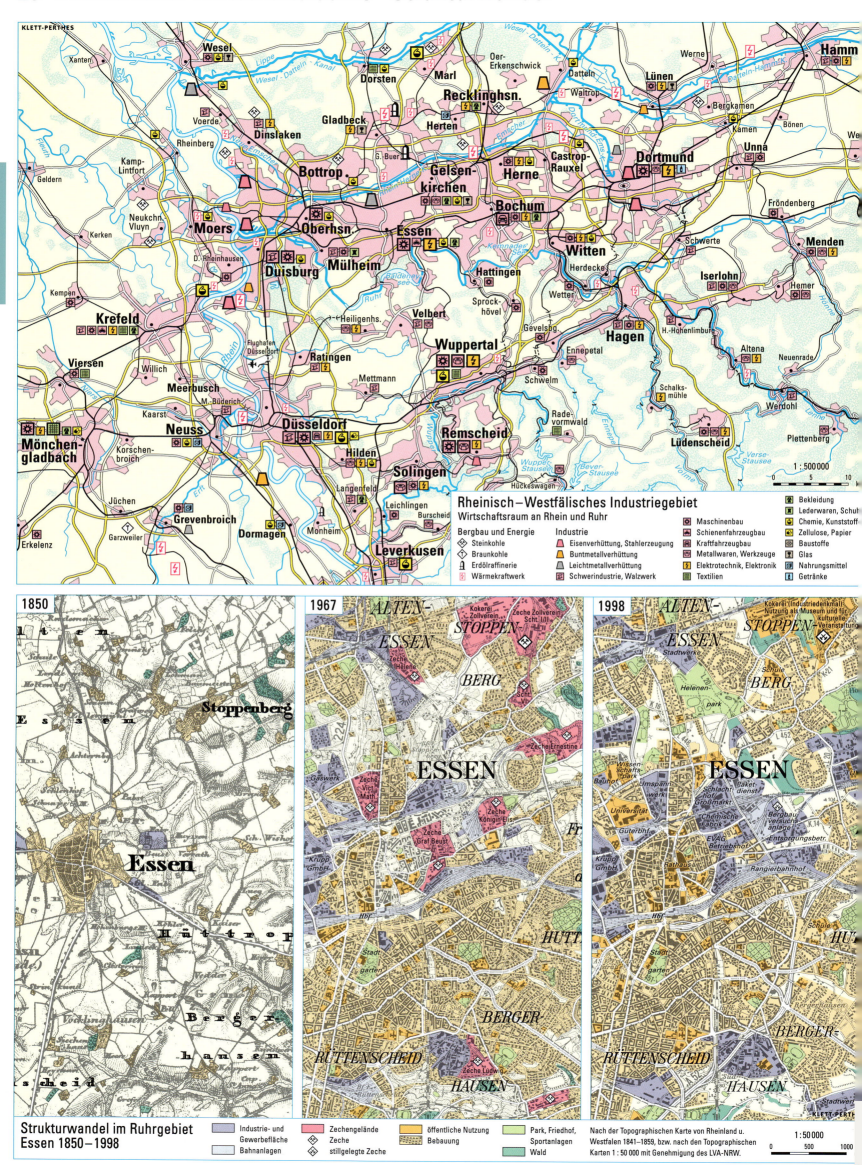

Luftbelastung · Rebflurbereinigung 29

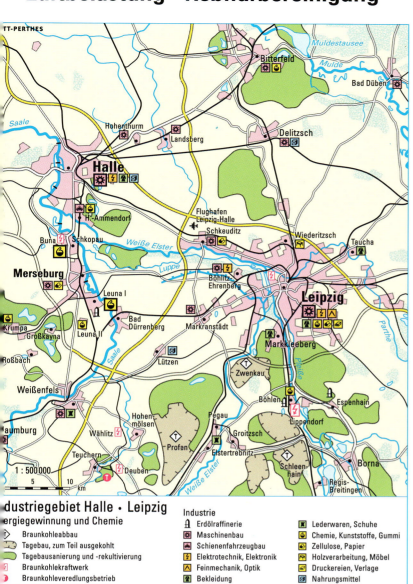

Industriegebiet Halle · Leipzig
Energiegewinnung und Chemie
- Braunkohleabbau
- Tagebau, zum Teil ausgekohlt
- Tagebausanierung und -rekultivierung
- Braunkohlekraftwerk
- Braunkohleveredlungsbetrieb

Industrie
- Erdölraffinerie
- Maschinenbau
- Schienenfahrzeugbau
- Elektrotechnik, Elektronik
- Feinmechanik, Optik
- Bekleidung
- Lederwaren, Schuhe
- Chemie, Kunststoffe, Gummi
- Zellulose, Papier
- Holzverarbeitung, Möbel
- Druckereien, Verlage
- Nahrungsmittel

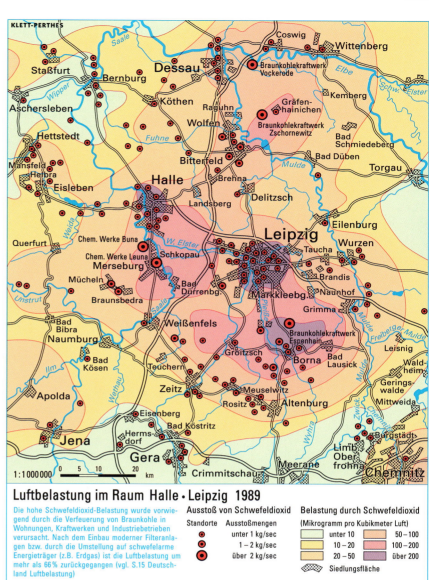

Luftbelastung im Raum Halle · Leipzig 1989

Die hohe Schwefeldioxid-Belastung wurde vorwiegend durch die Verfeuerung von Braunkohle in Wohnungen, Kraftwerken und Industriebetrieben verursacht. Nach dem Einbau moderner Filteranlagen bzw. durch die Umstellung auf schwefelarme Energieträger (z.B. Erdgas) ist die Luftbelastung um mehr als 66 % zurückgegangen (vgl. S.15 Deutschland Luftbelastung).

Ausstoß von Schwefeldioxid
- Standorte / Ausstoßmengen
  - unter 1 kg/sec
  - 1 – 2 kg/sec
  - über 2 kg/sec

Belastung durch Schwefeldioxid (Mikrogramm pro Kubikmeter Luft)
- unter 10
- 10 – 20
- 20 – 50
- 50 – 100
- 100 – 200
- über 200
- Siedlungsfläche

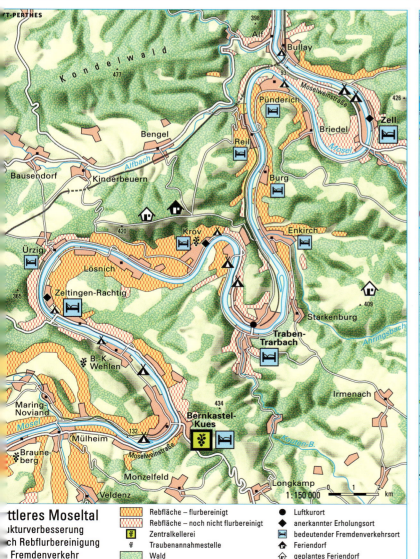

Mittleres Moseltal
Strukturverbesserung durch Rebflurbereinigung und Fremdenverkehr
- Rebfläche – flurbereinigt
- Rebfläche – noch nicht flurbereinigt
- Zentralkellerei
- Traubenannahmestelle
- Wald
- Luftkurort
- anerkannter Erholungsort
- bedeutender Fremdenverkehrsort
- Feriendorf
- geplantes Feriendorf
- Campingplatz

Saarrevier
Energie und Industrie

Energiegewinnung
- Steinkohle
- Wärmekraftwerk

Industrie
- Eisenhüttung, Stahlerzeugung
- Schwerindustrie, Stahlverformung
- Maschinenbau
- Kraftfahrzeugbau
- Metallwaren, Werkzeuge
- Elektrotechnik, Elektronik
- Bekleidung
- Lederwaren, Schuhe
- Chemie, Kunststoffe
- Gummi
- Holzverarbeitung, Möbel
- Keramik, Porzellan
- Glas
- Nahrungsmittel
- Getränke

30 Deutschland: Wirtschafträume • Dienstleistungen • Lärmbelastung

Pendler · Gewässerschutz

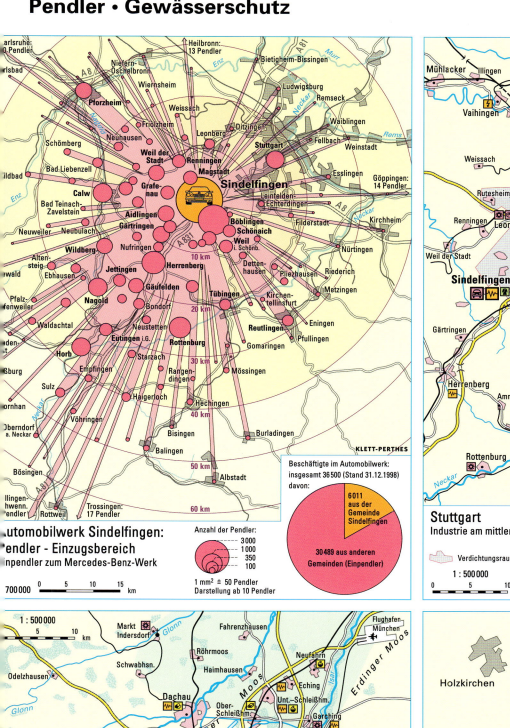
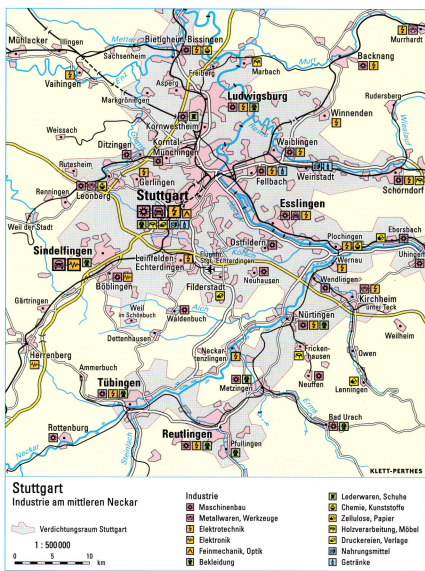

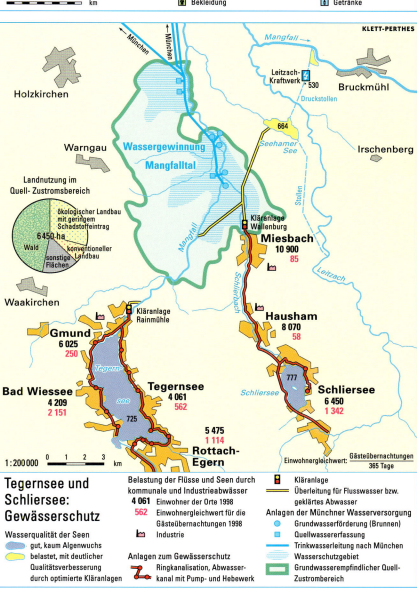

ALEXANDER

Europa

Auf einen Blick

Staaten, 1 : 12,5 Mio	34–37
Höhenschichten, 1 : 12,5 Mio	36–37
Landschaften, 1 : 12,5 Mio	38–39
Bergbau und Industrie, 1 : 12,5 Mio	40–41

Übersichten

Klima und Umwelt, 1 : 30 Mio	42–43
– Jahresniederschlag	
– Wirkliche Temperaturen im Januar	
– Wirkliche Temperaturen im Juli	
– Europa in der Würmeiszeit	
– Europa heute: Naturlandschaft im Modell	
– Europa heute: Kulturlandschaft	
– Naturschutz	
– Der Bau Europas: Tektonik	
Landwirtschaft, 1 : 15 Mio	44
Energie: Rohstoffe und Kraftwerke, 1 : 15 Mio	45
Verkehr: Verkehrsverbindungen und PKW-Dichte, 1 : 15 Mio	46
Fremdenverkehr und Naherholung, 1 : 15 Mio	47
Bevölkerungsdichte, 1 : 15 Mio	48
Wirtschaftsraum Europa, 1 : 30 Mio	49
– Staaten und Sprachen	
– Europäischer Wirtschaftsraum (EWR)	
– Wirtschaftskraft im EWR	
– Wohlstand im EWR	

Großräume und Beispiele

Mittel- und Osteuropa, 1 : 5 Mio	50–51
Alpenländer: Höhenschichten, Verkehrswege, Energie	52
Aletschgletscher	53
Saas Fee: Erholungsort	53
Polen: Bergbau und Industrie	53
Südschweden: Wald und Industrie	53
Nordeuropa, 1 : 5 Mio	54–55
Westeuropa, 1 : 5 Mio	56–57
Erdöl und Erdgas in der Nordsee	58
Mittelengland: Bergbau und Industrie	58
London: Innere Stadt	58
London–Paris: Verkehrsverbindungen und Industrie	59
Niederlande–Belgien: Industriezentren	59
Paris: Innere Stadt	59
Südeuropa (Westteil), 1 : 5 Mio	60–61
Nordostspanien–Balearen: Wirtschaft	62
Huerta von Murcia	62
Vesuv	62
Poebene und Golf von Genua: Industrie in Oberitalien	62
Rom: Innere Stadt	63
Donauniederung in Ungarn: Bergbau und Industrie	63
Die Völker Jugoslawiens: Siedlungsgebiete	63
Südeuropa (Ostteil) und Türkei, 1 : 5 Mio	64–65

Ohne Zweifel in England. Bus in London

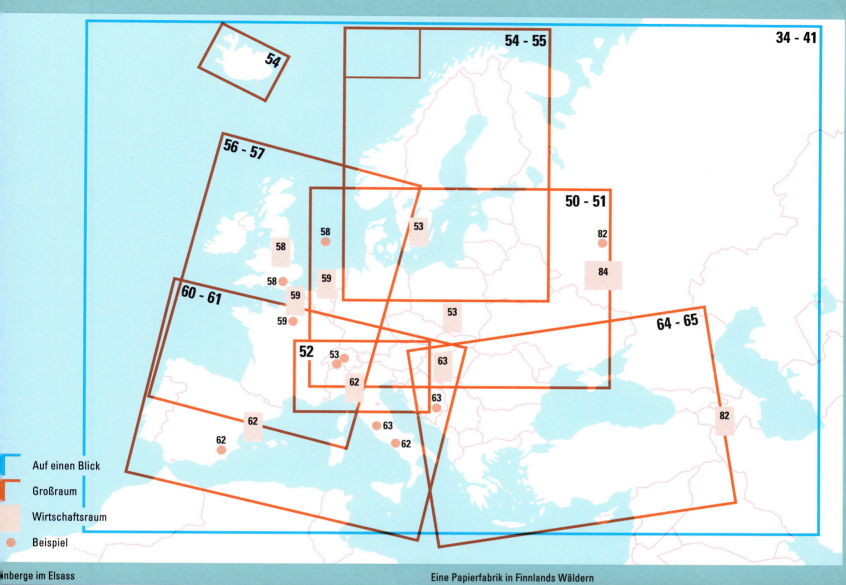

Auf einen Blick
Großraum
Wirtschaftsraum
Beispiel

...nberge im Elsass

Eine Papierfabrik in Finnlands Wäldern

...herdorf am sonnigen Mittelmeer

Getreideernte in der Ukraine

38 Europa: Landschaften

39

1 : 12 500 000

0 100 200 300 400 500 km

Nordkap

Murmansk

H.-I. Kanin

Narodnaja 1894

Uralgebirge

H.-I. Kola
Halbinsel Kola

Weißes Meer

Archangelsk

Syktywkar

Konschakowski Kamen 1569

Tjumen

FINNLAND

Petrosawodsk

Onegasee

Ladogasee

Wjatka

Perm

Jekaterinburg

Tscheljabinsk

Helsinki (Helsingfors)

St. Petersburg

R U S S L A N D

Ischewsk

Ufa 1640
Jamantau

Magnitogorsk

Tallinn

ESTLAND

Ilmensee

Jaroslawl

Iwanowo

Kasan

Tscheboksary

Nabereschnyje Tschelny

Riga

Twer

Nischni Nowgorod

Simbirsk

Toljatti

Samara

Orenburg

Aktöbe

Witebsk

Moskau (Moskwa)

Rjasan

Pensa

Saratow

Kasachensteppe

Wilna (Vilnius)

Tula

Aralsee

Minsk

Brjansk

WEISSRUSSLAND

Gomel

Woronesch

Wolgograder Stausee

K A S A C H S T A N

USBEKI-STAN

Pripjetniederung

Don

Kiewer Stausee

Kiew (Kiiw)

Charkiw

Wolgograd

Astrachan

Wolynien

Lemberg (Lwiw)

Dnipropetrowsk

Luhansk

Atyrau

Kaspisches Meer

Aktau

TURKMENISTAN

U K R A I N E

Kriwi Rih

Donezk

Saporischja

Rostow

MOLDAU

Mikolajiw

Mariupol

Chisinau

Odesa

Asowsches Meer

Krasnodar

Kuban

Grosny

RUMÄNIEN

H.-I. - Krim

Sewastopol

Sotschi

Kaukasus
Elbrus 5633
Kasbek 5047

GEORGIEN

Tiflis (Tbilisi)

Baku (Baki)

ASER-BAIDSCHAN

Bukarest (Bucuresti)

Constanta

Schwarzes Meer

Eriwan (Jerewan)

ARME-NIEN

Ararat 5165

Täbris (Tabriz)

Demawend 5604

Sofia (Sofija)

BULGARIEN

Samsun

Elburs

Teheran

Plovdiv

İstanbul

Pontisches Gebirge

Vansee

Qom

Saloniki

Bursa

Ankara

Diyarbakir

Mossul (Al Mawsil)

IRAN

Athen (Athinai)

İzmir

Konya

Adana

Gaziantep

Kirkuk

Bakhtaran

Antalya

Mersin

Aleppo (Halab)

Atatürkstausee

IRAK

Kreta

ZYPERN

Nikosia

LIBANON

Hims

SYRIEN

Bagdad

Karbala

Ahvaz

40 Europa: Bergbau und Industrie

41

1:12 500 000

0 100 200 300 400 500 km

FINNLAND

Kirkenes
Nikel
Murmansk
Montschegorsk
Kirowsk
Kemi
Oulu
Belomorsk
Kajaani
Joensuu
Imatra
Petrosawodsk
Kotka
Helsinki
Turku
St. Petersburg
Kirischi
Tallinn
Nowgorod
Pleskau

ESTLAND

LETTLAND

Riga

LITAUEN

Wilna
Witebsk
Smolensk
Kokkola
Wiborg

WEISSRUSSLAND

Minsk
Gomel
Soligorsk

schau

RUSSLAND

Petschora
Beresowo
Sergini
Ust-Balyk
Chanty-Mansisk
Wuktyl
Uchta
Iwdel
Schaim
Tobolsk
Serow
Solikamsk
Tjumen
Ural-
gebiet
Nischni Tagil
Perm
Jekaterinburg
Tscheljabinsk
Slatoust
Rudny
Ufa
Magnitogorsk
Neftekamsk
Wolga-
Nabereschnyje
Tschelny
Ural-
Revier
Kasan
Salawat
Tschepowez
Archangelsk
Syktywkar
Kotlas
Wjatka
Ischewsk
Rybinsk
Iwanowo
Jaroslawl
Twer
Nischni
Nowgorod
Tscheboksary
Simbirsk
Samara
Toljatti
Sysran
Orenburg
Sol-Iletzk
Orsk
Aktöbe
Moskau
Rjasan
Tula
Saransk
Pensa
Saratow
Tambow
Lipezk
Schelesnogorsk
Kursk
Woronesch
Lebedin
Belgorod
Charkiw
Glinsko
Schebelinka
Wolgograd
Makat
Kostschagyl
Atyrau

KASACHSTAN

USBEKI-
STAN

Aralsee

Kiew
Lemberg
UKRAINE
Dnipropetrowsk
Donbass
Saporischja
Kriwi Rih
Donezk
Luhansk
Rostow
Mariupol
Mikolajiw
MOLDAU
Gheorghe
Georghiu-Dej
Chişinău
Klausenburg
Odesa
Kremenetschuk

RUMÄNIEN

Kronstadt
Hunedoara
Galaţi
Ploieşti
Bukarest
Petroşani
Constanţa
Varna
Burgas
Sofia
Plovdiv
BULGARIEN

Kertsch
Krasnodar
Sewastopol
Sotschi
Stawropol
Grosny
Astrachan
Mangyschlak

Kaspisches Meer

Kara-
Bogas-Gol

TURK-
MENISTAN

Nebit-Dag

GEORGIEN
Kutaissi
Tiflis
Batumi
ASER-
BAIDSCHAN
Murgul
ARME-
Eriwan
NIEN
zu ASERB.
Baku
Täbris
Rasht

Schwarzes Meer

Samsun
Ereğli
İstanbul
İzmit
Bursa
Ankara
Kırıkkale
Divriği
Guleman
Batman
Teheran
Hamadan

Saloniki
İzmir
Muğla
Antalya
Fethiye
Adana
İskenderun
Aleppo
Malatya
Mossul
Kirkuk
Bakhtaran

IRAN

TÜRKEI

SYRIEN

Hims

IRAK

Bagdad
Agha
Jari

ZYPERN

ECHENLAND
Athen
tras

Tunçbilek

42 Europa: Klima und Umwelt

Jahresniederschläge
Langjährige Mittelwerte

Europa in der Würmeiszeit
(60 000 – 10 000 v. Chr.)

Wirkliche Temperaturen Januar

Wirkliche Temperaturen Juli

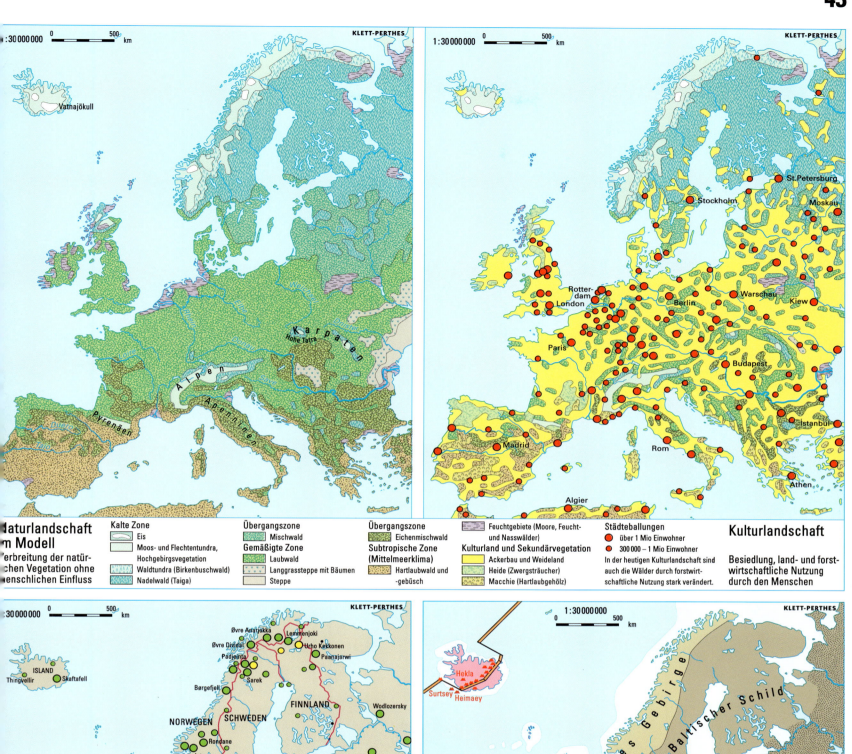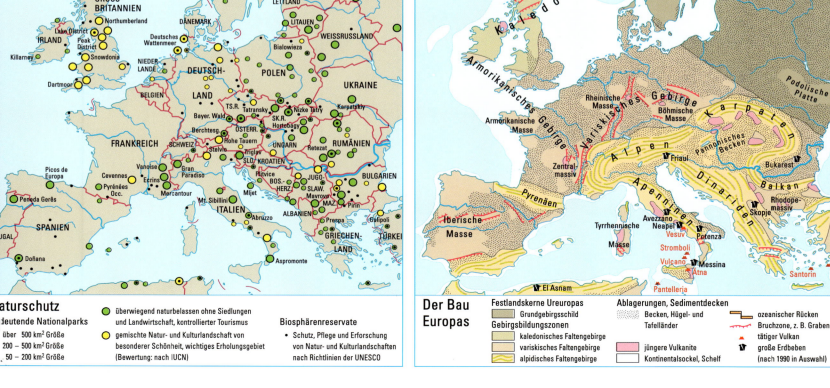

44 Europa: Landwirtschaft

46 Europa: Verkehr

Europa: Fremdenverkehr

48 Europa: Bevölkerung

Wirtschaftsraum Europa

49

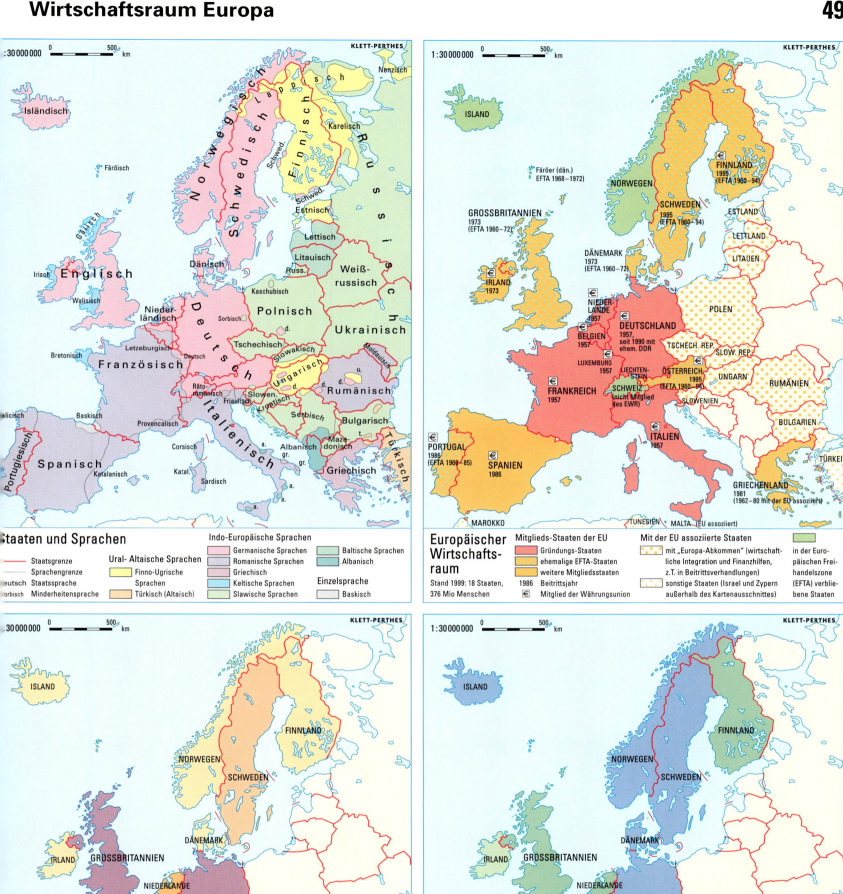

50 Mittel- und Osteuropa

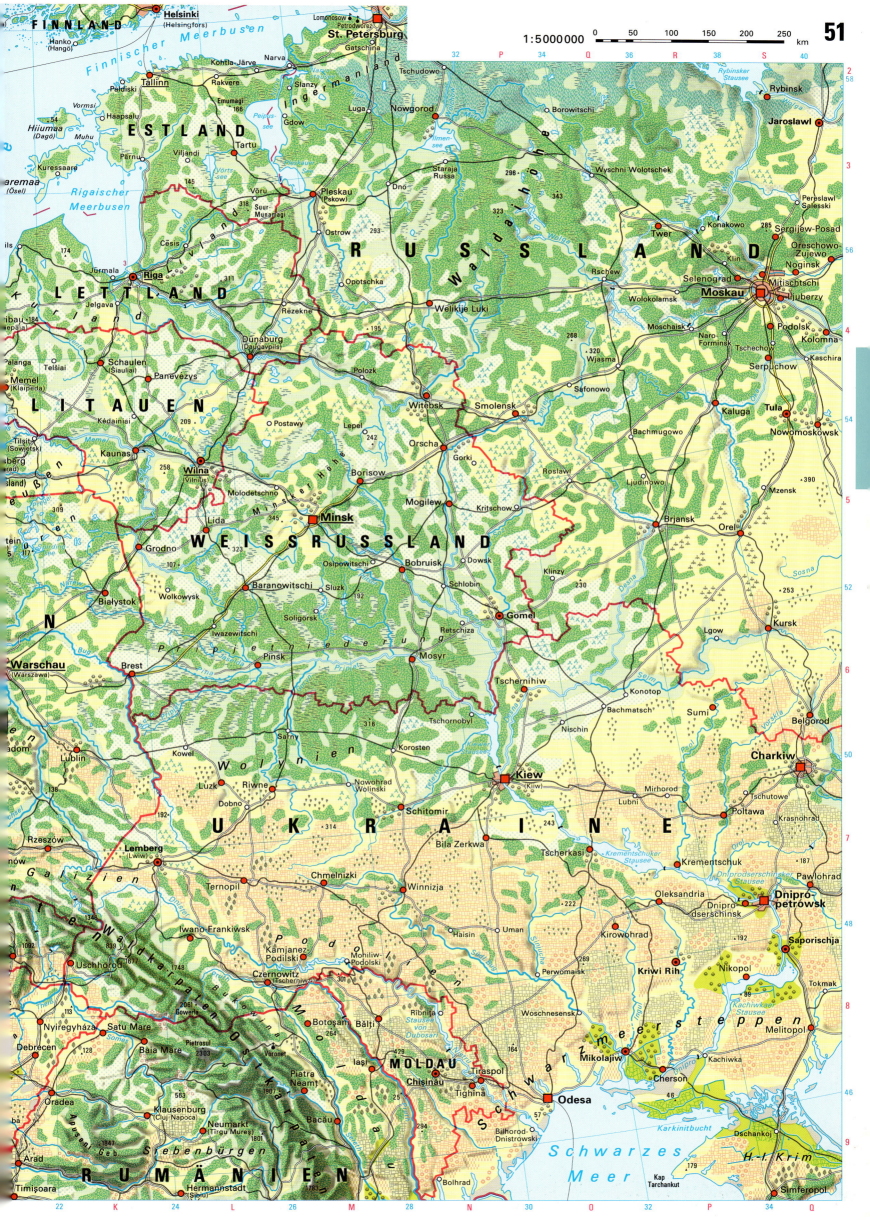

Mittel- und Nordeuropa: Aletschgletscher • Fremdenverkehr • Wirtschafträume 53

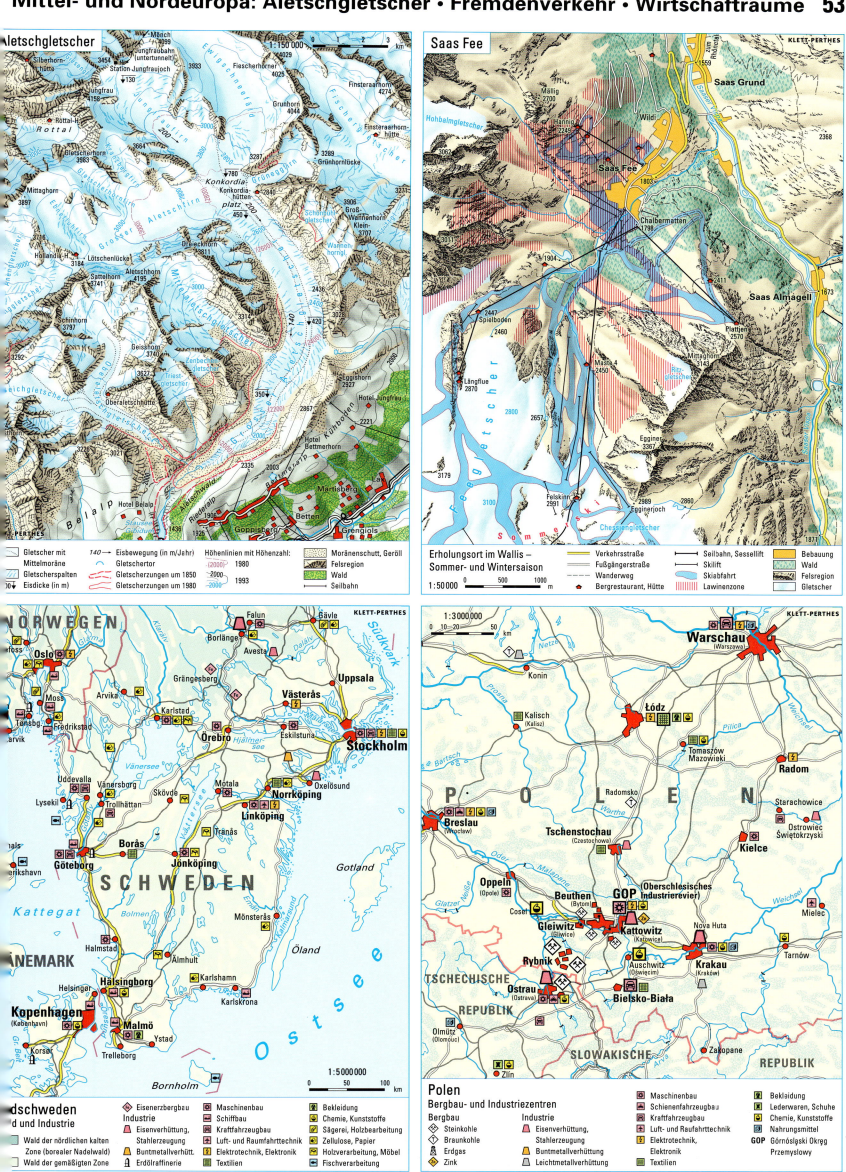

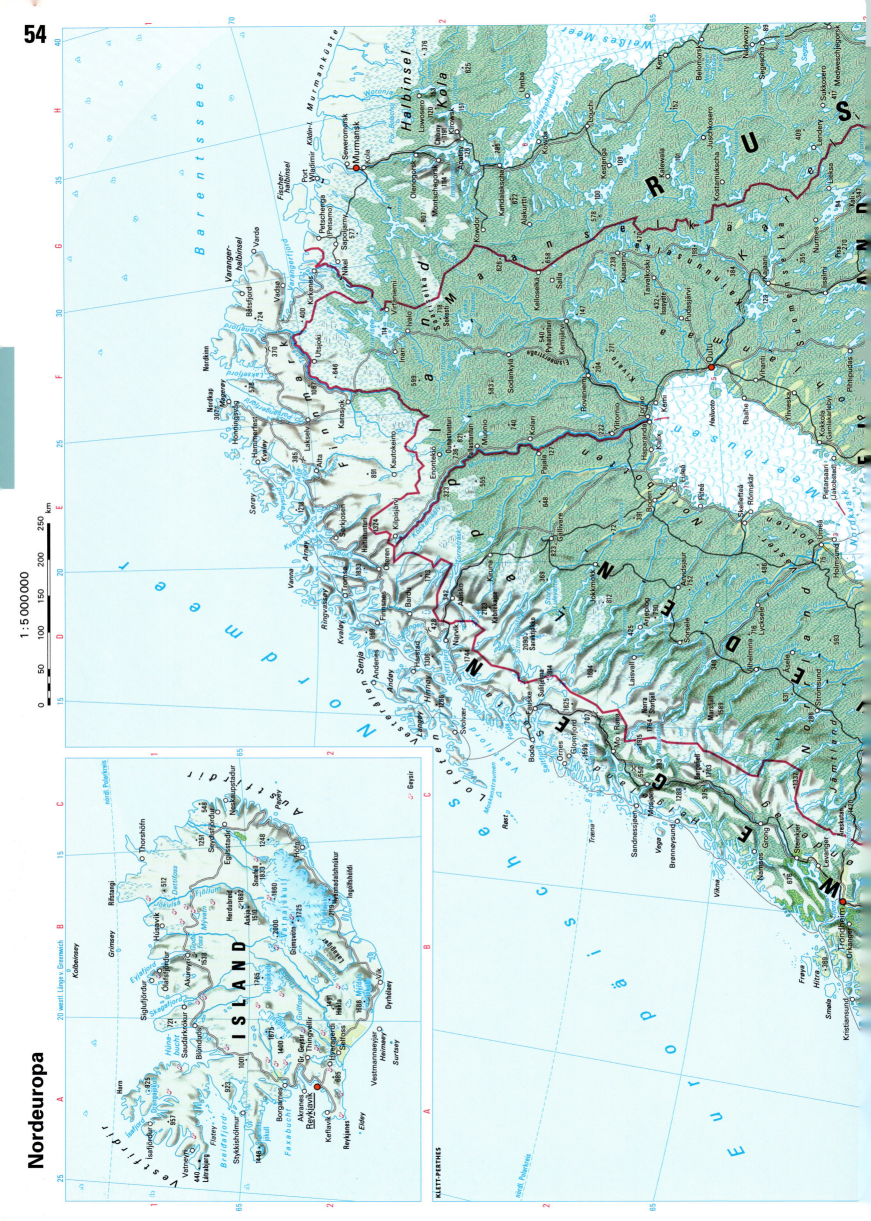

58 Westeuropa: Wirtschafträume · Erdöl und Erdgas · London · Paris

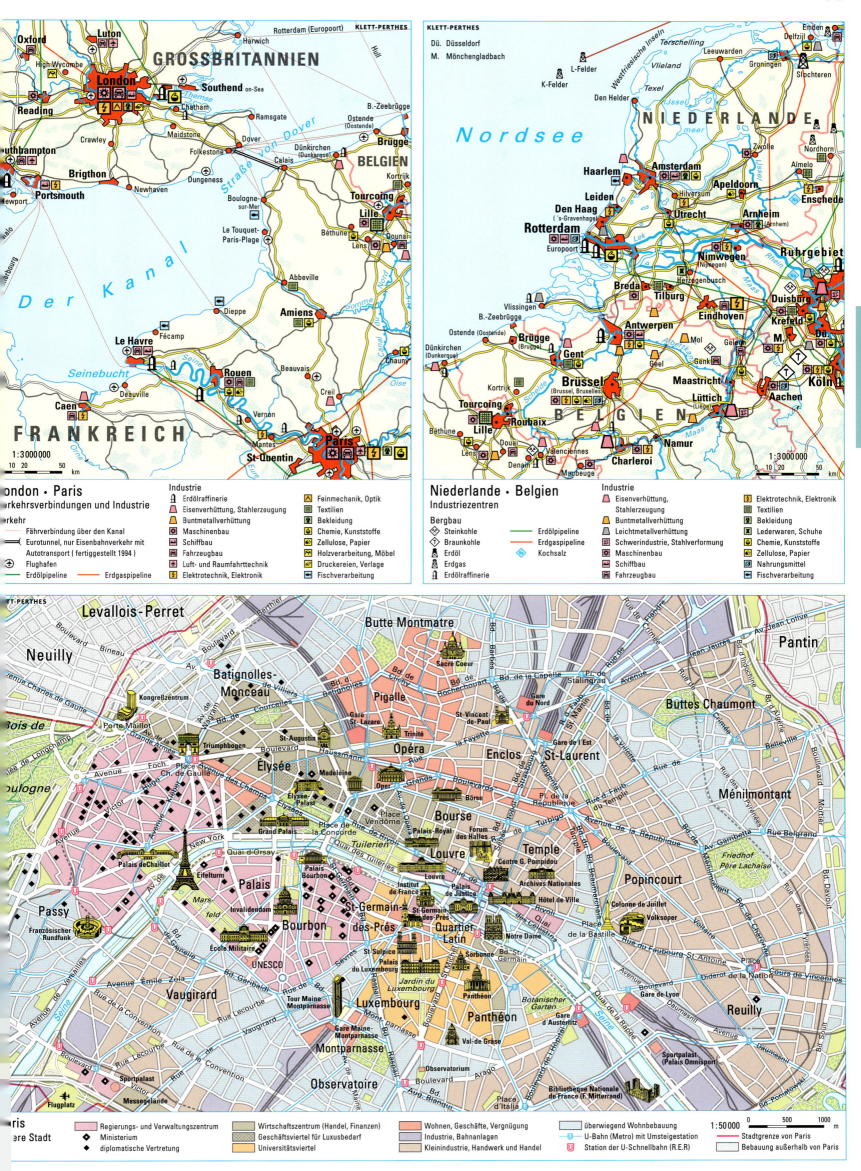

60 Südeuropa (Westteil)

KLETT-PERTHES

ATLANTISCHER

OZEAN

Golf von Biscaya

FRANKREICH

Ouessant
Brest
Pointe du Raz
Quimper
Lorient
Carnac
Belle-Ile
St-Nazaire
Noirmoutier
St-Brieuc
Mont-St-Michel
Rennes
Le Mans
Angers
Nantes
Caen
Versailles
Paris
Melun
Fontainebleau
Mantes
Chartres
Orléans
Tours
Chenonceaux
Chambord
Bourges
Poitiers
La Rochelle
Cognac
Angoulême
Limoges
Clermont-Ferrand
Bordeaux
Arcachon
Bayonne
Biarritz
Pau
Lourdes
Montauban
Toulouse
Montpellier
Béziers
Perpignan

Bretagne
Normandie

Côte d'Argent
Landes
Gascogne
Baskenland

SPANIEN

Kap Ortegal
La Coruña
Ferrol
Kap Finisterre
Santiago de Compostela
Pontevedra
Vigo
Orense
Braga
Porto
Coimbra
Lissabon (Lisboa)
Setúbal
Sines
Beja
Faro
Kap São Vicente
Huelva
Minas de Riotinto
Sevilla
Jerez de la Frontera
Cádiz
Algeciras
Tanger
Kap Spartel
Ceuta (span.)
Tetouan
Gibraltar (brit.)
Str. von Gibraltar
Málaga
Granada
Almería
Kap Gata
Cartagena
Lorca
Murcia
Alicante
Elche
Alcoy
Kap Nao
Albacete
Valencia
Castellón de la Plana
Teruel
Madrid
Toledo
Puertollano
Córdoba
Jaén
Linares
Badajoz
Cáceres
Santarém
Fátima
Guarda
Zamora
Valladolid
Salamanca
Palencia
Burgos
León
Oviedo
Gijón
Avilés
Santander
Altamira
Bilbao
San Sebastián
Vitoria
Logroño
Pamplona
Zaragoza
Lérida
Tarragona
Barcelona
Sabadell
Badalona
Montserrat
Gerona
Kap Cre
Andorra
Perpignan
Huesca
Soria

PORTUGAL
Algarve
Estremadura
Trás-os-Montes
Galicien
Rías Altas
Rías Bajas
Asturien
Costa Verde
Kantabrisches Gebirge
Picos de Europa
Pass von Reinosa
Navarra
Iberisches Randgebirge
Kastilien-León
Kastilisches Scheidegebirge
Sa. de Estrela
El Escorial
Almanzor
Peñalara
La Mancha
Kastilien-La Mancha
Sierra Morena
Sa. de Guadalupe
Andalusien
Las Marismas
Sa. de Ronda
Sa. Nevada
Mulhacén
Alhambra
Costa de la Luz
Golf von Cádiz
Costa del Sol
Costa Blanca
Costa del Azahar
Costa Dorada
Costa Brava
Golf von Valencia
Baleáren
Ibiza
Formentera
Pityusen
Palma de Mallorca
Cabrera
Columbretes-In.
Berlenga-In.

MAROKKO
ALGERIEN
Algier
Blida
Médéa
Chlef
Mostaganem
Oran
Arzew
Sidi-Bel-Abbès
Mascara
Tiaret
Saïda
Tlemcen
Oujda
Melilla (span.)
Al Hoceima
Ksar-el-Kebir
Tidiguin
Kenitra
Kap Tres Forcas
Alborán (span.)
Hochebene

391
417
285
14
143
734
288
978
1886
1858
1702
1567
1210
1231
1544
2648
877
2417
2188
837
1197
1525
1382
158
1991
1723
2592
2430
2262
255
795
1723
1444
1448
1601
1323
775
1104
2381
3478
1919
902
71
1136
1535
2448
1928
1157
1985
1445
1915
2785
3355
3404
2313
1920
2019
2020
1558
1248

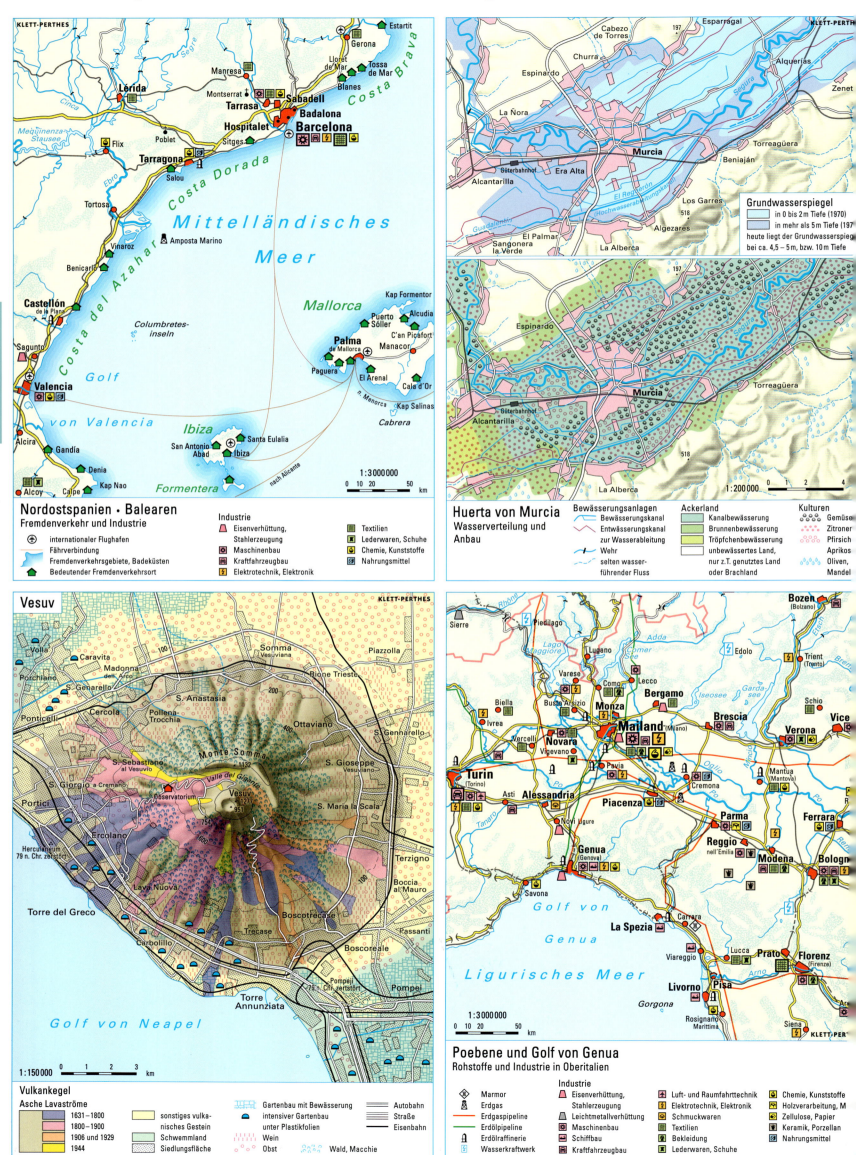

Die Völker Jugoslawiens • Rom

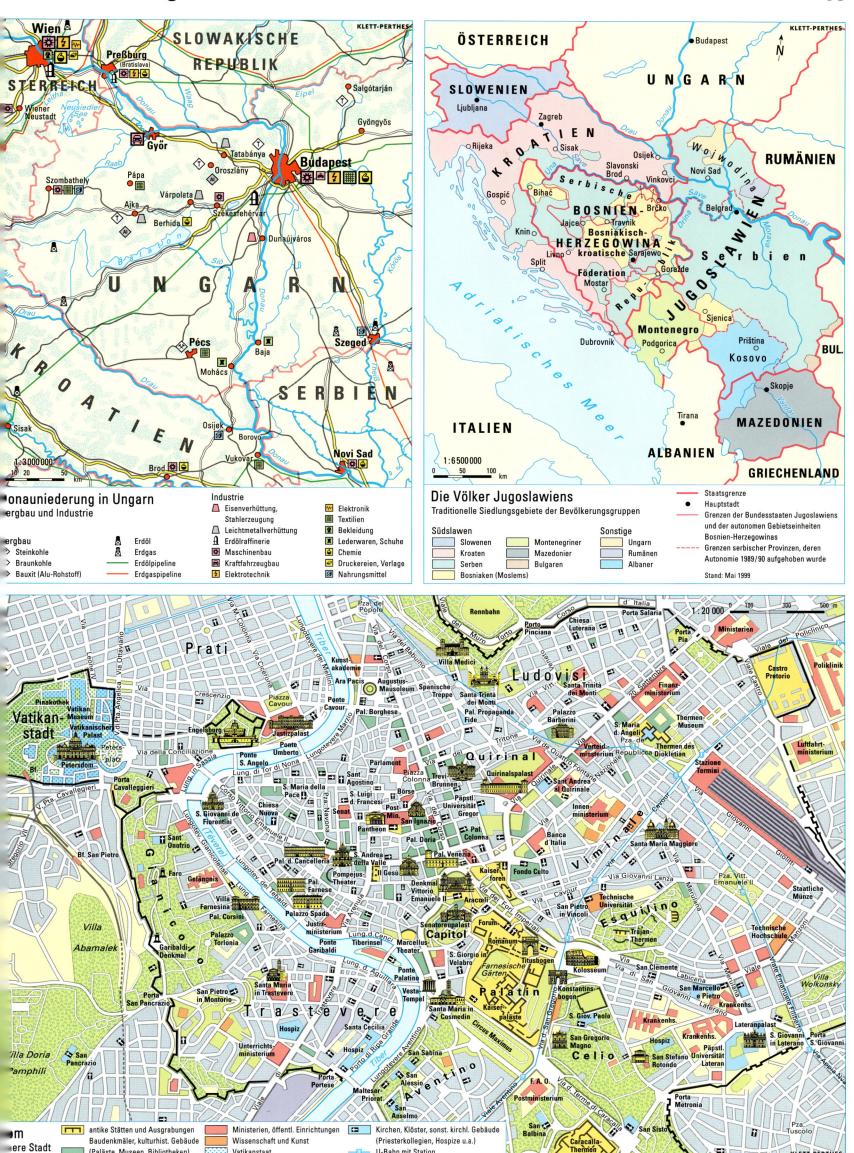

64 Südeuropa (Ostteil) und Türkei

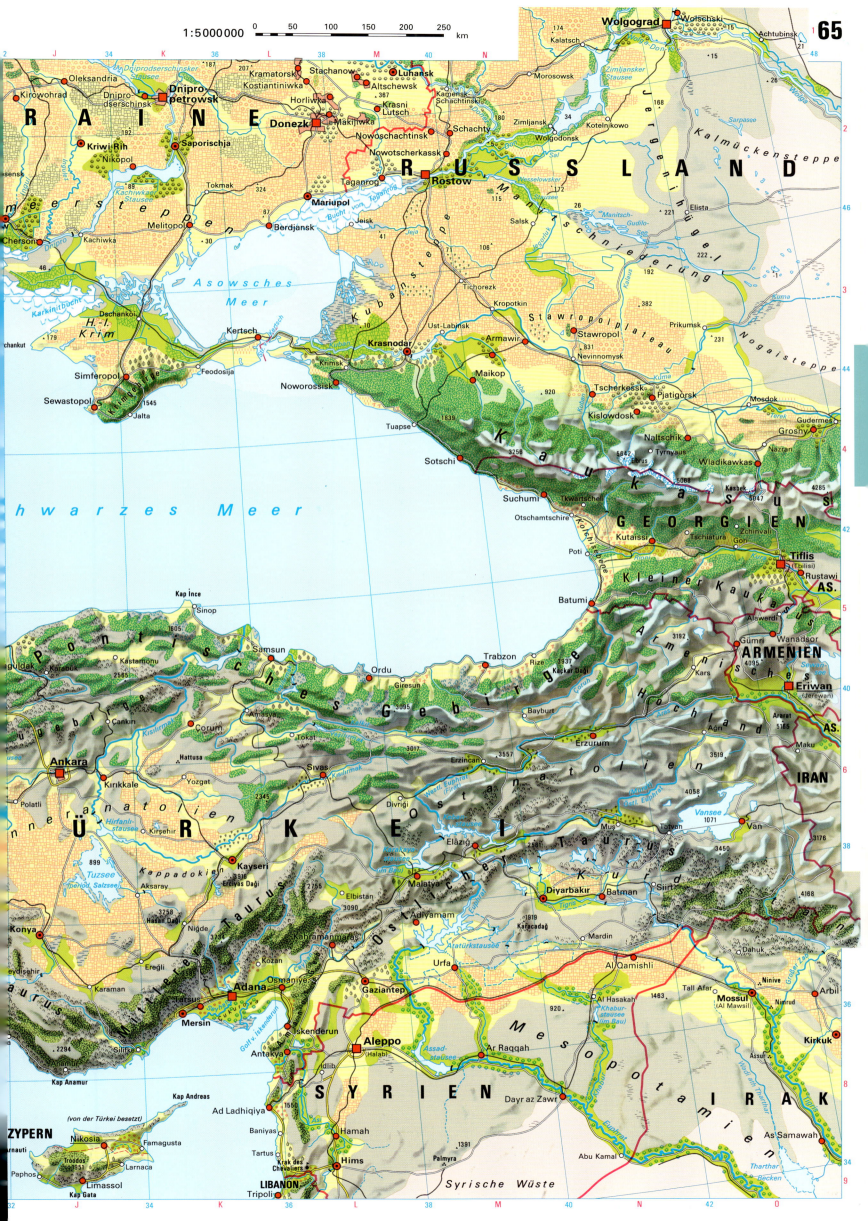

ALEXANDER

Auf einen Blick

	Afrika	Asien	Australien
	1 : 25 Mio	1 : 30 Mio	1 : 25 Mio
Höhenschichten	68–69	79–80	94
Landschaften	70–71	81–82	
Bergbau und Industrie	72–73	83–84	95

Übersichten
Staaten, Klima, Landwirtschaft usw., siehe:
Die Erde ab Seite 120

Großräume und Beispiele

Afrika (Nordteil) und Südwestasien, 1 : 15 Mio	74–75
Desertifikation im Sahel	76
Westafrika: Landwirtschaft zwischen Wüste und Regenwald	76
Ostafrika: Landwirtschaft im Hochland	76
Südliches Afrika: Bodenschätze und Industrie	76
Afrika (Südteil), 1 : 15 Mio	77–78
Ägypten	79
Naher Osten	79
Erdöl und Erdgas am Persischen Golf	79
Großraum Moskau	82
Kaukasus – Mittlerer Osten: Bodenschätze und Industrie	82
GUS: Neuordnung der ehemaligen Sowjetunion	84
Osteuropa: Industriezentren westlich des Ural	84
Osteuropa und Nordasien, 1 : 15 Mio	85–87
Süd- und Ostasien, 1 : 15 Mio	88–89
Indien: Verwaltungsgliederung und Sprachen	90
Nordostindien: Bergbau und Industrie	90
China: Verwaltungsgliederung und Volksgruppen	90
Ostchina: Überschwemmungsgebiete, Bergbau und Industrie	90
Japan und Korea: Industriestaaten im Fernen Osten	91
Hongkong, Macao und Guangzhou (Kanton)	91
Großraum Tokyo	91
Südostasien, 1 : 15 Mio	92–93
Java: Teakholz, Kautschuk und Industrie	93
Australien und Neuseeland, 1 : 15 Mio	96–97
Südostaustralien: Bergbau und Industrie	97

Sandwüste in Afrika. Großer Westlicher Erg

Rückkehr vom Markt. In der Trockensavanne Ostafrikas

Im trockenen Herzens Australiens.

Afrika
Asien
Australien

Feuchte Tropen in Südostasien. Reisterrassen auf Bali.

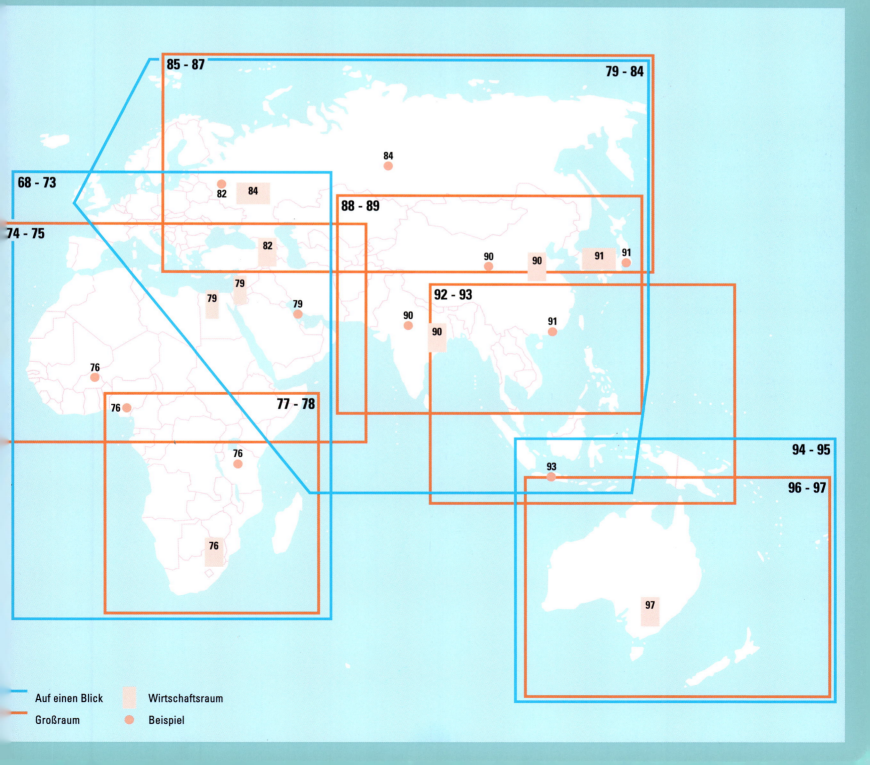

Auf einen Blick
Großraum
Wirtschaftsraum
Beispiel

Afrika: Höhenschichten

1 : 25 000 000

70

Afrika: Landschaften

1:25000000

km
1000
800
600
400
200
0

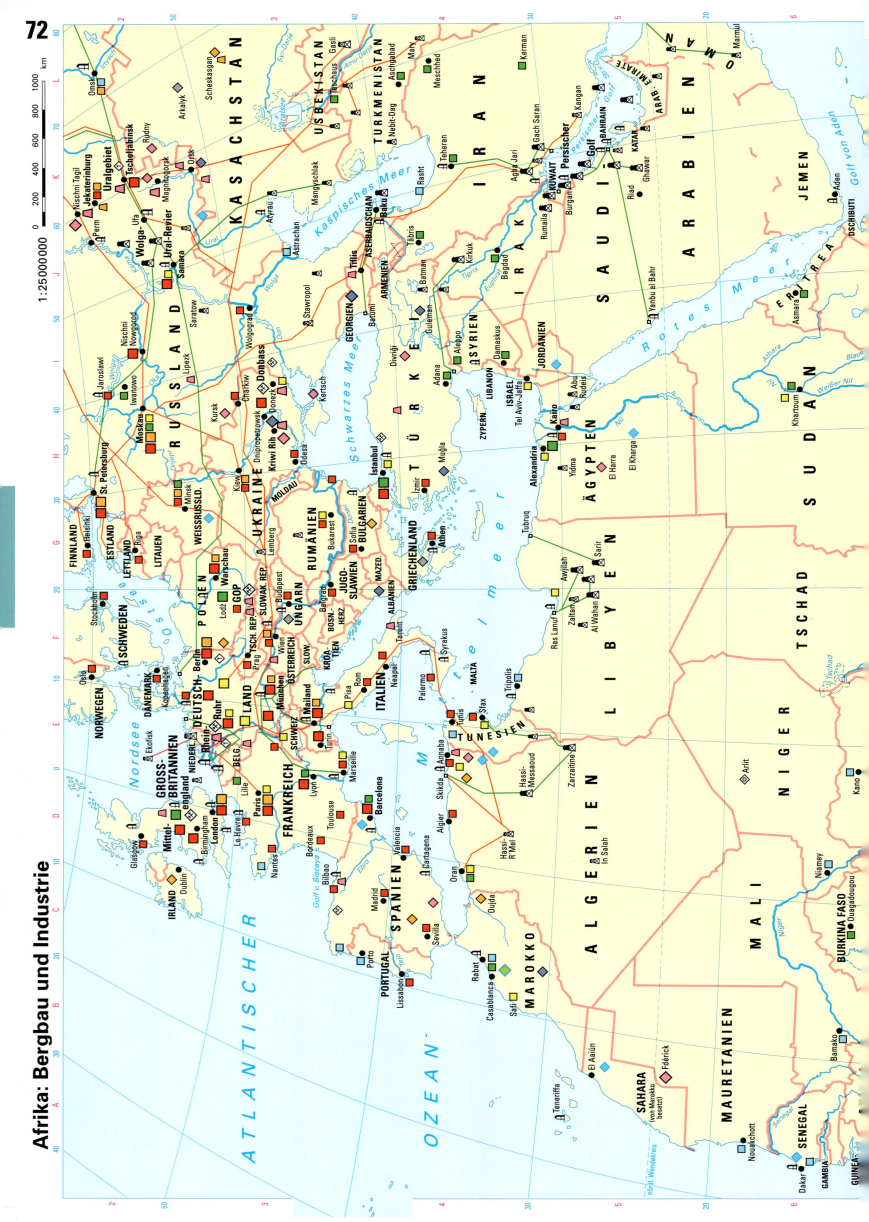

76 Afrika: Desertifikation • Landwirtschaft

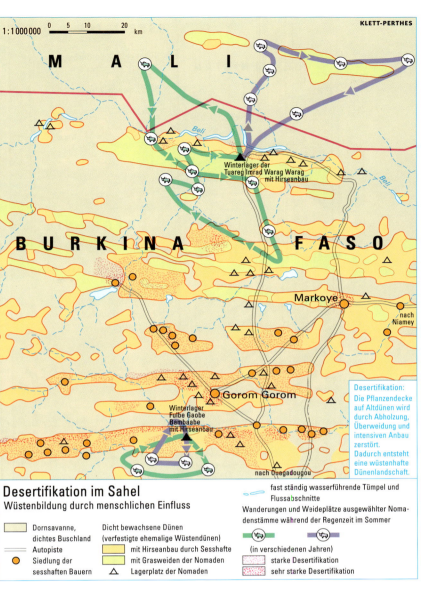

Desertifikation im Sahel
Wüstenbildung durch menschlichen Einfluss

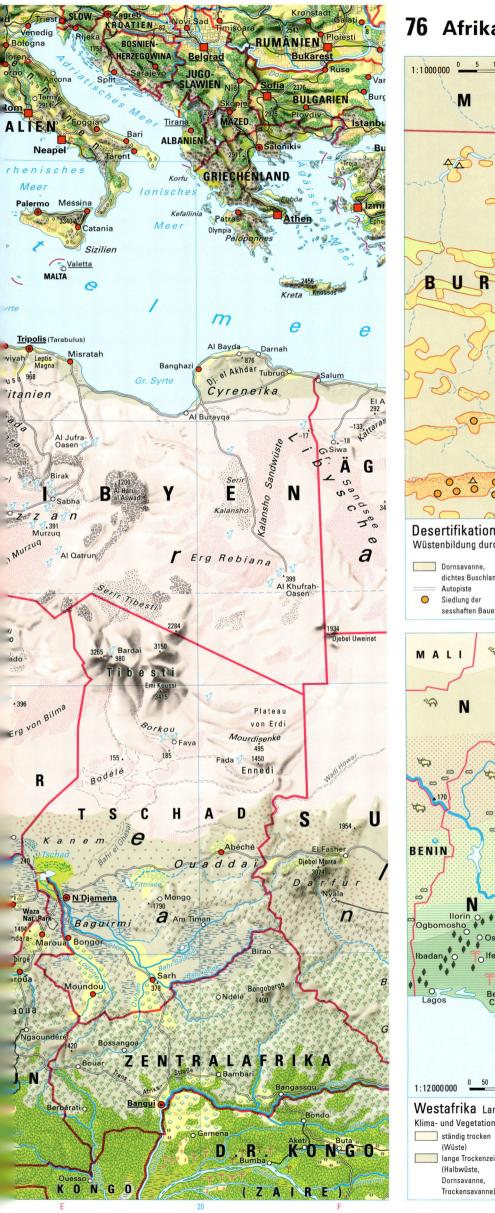

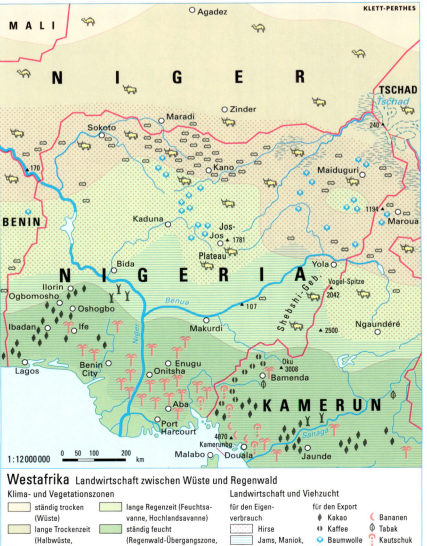

Westafrika — Landwirtschaft zwischen Wüste und Regenwald

Wirtschaft
77 Afrika (Südteil)

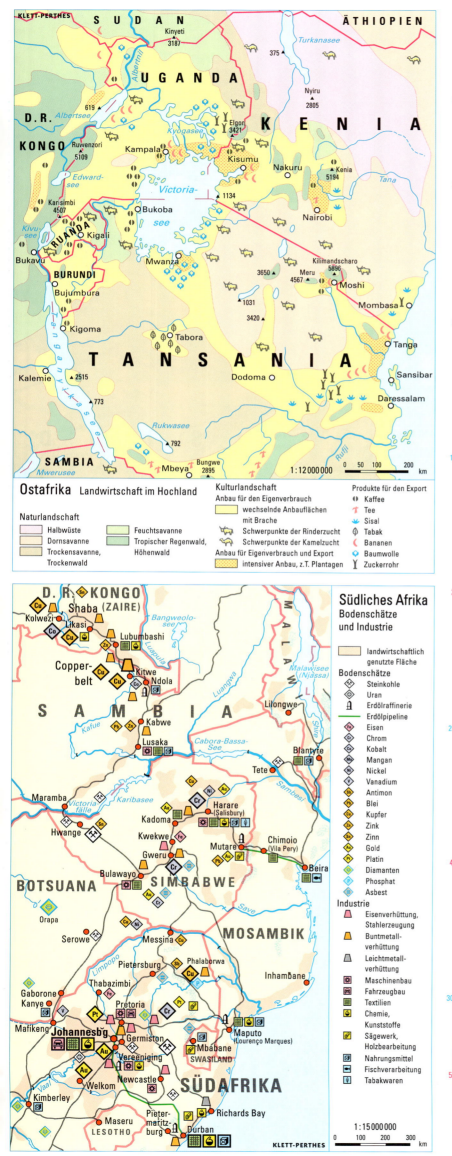

1:15 000 000   0 100 200 300 400 500 km   **78**

AFRIKA   SUDAN   ÄTHIOPIEN

Bangassou   Mongalla   Juba   4200   1283   Beledweyne

Bondo   460   375   SOMALIA   523   Baydhabo   Jawhar   125

Aketi   Buta   Kinyeti   Turkanasee   Marsabit   Djubaland   **Mogadischu**

Bumba   3187   (Rudolfsee)   Marka

Isiro   Mungbore   KENIA

Kisangani   428   Masindi   Nyiru   2805

Ubundu   UGANDA   Elgon   Eldoret   Kenia   5194

Virunga-Nat.-Park   **Kampala**   4321   Jinja   Kisumu   Nakuru   Kismaayo

Kindu   456   Karisimbi   Entebbe 1134   Äquator

KONGO   4507   5109   Victoria   see   Bukoba   **Nairobi**   Tana-

(ZAIRE)   RUANDA   Kivu   **Kigali**   Mwanza   Amboseli   Tsavo-   land   Malindi

Bukavu   BURUNDI   Serengeti-Nat.-Park   Meru   Kilimandscharo   Nat.-Park

Kananga   **Bujumbura**   3650   4567   5895   Arusha   Moshi   **Mombasa**

Mbuji-Mayi   Kigoma   1031   3420   Ngorongoro   Nat.-Park   Tanga

Lusambo   Kabinda   Tabora   Massai-   Pemba   INDISCHER

Kabalo   **TANSANIA**   steppe   Sansibar

Kamina   Kalemie   2515   Mpanda   **Dodoma**   Mafia   OZEAN

773   Ruaha-   Nat.-Park

Shaba   600   1889   Mbala   Rukwa   792   Iringa   **Daressalam**

(Katanga)   Bukama   917   Mbeya   Rungwe   2895   Lindi   Aldabra-In.   Cosmoledo-In.   St. Pierre   Providence   Cerf

Dilolo   daschwelle   Mweru   2670   706   Mtwara   Astove   SESCHELLEN

Kolwezi   1612   Bangweolo   Kap Delgado   Farquhar-In.

Likasi   see   Mzuzu   1820   Lichinga   Rowuma   KOMOREN

1630   **Lubumbashi**   1147   Moroni   Njazidja   Is. Glorieuses   Kap d'Ambre

Chingola   1893   **Lilongwe**   Pemba   (Grande Comore)   (zu Réunion, franz.)   Antseranana

Kitwe   Ndola   MALAWI   Nzwani   Nosy Be

Luanshya   Kabwe   Mwali   (Anjouan)

SAMBIA   2419   Nacala   (Mohéli)   Mayotte   Antalaha

Mongu   **Lusaka**   Cabora Bassa   Zomba   Mosambik   (franz.)

Maramba   Katbassee   Blantyre   3000   Nampula   2876

Wankie   Mashona-   Tete   Mlanje   Tsaratanana

Caprivi Zipfel   land   Juan de Nova   Mahajanga

Victoriafälle   **Harare**   Invangani   (zu Réunion, franz.)   Antananarivo   Antalaha

Okavango-   Kadoma   Chitungwiza   2596   Quelimane   Nosy Boraha

delta   Que Que   Chimoio   940   2643   Toamasina

Maun   Matabele-   Mutare   Straße von Mosambik   Ankaratra   Antsirabe

900   land   Gweru   Beira

1057   Bulawayo   Simbabwe   **MOSAMBIK**   Bassas da India   Fianarantsoa   Manakara

BOTSUANA   Francistown   (zu Réunion, franz.)   Andringitra   **MADAGASKAR**

Makarikari   Beitbridge   Save   Europa-I.   2658

salzpfanne   Selebi-   Messina   (zu Réunion, franz.)   Morondava

Serowe   Phikwe   Kruger-   Kap Corrientes

lahari   Mahalapye   2046   National-   Inhambane   Toliara

Gaborone   park   Toliara

Kanye   Thabazimbi   Northern   Xai-Xai

Pietersburg   Province   2285   Nelspruit

Mmabatho   **Pretoria**   Mamelodi   **Maputo**   Kap Sainte Marie   Taolanaro

Johannesbg.   Krugersdorp   Germiston   Mbabane

Soweto   Vereeniging   **SWASILAND**

Klerksdorp   Vryburg

Northwest   Welkom   Newcastle

uanaland   1854   Richards Bay

Kimberley   Freestate   Kwazulu

Bloemfontein   3299   **Durban**

AFRIKA   **Maseru**   3482   Pietermaritzburg

De Aar   **LESOTHO**   Thabana   Natal

3002   Ntlenyana

2505   Umtata

Kompassbg.   Queenstown   Bisho

Karru   Eastern Cape   East London

Uitenhage   **Port Elizabeth**

Mosselbaai

Hamburg   Berlin   München

79 Wirtschaftsräume • Erdöl und Erdgas — Asien: Höhenschichten

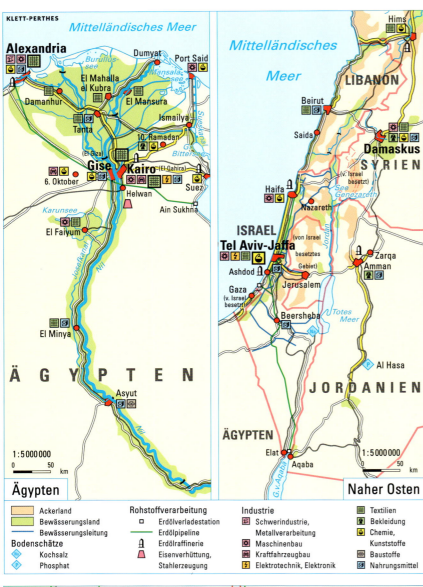

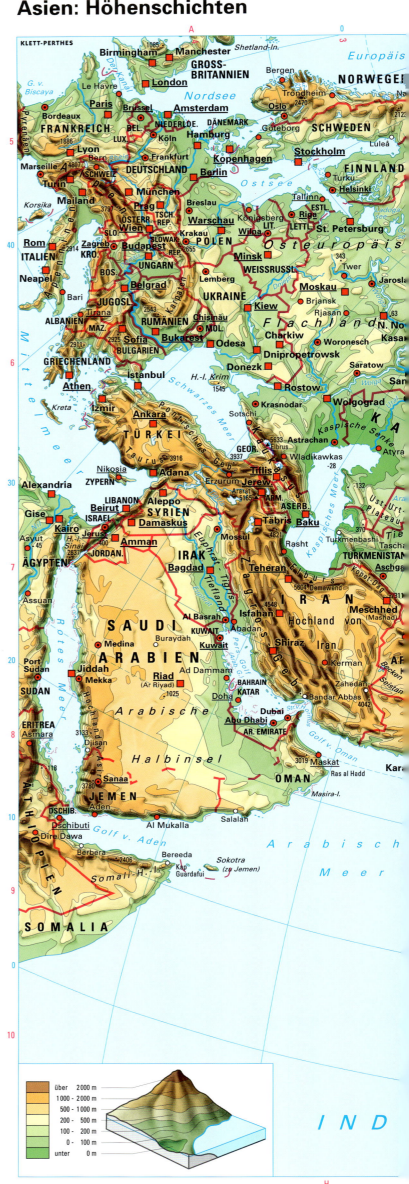

81 Asien: Landschaften

1:30 000 000

Moskau · Wirtschaft 82

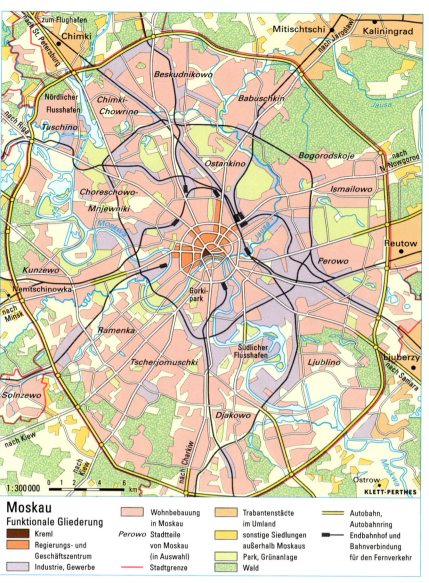

Moskau
Funktionale Gliederung
- Kreml
- Regierungs- und Geschäftszentrum
- Industrie, Gewerbe
- Wohnbebauung in Moskau
- Perowo Stadtteile von Moskau (in Auswahl)
- Stadtgrenze
- Trabantenstädte im Umland
- sonstige Siedlungen außerhalb Moskaus
- Park, Grünanlage
- Wald
- Autobahn, Autobahnring
- Endbahnhof und Bahnverbindung für den Fernverkehr

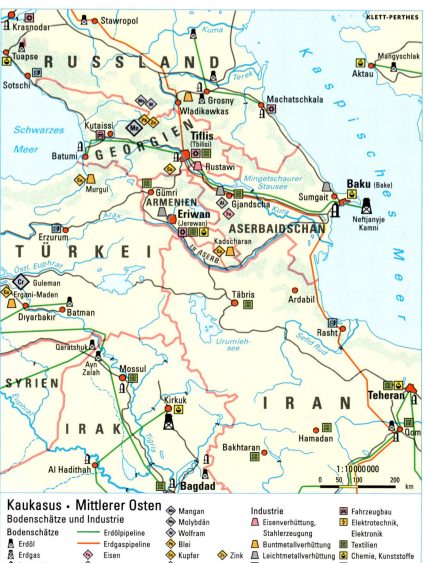

Kaukasus · Mittlerer Osten
Bodenschätze und Industrie
Bodenschätze: Erdöl, Erdgas, Erdölraffinerie
Erdölpipeline, Erdgaspipeline, Eisen, Chrom, Mangan, Molybdän, Wolfram, Blei, Kupfer, Bauxit (Alu-Rohstoff), Zink
Industrie: Eisenhüttenwesen, Stahlerzeugung, Buntmetallverhüttung, Leichtmetallverhüttung, Maschinenbau, Fahrzeugbau, Elektrotechnik, Elektronik, Textilien, Chemie, Kunststoffe, Nahrungsmittel

83 Asien: Bergbau und Industrie

1:30 000 000

0 200 400 600 800 1000 km

GROSS-BRITANNIEN
Mittel-england
London
Le Havre
Ekofisk
Nordsee
NORWEGEN
Spitzbergen
Nordpolarmee

Paris
FRANKREICH
Lyon
Rhein-
Ruhr
Berlin
Bergen
Oslo
SCHWEDEN
Kiruna
FINNLAND
Murmansk
H. I. Kola
Petschora
Workuta
Norilsk

Marseille
Turin
Mailand
München
ÖST.
SLOW.
TSCH. REP.
Prag
POLEN
Kopen-hagen
Göteborg
Stockholm
Helsinki
Tallinn
LETT-LAND
ESTLAND
St. Petersburg
Riga
Archangelsk
Uchta
Beresowo
Nadym
Urengoi
West-Sibirien
Untere Tunguska

Rom
ITALIEN
Neapel
KROATIEN
BOS.-HERZ.
Wien
Budapest
UNG.
SLOWAK. REP.
GOP
Warschau
Minsk
WEISSRUSSLD.
Lemberg
Jaroslawl
Iwdel
Schaim
Ob
Sewero Jenissejski
Ai

ALBANIEN
JUGOSL.
MAZ.
Belgrad
RUMÄNIEN
Bukarest
UKRAINE
Kiew
Kriwi Rih
Dnjepr
Moskau
Nischni Nowgorod
Kursk
Charkiw
Lipezk
Perm
Ural-
Jekaterinburg
Mittlerer Ob
Bratsk
Angara

GRIECHENLAND
Sofia
BULGARIEN
Dnipro-petrowsk
Donezk
Donbass
Wolga-Ural-
Revier
gebiet
Ufa
Tscheljabinsk
Omsk
Nowosibirsk
Kusbass
Krasnojarsk

Athen
Izmir
İstanbul
Kertsch
Schwarzes Meer
Wolgograd
Samara
Magnitogorsk
Orsk
Rudny
Pawlodar
Nowokusnezk
Barnaul
Irkutsk
Bais

TÜRKEI
Stawropol
Astrachan
Atyrau
Arkalyk
KASACHSTAN
Karagandi
Öskemen
Selenga
Erdenet
Ula

Divriği
Adana
GEORGIEN
Tiflis
ARMEN.
ASERB.
Baku
Mangyschlak
Scheskasgan
Schaschubai
Karamay
Ürümqi
MONGO

ZYPERN
Aleppo
Guleman
Tabris
Rasht
TURK-MENISTAN
Nebit-Dag
Taschaus
Taschkent
USBEKISTAN
Gasli
Samarkand
Fergana
KIRGISISTAN
Tarim He

LIBANON
ISRAEL
Tel Aviv
Damaskus
SYRIEN
Kirkuk
Teheran
Aschgabad
Mary
Meschhed
Duschanbe
TADSCHIKISTAN
Yumen

Alexandria
Kairo
JORDANIEN
ÄGYPTEN
IRAK
Bagdad
IRAN
Kerman
Kabul
AFGHANISTAN
Kandahar
Peschawar
CH

SUDAN
Yanbu al Bahr
KUWAIT
Persischer
Golf
BAHRAIN
KATAR
Riad
Kangan
Lahore
Sui
Delhi

ERITREA
Asmara
SAUDI-ARABIEN
ARAB. EMIRATE
Matrah
PAKISTAN
Karachi
Kanpur
Patna
Digboi

ÄTHIOPIEN
DSCHIB.
Aden
JEMEN
OMAN
Marmul
NEPAL
BHUTAN
Ahmadabad
Indore
Damodartal
BANGLADESCH
Dhaka
Chittagong
(BIRMA)
MYANMAR
Mandalay

SOMALIA
Arabisches Meer
Bombay
INDIEN
Nagpur
Bhilai
Rourkela
Kalkutta
Rangun

Hyderabad
Vishakhapatnam
Golf von Bengalen

Bangalore
Madras
Kochi
Madurai
SRI LANKA
Phuket

Colombo

MALEDIVEN

Äquator

SESCHELLEN

MADAGASKAR

INDISCHER OZEAN

Perlak

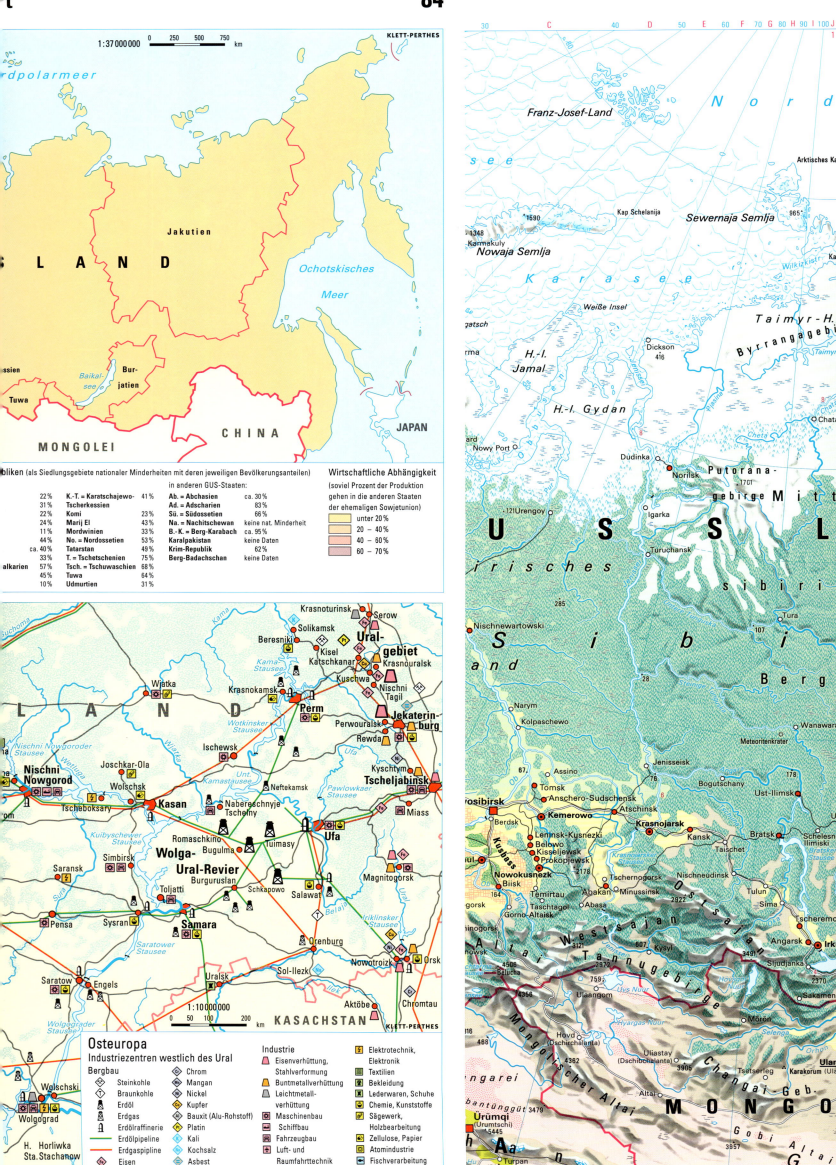

88 Süd- und Ostasien

89

1:15 000 000

0 100 200 300 400 500 km

KLETT-PERTHES

GOLEI
Innere Mongolei
CHINA
Mandschurei
NORD-KOREA
SÜD-KOREA
JAPAN
Honshu
Hokkaido
Shikoku
Kyushu
Formosa
TAIWAN (REP. CHINA)
VIETNAM
LAOS
KAMBODSCHA
Luzon
Mindoro
Panay
Negros
Mindanao
Samar
Leyte
Palawan
PHILIPPINEN

Japanisches Meer
Meer v. Japan
Gelbes Meer
Bohai
Ostchinesisches Meer
Südchinesisches Meer
Sulusee
PAZIFISCHER OZEAN
Korea-bucht
Golf v. Liaodong

Irkutsk
Ulan-Ude
Angarsk
Sljudjanka
Sakamensk
Darhan
Bulgan
Ulan-Bator (Ulaanbaatar)
Tsetserleg
Saynshand
Erdene
Erenhot
Dalandzadgad
Baruun Urt
Choybalsan
Manzhouli
Hailar
Arxan
Tschita
Nertschinsk
Borsja
Petrowsk-Sabaikalski
Bukatschatscha
Gulian
Yitulihe
Nenjiang
Bei'an
Yichun
Hegang
Jiamusi
Swobodny
Belogorsk
Blagowetschensk
Heihe
Shuangyashan
Mudanjiang
Jixi (Tschhsi)
Suihua
Harbin
Daqing (Tatsching)
Qiqihar (Tsitsihar)
Baicheng
Tongliao
Changchun
Jilin
Liaoyuan
Siping
Tieling
Shenyang
Fushun
Benxi
Anshan
Fuxin
Panshan
Jinzhou
Yingkou
Dandong
Sinuiju
Pindingshan
Tonghua
Hunjiang
Chongjin
Hamhung
Wonsan
Pjöngjang
Nampo
Pyongyang
Seoul
Inchon
Taejon
Chonju
Kwangju
Taegu
Ulsan
Pusan
Masan
Fukuoka
Nagasaki
Kumamoto
Kita-Kyushu
Hiroshima
Okayama
Kobe
Kyoto
Osaka
Nagoya
Hamamatsu
Tokyo
Yokohama
Chiba
Nagano
Niigata
Sendai
Yamagata
Akita
Morioka
Aomori
Hachinohe
Sapporo
Muroran
Hakodate
Asahikawa
Kushiro
Nemuro
Wakkanai
Juschno-Sachalinsk
Cholmsk
Sachalin
Iturup
Kunaschir

Wladiwostok
Ussurijsk
Nachodka
Partisansk (Sutschan)
Charbarowsk
Birobidschan
Dalneretschensk (Iman)

Beijing (Peking)
Tianjin (Tientsin)
Tangshan
Baoding
Shijiazhuang
Taiyuan
Yangquan
Handan
Xingtai
Anyang
Jinan (Tsinan)
Zibo
Qingdao (Tsingtau)
Yantai
Weifang
Zhangjiakou
Datong
Hohhot
Baotou
Wuhai
Yinchuan
Lanzhou
Xining
Wuwei
Tongshuan
Xianyang
Xi'an (Hsian)
Baoji
Luoyang
Zhengzhou (Tschengtschou)
Kaifeng
Xuzhou
Huainan
Nanjing (Nanking)
Hefei
Wuxi
Suzhou (Sutschu)
Shanghai
Hangzhou
Ningbo
Shaoxing
Changzhou
Nantong
Yangzhou
Wuhu
Maanshan
Xiangfan
Nanyang
Wuhan
Huangshi
Anqing
Jiujiang
Nanchang
Changsha
Zhuzhou
Xiangtan
Pingxiang
Hengyang
Ji'an
Ganzhou
Shaoguan
Nanping
Fuzhou
Quanzhou (Tschuantschou)
Xiamen
Zhangzhou (taiw.)
Shantou (Kanton)
Chaozhou
Guangzhou (Kanton)
Foshan
Dongguan
Shenzhen
Xianggang (Hongkong)
Aomen (Macao)
Zhanjiang
Maoming
Yulin
Nanning
Liuzhou
Guilin
Guiyang (Kweijang)
Anshun
Kunming
Gejiu
Mengzi
Chengdu
Chongqing (Tschunking)
Leshan
Neijiang
Luzhou
Yibin
Zunyi
Wanxian
Nanchong
Ichang
Shashi
Changde
Yueyang
Jingdezhen
Jinhua
Wenzhou

Taipeh
Kilung
Hsintschu
Taitschung
Taitung
Tainan
Kaohsiung
Quemoy

Hanoi
Haiphong
Nam Dinh
Thanh Hoa
Vinh
Da Nang
Qui Nhon
Nha Trang
Phan Rang
Ho Chi-Minh (Saigon)
Can Tho
Long Xuyen
Vung Tau
Phnom Penh
Da Lat
Angkor
Ubon Ratchatani
Savannakhet
Pakse

Manila
Quezon City
Batangas
Tarlac
Cabanatuan
San Fernando
Laoag
Tuguegarao
Legaspi
Calbayog
Tacloban
Iloilo
Bacolod
Cebu
Butuan
Cagayan de Oro
Dipolog
Iligan
Davao
General Santos
Zamboanga
Puerto Princesa

Hamburg
Berlin
München

Jablonowy Geb.
Kleiner Hinggan
Großer Hinggan
Sichote-Alin
Yin Shan
Taihang Shan
Qin Ling
Daba Shan
Großes Mauer
Ordosplateau
Rotes Becken
Südchinesisches Bergland
Hainan

Pinatubo
Osumi-In.
Amami-In.
Okinawa-In.
Naha
Ryukyu-Inseln
Senkaku-In.
Sakishima-In.
Xisha-In. (chin.)
Dongsha (chin.)
nördlicher Wendekreis

Sonderwirtschaftszonen · Tokyo

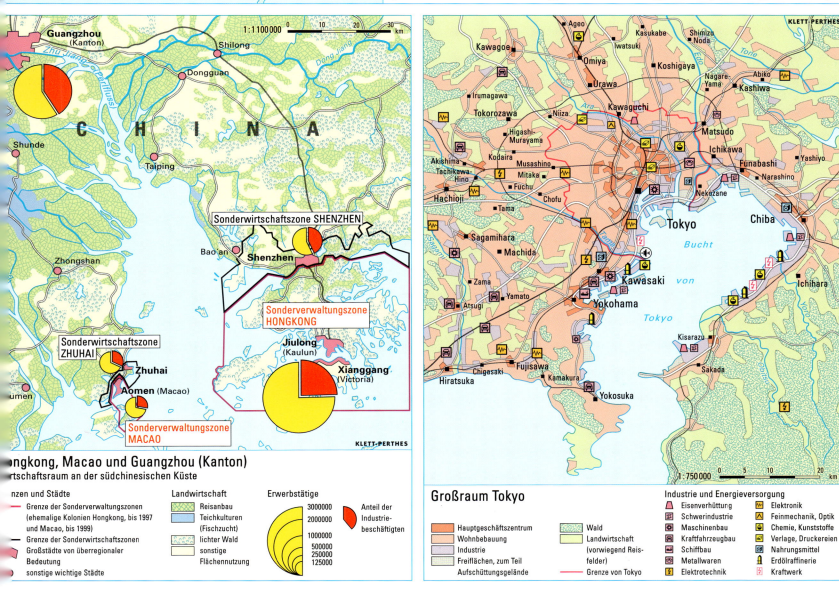

92 Südostasien

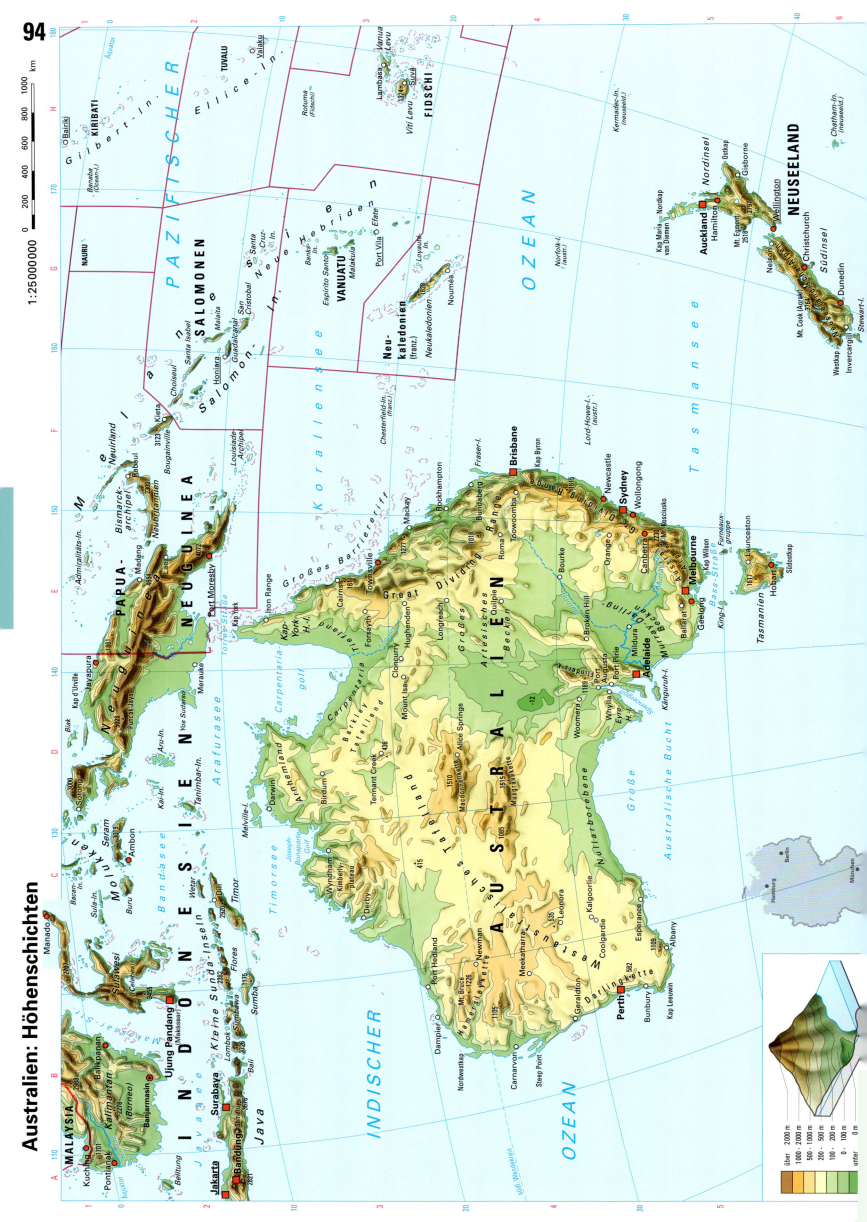

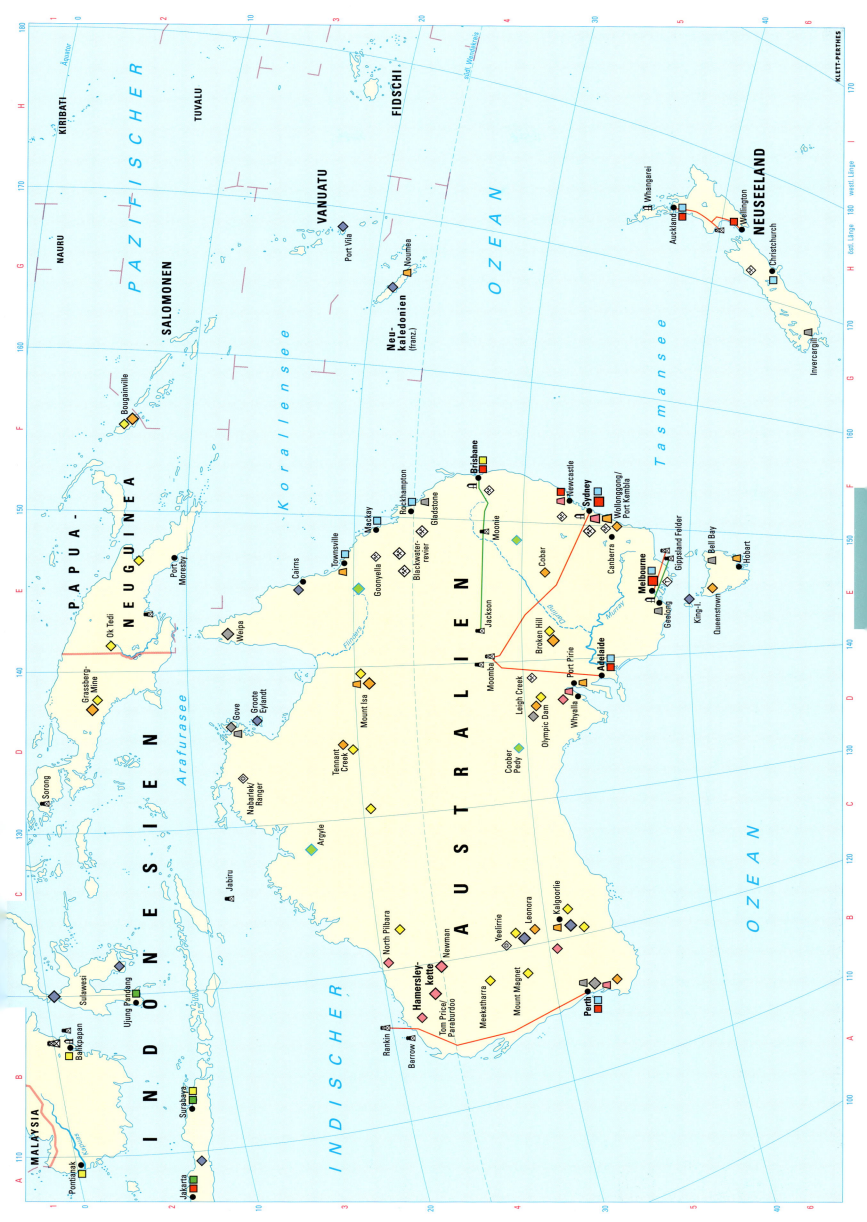

96 Australien und Neuseeland

ALEXANDER

Auf einen Blick	Nordamerika	Südamerika
	1 : 25 Mio	1 : 25 Mio
Höhenschichten	100–101	112
Landschaften	102–103	113
Bergbau und Industrie	104–105	114

Übersichten

Staaten, Klima, Landwirtschaft usw., siehe:
Die Erde ab Seite 120

Großräume und Beispiele

Kanda und Alaska, 1 : 15 Mio	106–107
Vereinigte Staaten und Mittelamerika, 1 : 15 Mio	108–109
USA: Verwaltungsgliederung und nationale Minderheiten	110
Kalifornien: Wasserversorgung und Bewässerung	110
Mittlerer Westen – Golfküste: Erdöl, Erdgas und Industrie	110
Nordosten der USA – Manufacturing Belt	111
New York	111
Großraum Mexiko	115
Kolumbien – Venezuela: Bodenschätze und Industrie	115
Carajás: Erzbergbau im Tropischen Regenwald	115
Brasilien: Verwaltungsgliederung, Bevölkerungsdichte	115
Brasília: Hauptstadt	115
Südamerika (Nordteil), 1 : 15 Mio	116–117
Südamerika (Südteil), 1 : 15 Mio	118
Arktis und Antarktis, 1 : 30 Mio	119

Im Polargebiet. Mit Hundeschlitten über das Eis

Großstadt. In Los Angeles geht nicht ohne Autos

Im Regenwald. Hauptverkehrswege sind die Flüsse

Nordamerika
Südamerika
Polargebiete

Feuchte Tropen in Südostasien. Reisterrassen auf Bali.

Weizen aus der Prärie, Kornkammer Amerikas

Trucks auf allen Fernstraßen

Lässt sich der Regenwald nutzen?

Brasília, Hauptstadt im weiten Landesinneren.

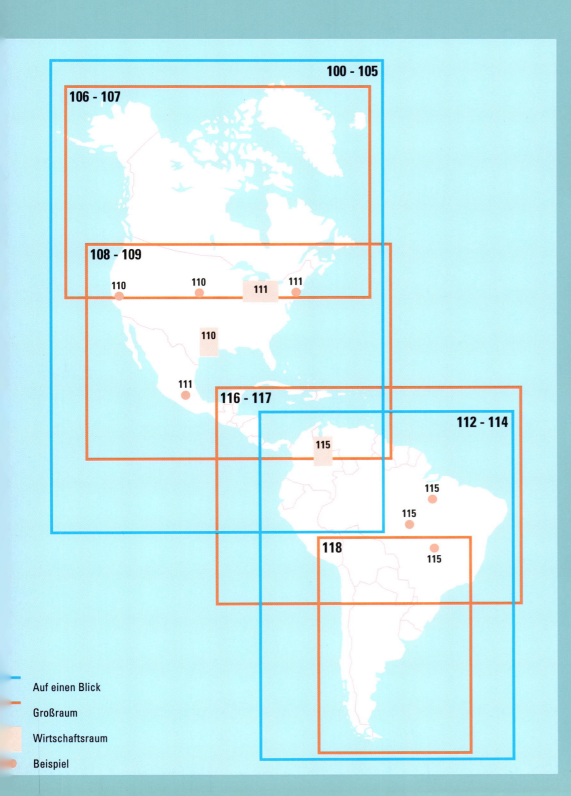

- Auf einen Blick
- Großraum
- Wirtschaftsraum
- Beispiel

Nordamerika: Höhenschichten

1:25000000

KLETT-PERTHES

RUSSLAND
SCHWEDEN
NORWEGEN
GROSSBRITANNIEN
ISLAND
Grönland (dän.)
KANADA

Stockholm
Göteborg
Oslo
Bergen
Trondheim
Narvik
Aberdeen
Reykjavík
Nuuk (Gothåb)
Ittoqqortoormiit (Scoresbysund)
Thule
Churchill
Yellowknife
Uranium City
Norman Wells
Inuvik
Whitehorse
Fairbanks
Anchorage
Juneau
Nome
Kodiak
Edmonton
Calgary
Saskatoon
Regina
Winnipeg
Dawson Creek
Spokane
Seattle
Portland
Vancouver
Victoria
Goose Bay
Kuujjuaq
Septiles
Thunder Bay
Quebec
Montreal
Halifax
St. John's
Magadan
Anadyr

Eismeer
Nördliches
Europäisches Nordmeer
Grönlandsee
Dänemarkstraße
Davisstraße
Baffin Bay
Labradorsee
Hudson Bay
Hudsonstraße
Beaufortsee
Golf von Alaska
Beringmeer
Ostsibirische See
PAZIFISCHER OZEAN

Spitzbergen (norw.)
Bäreninsel (norw.)
Jan Mayen (norw.)
Färöer (dän.)
Shetland-In.
Neufundland
Neuschottland
Anticosti-I.
Kap Farvel
Nordpol
Kap Morris Jesup
Peary Land
Ellesmere-I.
Devon-I.
Baffininsel
Victoria-I.
Banks-I.
Southampton-I.
Melville-H.I.
Boothia-H.I.
Wrangel-I.
Kamtschatka
Kolymagebirge
Korjakengebirge
Anadyrgebirge
Tschuktschen-H.
Brooksrange
Alaskakette
Küstengebirge
Rocky Mountains
Mackenziegebirge
Yukonplateau
Mackenzie
Labrador
Hudsontiefland
Kanadischer Schild

Nordamerika: Höhenschichten

Nordamerika: Landschaften

102

KLETT-PERTHES

1:25000000

km
1000
800
600
400
200
0

Stockholm
Göteborg
Oslo
Bergen
Trondheim
SCHWEDEN
NORWEGEN
Narvik
2123

Aberdeen
GROSSBRITANNIEN
Shetland-In.
Färöer (dän.)
ISLAND
Reykjavik
2119
Horn
Dänemarkstraße

Europäisches Nordmeer
Grönlandsee
Jan Mayen (norw.)
Spitzbergen (norw.)
Longyearbyen
Bäreninsel (norw.)
1712

Ittoqqortoormiit (Scoresbysund)
Gunnbjörnfield 3700
3231
Grönland (dän.)
Nuuk (Godthåb)
Umanarssuaq (Kap Farvell)
Thule
Pearyland
Kap Morris Jesup

Nordpol
Eismeer
Nordpolarkreis
Neusibirische Inseln
Wrangel-I.
Ostsibirische See

St. John's
Kap Race
St.-Pierre und Miquelon (franz.)
Neufundland
Anticosti-I.
Sept-Îles
Halifax
Neuschottland
Québec

Baffin Bay
Davisstraße
Labradorsee
Ellesmereland
Baffininsel
2591
Devon-I.
Melville-H.I.
Southampton-I.
Foxebecken
Hudsonstraße
Kap Chidley
1676
Kuujjuaq
Barrengrounds
Ungava-H.I.
Labrador
Goose Bay
Moosonee
James B.

2926
Sverdrup-In.
Parry-In.
Boothia-H.I.
Pr.-of-Wales-I.
Victoria-I.
Banks-I.
M'Clure-Str.
Melvillesund
Amundsengolf
Nordwestpassage
Barrengrounds
Churchill
Hudson Bay
KANADA
Winnipeg
Regina
Saskatoon
Saskatchewan
Missouri
P R Ä R I E

Magnet. Pol
Yellowknife
Uranium City
Grosser Sklavensee
Beaufortsee
Kap Barrow
Inuvik
Norman Wells
Mackenziegebirge
2972
R O C K Y
2898
3954
Edmonton
Calgary
Spokane
Dawson Creek

Kap Pr. of Wales
Fairbanks
Whitehorse
6050 Mt. Logan
Juneau
4042
Kitimat
Königin-Charlotte-Inseln
Alexanderarchipel
Vancouver-I.
Victoria
Vancouver
Seattle
Mt. Rainier 4392
Portland

Brookskette 2818
Alaska (USA)
Alaskakette
6193 Mt. McKinley
Anchorage
Seward H.I.
Golf von Alaska
H.I. Alaska
Kodiak
Aleuten

Kap Beschnew
Kap Dešnjow
Tschuktschen-H.I.
Anadyr
Beringstr.
Nome
St.-Lorenz-I. (USA)
St.-Matthäus-I. (USA)
Nunivak
Beringmeer

RUSSLAND
Magadan
1962
Kolymagebirge
Anadyrgebirge
1843
Korjakengebirge
2562
Kamtschatka
4750
Kljutschewskaja Sopka
Karaginski-I.
Schelichowgolf

PAZI
Küstengebirge
Küstengebirge

Eismeer

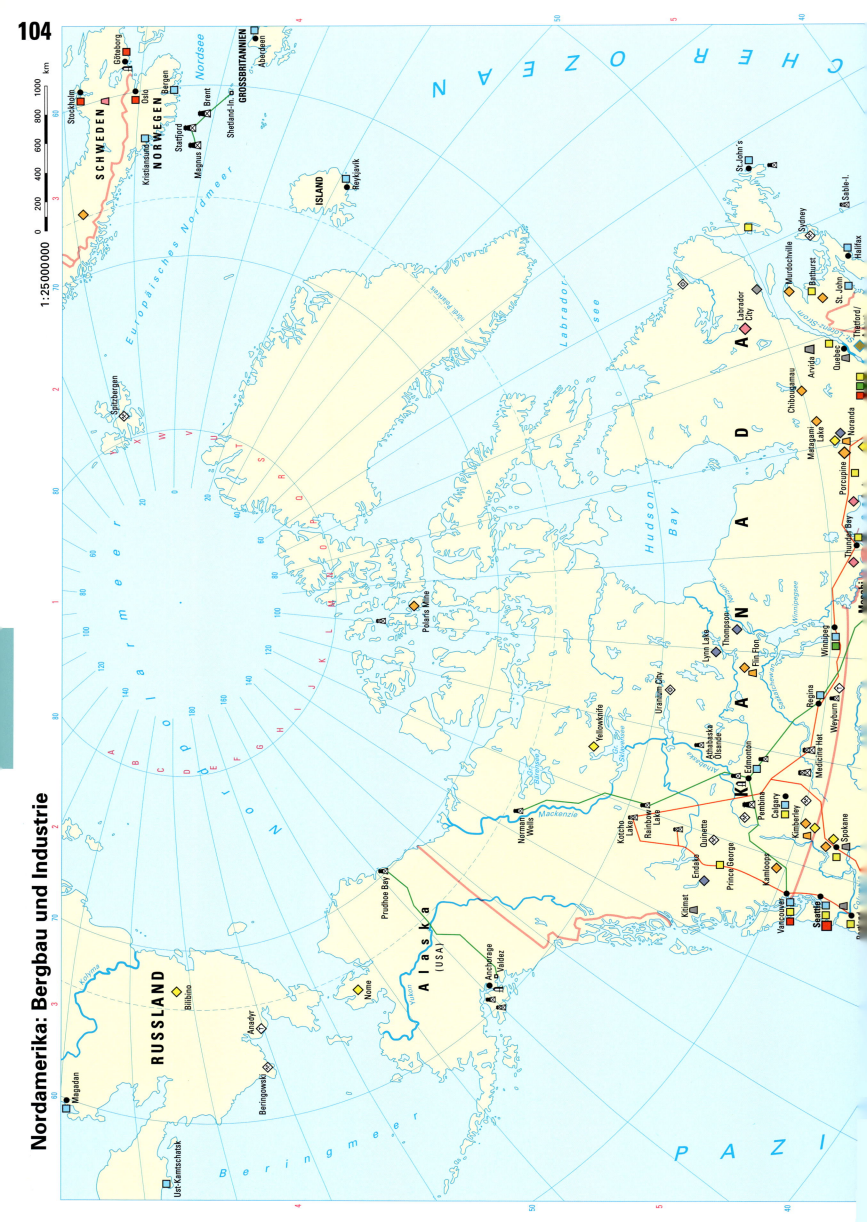

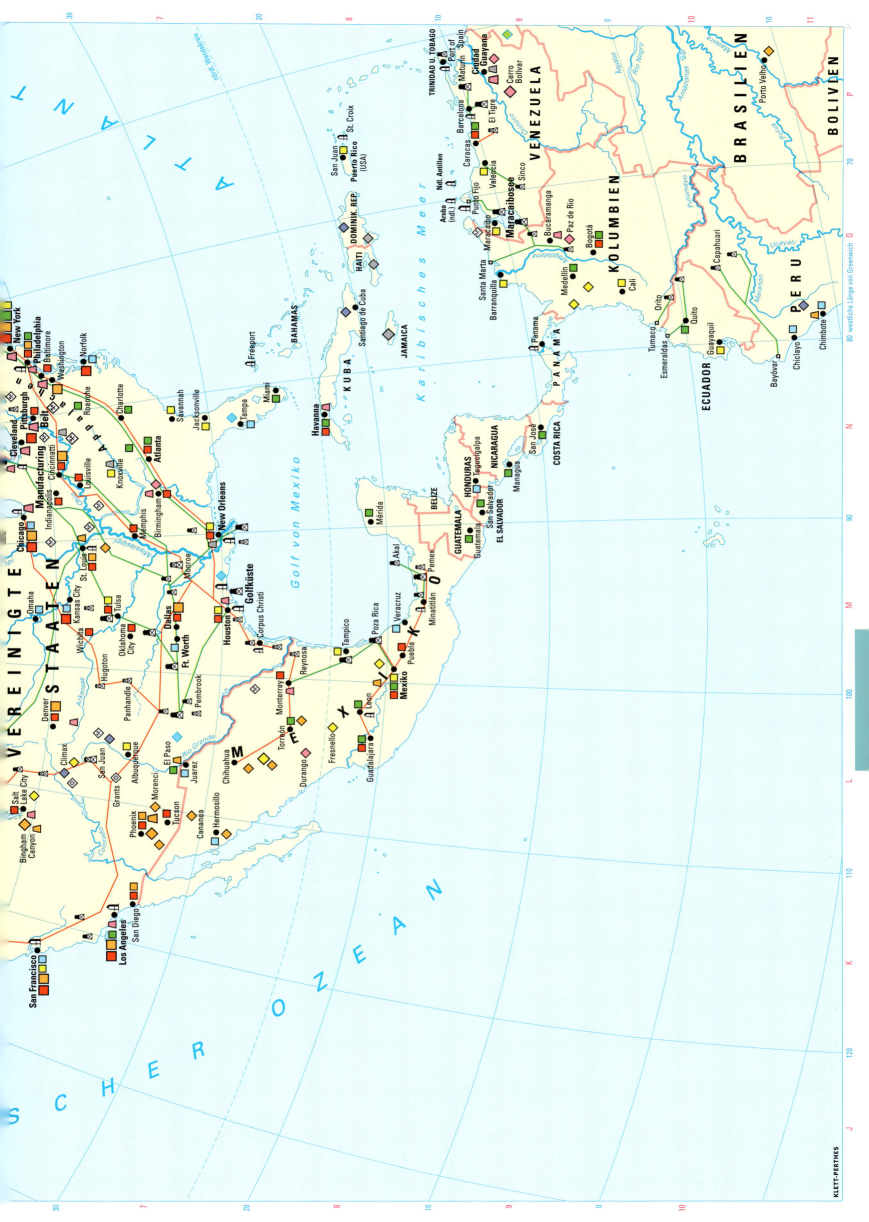

106 Kanada und Alaska

107

1:15 000 000
0 100 200 300 400 500 km

abeth-Inseln

110 I 100 J 90 K 80 L 70 M 60 N 50 O 40 P 30 Q 20 R 3

Grantland

1829

Alert

2926

Axel-
Heiberg-I.

Sverdrup-In.

Ellef-
Ringnes-I.

n.

Bathurst-I.

Cornwallis-I.

Resolute

Devon-I.

Somerset-I.

Pr. of
Wales-I.

Boothia-
H.-I.

King
William-I.

t - T e r r i t o r i u m

Baker Lake

Chesterfield Inlet

Tavani

Arviat

Churchill

Repulse Bay

Brodeur-
H.-I.

2133

Pond Inlet

1817

B a f f i n i n s e l

2591

Melville-
H.-I.

Pr.-Charles-I.

Pangnirtung

Foxe-
H.-I.

Cape Dorset

Lake Harbour

Iqaluit

Southampton-I.

Coats-I.

Mansel-I.

Salluit

Meteoritenkrater

Kangiqsujuaq

Kangirsuk

U n g a v a -
H.-I.

Ungava-
Bay

Kuujjuaq

Inukjuak

B a r r e n g r o u n d

Minto-S.

(zu Nunavut)

Clearwater S.

Belcher-In.

Kuujjuarapik

Ft. Severn

Winisk

James
Bay

Chisasibi

Akimiski-I.

Ft. Albany

Waskaganish

Moosonee

Fort Hope

Chibougamau

Red Lake

O n t a r i o

Hearst

Kapuskasing

Timmins

Rouyn-Noranda

Kenora

Trans Canada Highway

Michipicoten

Fort Frances

Thunder Bay

Sault
Ste. Marie

Sudbury

Oberer See

183

Two Harbors

Duluth

Ashland

Marquette

Grand Forks

Superior

Green Bay

Fargo

St. Paul

Oshkosh

Bay City

Minneapolis

Milwaukee

Madison

Muskegon

Grand
Rapids

Lansing

A T E N

Sioux Falls

Racine

177

Waterloo

Chicago

Gary

Sioux City

Toledo

Akron

Omaha

Des Moines

Fort Wayne

90 westl. Länge v. Greenwich

B a f f i n
B a y

Upernavik

Disko-I.
Qeqertarssuaq
(Godhavn)

Ilulissat
(Jakobshavn)

Qasigiánguit
(Christianshåb)

Ausiait
(Egedesminde)

1995

Sisimiut
(Holsteinborg)

Manitsoq
(Sukkertoppen)

Nuuk
(Godhåb)

Narssaq

Pâmiut
(Frederikshåb)

Ivigtut

Qaqortoq
(Julianehåb)

Úmánarssuaq
(Kap Farvel)

Davisstraße

Resolution-I.

Kap Chidley

1676

Nain

2850

G r ö n l a n d
(dän.)

3231

2935

2164

Qânâq
(Thule)

Thule
(US-Stützpunkt)

Humboldt-
gletscher

Knud-Rasmussen-Ld.

Kg.-Christian-X.-Ld.

2940

Ittoqqortoormiit
(Scoresbysund)

ISLAND

Akureyri 2119

Saudárkrókur

Horn

Reykjavík

Keflavik

Mt. Forel
3360

Angmagssalik

Kg.-Christian-X.-Ld.

Gunnbjörnfjeld
3700

Kg.-Frederik-VI.-Ld.

Dänemarkstraße

60

L a b r a d o r -
s e e

N e u f u n d l a n d

Schefferville

Labrador City

1128

Goose Bay

Battle Harbour

Kap Bauld

Neufundland

Gander

St. John's

Buchans

814

Corner Brook

Kap Race

50

L a b r a d o r

Q u e b e c

1128

Sept-Îles

Pt.
Cartier

Anticosti-I.

Havre St-Pierre

Murdochville

Port aux
Basques

Miquelon
(franz.)

St-Pierre

Baie
Comeau

Campbellton

Neu
braunschweig

Bathurst

Pr.-Eduard-I.

Charlottetown

Kap Breton
Sydney

532

Chicoutimi

1190

Quebec

Trois
Rivières

783

Montreal

Sherbrooke

Montpelier

1628

Oshawa

Toronto

75

Ottawa

Ontariosee

Hochester

Hamilton

Niagara Falls

Buffalo

London

Erisee

174

Windsor

Detroit

Cleveland

Pittsburgh

Fredericton

St. John

Moncton

Bangor

Augusta

1916

Portland

Concord

Manchester
Lawrence

Boston

Albany

Springfield

Hartford

Providence

New Haven

Scranton

Allentown

Trenton

New York

Newark

Philadelphia

Harris-
burg

Atlantic City

Wilmington

A T L A N T I S C H E R

O Z E A N

Neuschottland

Halifax

Yarmouth

Kap Sable

Kap Cod

Sable-I.

40

St.-Lorenz-Golf

St.-Lorenz-Strom

Magdalen-
In.

Lac Allard

Hudsonstraße

H u d s o n
B a y

A

D

A

o u n d s

Kap Farvel

108 Vereinigte Staaten und Mittelamerika

109

1:15 000 000

0 100 200 300 400 500 km

ATLANTISCHER

OZEAN

Ft. Albany
Akimiski-I.
James Bay
Waskaganish
Moosonee
Chibougamau
Hearst
Kapuskasing
Rouyn-Noranda
Timmins
Michipicoten
Sault Ste. Marie
Sudbury
Huronsee
Georgian Bay
Bay City
Grand Rapids
London
Lansing
Windsor
Detroit
Toledo
vaukee
icago
Fort Wayne
Wheeling
Indianapolis
Columbus
Dayton
Cincinnati
Frankfort
Lexington
Louisville
Terre Haute
Evansville
Knoxville
Nashville
Chattanooga
Huntsville
gham
sa
Atlanta
Birmingham
Montgomery
Columbus
Macon
Albany
Pensacola
Tallahassee
VADOR
Ivador
León
Managua
NICARAGUA
Jinotega
Matagalpa
Bluefields
Granada
Nicaraguasee
San José
Puntarenas
Limón
Chiriqui
COSTA RICA
David
Coiba

Sept-Îles
Pt. Cartier
Anticosti-I.
St.-Lorenz-Golf
Murdochville
Magdalen-I.
Baie Comeau
Campbellton
Bathurst
Pr.-Eduard-I.
Charlottetown
Moncton
Fredericton
St. John
Yarmouth
Kap Sable
Quebec
Trois Rivières
Montreal
Sherbrooke
Bangor
Montpelier
Ottawa
Portland
Concord
Manchester
Lawrence
Oshawa
Toronto
Hamilton
Rochester
Albany
Springfield
Boston
Providence
Buffalo
Niagara Falls
Hartford
New Haven
Scranton
New York
Allentown
Newark
Cleveland
Harrisburg
Philadelphia
Pittsburgh
Trenton
Atlantic City
Akron
Wilmington
Dover
Baltimore
Annapolis
Washington
Charleston
Richmond
Huntington
Newport News
Norfolk
Roanoke
Danville
Durham
Raleigh
Greensboro
Mt. Mitchell 2037
Charlotte
Columbia
Beaufort
Wilmington
Georgetown
Augusta
Charleston
Savannah
Jacksonville
Daytona Beach
Orlando
Kap Canaveral
Tampa
St. Petersburg
West Palm Beach
Freeport
Fort Lauderdale
Miami
Kap Sable
Everglades

St.-Pierre
Miquelon (franz.)
Port aux Basques
Kap Breton
Sydney
Halifax
Sable-I.

Kap Cod
Kap Hatteras

Bermuda-In. (brit.)

Neuschottland

Grand Bahama-I.
Great Abaco-I.
Eleuthera-I.
Nassau
Cat-I.
San Salvador
Long-I.
Andros-I.
BAHAMAS
Bahama-In.
Turks- und Caicos-In.
Great Inagua-I.
Turks-In.
Caicos-In.

Puerto Rico (USA)
San Juan
Caguas
Ponce
Jungfern-In. (USA)
Anguilla (brit.)
St.-Martin (franz./ndl.)
ANTIGUA U. BARBUDA
Barbuda
St. John's
Antigua
Basseterre
ST. CHRISTOPH U. NEVIS
Montserrat (brit.)
Guadeloupe (franz.)
Basse Terre
DOMINICA
Roseau
Mt.-Pelée 1397
Martinique (franz.)
Fort-de-France
SAINT LUCIA
Castries
BARBADOS
Bridgetown
Kingstown
SAINT VINCENT U. D. GRENADINEN
St. Georges
GRENADA

Havanna
Mantazas
Pinar del Rio
Santa Clara
Clenfuegos
Nuevitas
Camagüey
Holguin
KUBA
Manzanillo
Santiago de Cuba
Guantánamo (USA)
Cap-Haïtien
Santiago
La Romana
Santo Domingo
HAITI
Gonaïves
DOMINIK. REP.
Port-au-Prince
Hispaniola
Isla de la Juventud (I. de Pinos)
Große Antillen
Cayman-In. (brit.)
Montego Bay
2292
JAMAICA
Kingston
Kleine Antillen

Swan-In. (hond.)
Providencia (kol.)
San Andrés (kol.)

Karibisches Meer

Aruba (ndl.)
Curaçao
Bonaire
Niederl. Antillen
Islas Los Roques
Margarita
Tobago
TRINIDAD U. TOBAGO
Port-of-Spain
Trinidad

Kap Catoche
Cancún
Cozumel
Golf von Honduras
Belize
Belmopan
ELIZE
Puerto Cortés
La Ceiba
San Pedro Sula
HONDURAS
Tegucigalpa
Bonanza
Puerto Cabezas

Kap Gallinas
Punto Fijo
Coro
Valledupar
Santa Marta
Barranquilla
Cartagena
Valera
Mérida
Cúcuta
San Cristóbal
Bucaramanga
Medellín
KOLUMBIEN
Tunja
Arauca
Barrancabermeja
Montería
Sincelejo

Cumaná
Barcelona
Maturín
Puerto Cabello
La Guaira
Caracas
Valencia
Maracay
Maracaibo
Barquisimeto
Cabimas
Acarigua
Calabozo
El Tigre
Ciudad Guayana
Ciudad Bolívar
VENEZUELA
San Fernando de Apure
Llanos
Orinoco
GUYANA
Kaituma
Roraima 2810
Bergland von
Guayana
Boa Vista
BRASILIEN

Panamakanal
Colón
Panama
PANAMA
G. v. Darién
G. v. Panama
Panamerikana

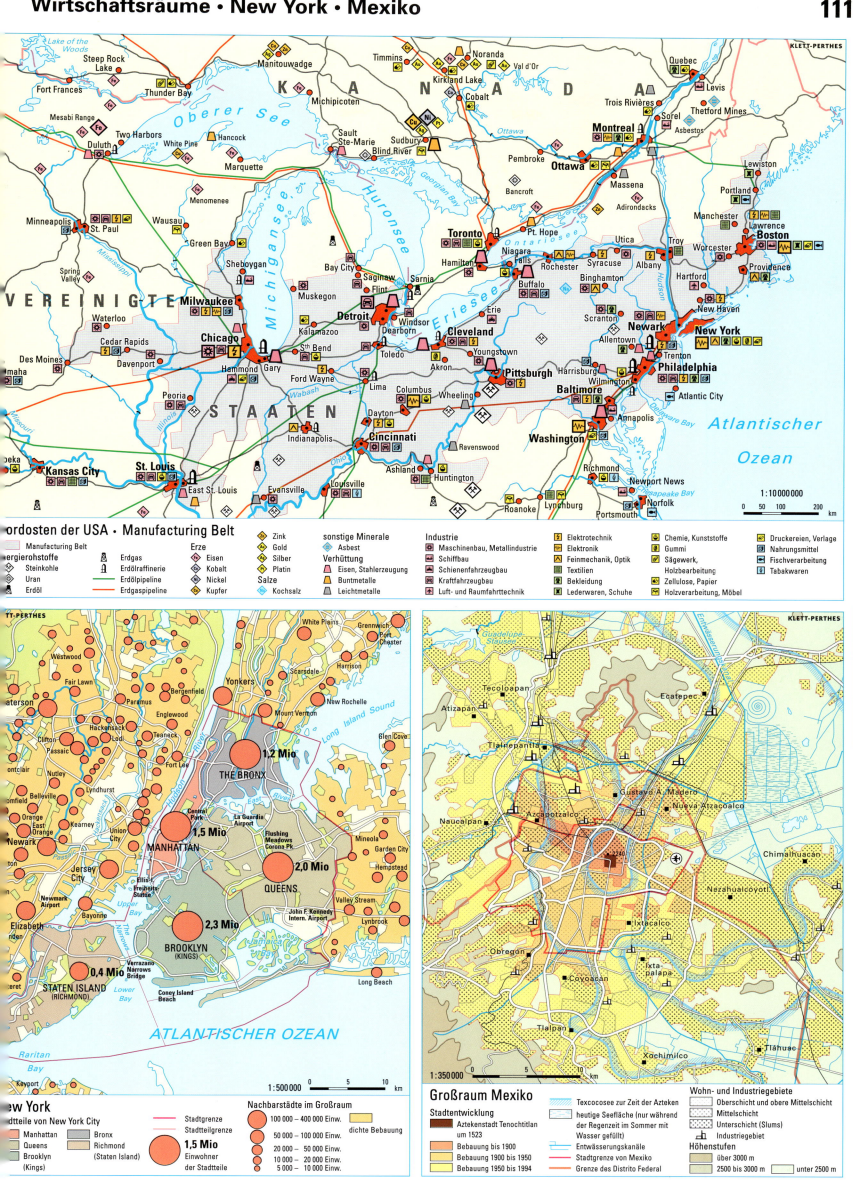

Südamerika: Wirtschaft • Bergbau • Verwaltung • Brasília

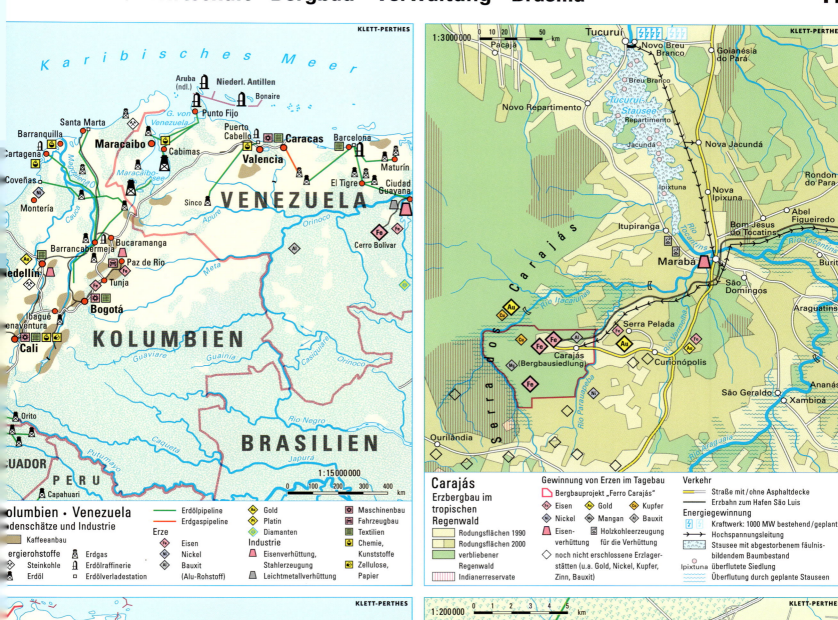

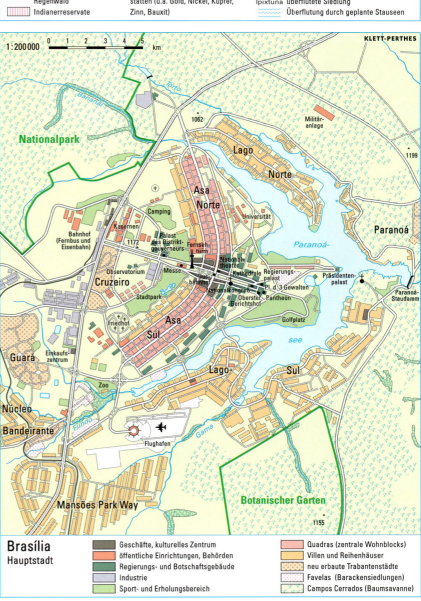

117

KLETT-PERTHES

1:15 000 000

0 100 200 300 400 500 km

U. BARBUDA
John's
gua
gua (brit.)
Guadeloupe (franz.)
se-Terre
DOMINICA
Roseau
Martinique
(franz.)
oce
SAINT LUCIA
Kingstown
BARBADOS
U. D.
Bridgetown
ENADINEN
NADA
eorge's
TRINIDAD U. TOBAGO
ort-of-Spain
Trinidad

ATLANTISCHER OZEAN

Kaituma
Georgetown
Linden
GUYANA
Paramaribo
Afobakka
Albina
SURINAME
Kourou
Teufels-I.
Cayenne
Franz.-
Guayana
1280
Amapá
Serra do Navio
Marajó
Bragança
Macapá
Pôrto
Santana
Belém
Óbidos
Santarém
Cametá
São Luís
Parnaíba
Altamira
Rosário
Camosim
Manaus
Maués
Itaituba
Transamazônica
Tucuruí
Bacabal
Caxias
Sobral
Fortaleza
76
Marabá
Teresina
Mossoró
Kap São Roque
Carajás
640
Natal
Carolina
Iguatu
João Pessoa
Kap Branco
Crato
Campina Grande
Olinda
BRASILIEN
Paulistana
Jaboatão
Recife
Sobradinho
stausee
Caruaru
Juàzeiro
Maceió
Barra
1801
Hochland von
669
Barreiras
Aracaju
Mato Grosso
1995
Mato Grosso
1292
Feira de Santana
893
1850
Cuiabá
Salvador
Vitória
da Conquista
Ilhéus
Brasília
1349
Anápolis
1020
Goiânia
Montes
Claros
Teófilo Otoni
Caravelas
Pirapora
Corumbá
Diamantina
1425
Uberlândia
2033
Governador
Campo
Uberaba
Pico de Itambé
Valadares
Grande
Belo Horizonte
Colatina
Très Lagoas
Ribeirão
Pôrto
Vitória
Mariscal
Prêto
Marília
Estigarribia
610
Ponta Porã
Juiz de Fora
2787
Campos
PARAGUAY
Bauru
Piracicaba
Petrópolis
Conception
Londrina
Campinas
Niterói
Kap Frio
Maringá
Jundiaí
Nova
Rio
Asunción
Sorocaba
Iguaçu
de Janeiro
Formosa
Ciudad
São Paulo
Santos
del Este
Ponta Grossa
Villarrica
Guarapuaya
Curitiba

40 westliche Länge von Greenwich

Rocas
(bras.)
Fernando
de Noronha
(bras.)

Trinidade
(bras.)
Martin Vaz

118 Südamerika (Südteil)

1:15 000 000

ALEXANDER

Auf einen Blick

Staaten, 1 : 60 Mio	122–123
Höhenschichten und Meerestiefen, 1 : 60 Mio	124–125
Höhenschichten und Meerestiefen, 1 : 60 Mio	126–127
Landschaften, 1 : 60 Mio	128–129

Übersichten

Klima 130–131
– Jahresniederschlag, 1 : 120 Mio
– Niederschlag im Januar, 1 : 240 Mio
– Temperatur im Januar, 1 : 240 Mio
– Niederschlag im Juli, 1 : 240 Mio
– Temperatur im Juli, 1 : 240 Mio
– Klima- und Vegatationszonen der Erde, 1 : 90 Mio

Bau und Bewegung der Erdkruste, 1 : 120 Mio	132
Natürliche Gefahrenquellen und Katastrophen, 1 : 120 Mio	132
Natürliche Voraussetzungen für die Landwirtschaft, 1 : 120 Mio	133
Pflanzliche und tierische Rohstoffe in den Klimazonen, 1 : 120 Mio	133
Bevölkerungsdichte, 1 : 120 Mio	134
Bevölkerungswachstum und Lebenserwartung, 1 : 120 Mio	134
Weltreligionen und Glaubenslehren, 1 : 120 Mio	135
Ernährung, 1 : 120 Mio	135
Energierohstoffe und Energieverbrauch, 1 : 120 Mio	136
Arme und reiche Länder, 1 : 120 Mio	136
Welthandel, 1 : 120 Mio	137
Zeitzonen und Tageszeiten, 1 : 150 Mio	137

Die Erde im Weltraum

Himmelskunde	138–139
Erdatmosphäre	140
Typische Wetterlagen	141

Die Erde

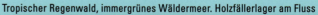

Tropischer Regenwald, immergrünes Wäldermeer. Holzfällerlager am Fluss

...ges Eis bedeckt das Land jenseits der Polarkreise

Vom Süden drängt der Wald in die kalte Wildnis der Tundra

Taiga. Landwirtschaft auf großen Inseln im Wald

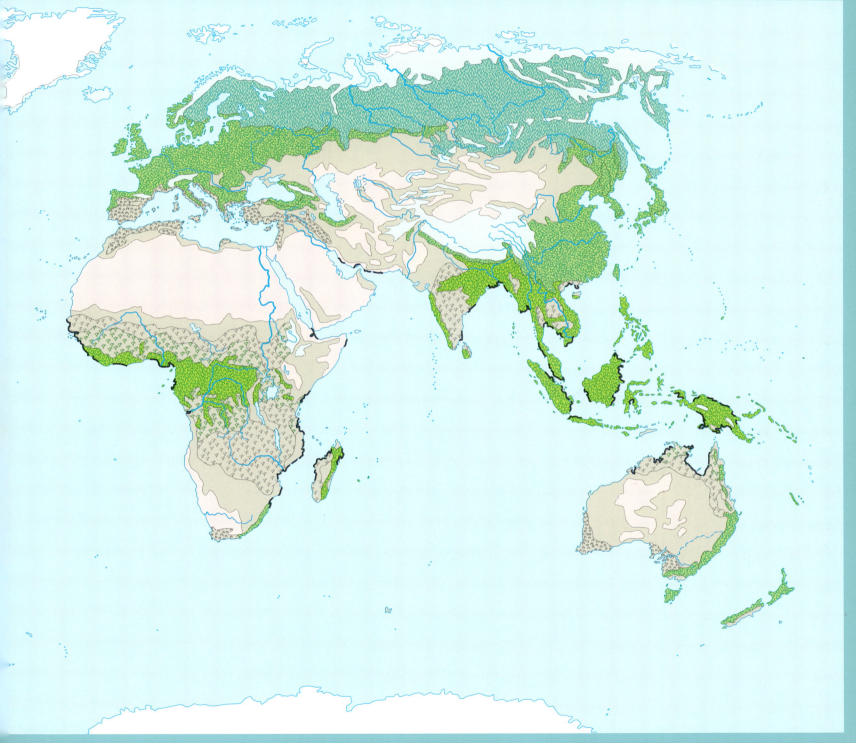

...nnen, die Heimat der Viehzüchter

Rinder an einer Wasserstelle in der Trockensavanne

Wüsten entstehen auch durch Kälte. Ein Pass im Himalaya

124 Erde: Höhenschichten und Meerestiefen

126 Erde: Höhenschichten und Meerestiefen

127

Maßstab 1:60 000 000

NORDAMERIKA
SÜD-
AMERIKA

ATLANTISCHER OZEAN
Nord-amerikanisches Becken

ATLANTISCHER OZEAN
Argentinisches Becken

PAZIFISCHER OZEAN

Südpazifisches Becken

Nordpolarmeer
Beringmeer
Nordost-

Zentral-pazifisches Becken

Polynesische Linien

Z I F I S C H E R

Meer

Becken

Grönland
Island
Reykjavík
Nuuk
Uménârssuaq
Labrador-see
Labradorbecken
Kap Chidley
Ungava-H.-I.

Baffin-Bay
Baffinsee
Davis-Str.
Devon-I.
Banks-I.
Victoria-I.
Kanadischer Archipel
Kap Barrow
Beaufortsee
Amundsengolf
Mackenzie
Großer Bärensee
Großer Sklavensee
Großer Becken

Wrangel-Insel
Kap Deschnew
Kap Pr.-of-Wales
Brookskette
Anadyr-Geb.
Aleuten
Aleutengraben
Mendocinostufe
Murraystufe
Hawaii-Rücken
Hawaii-In.
Midway-In.
Kauai
Oahu
Maui
Honolulu
Hawaii

Kap Mendocino
San Francisco
Kap Conception
Los Angeles
Seattle
Vancouver
Vancouver-I.
Königin-Charlotte-In.
Alexander archipel
Anchorage
Mt. McKinley
Alaska-kette
Golf von Alaska
Kodiak
H.-I. Alaska

Rocky Mountains
Kaskadengebirge
Kordilleren
Sierra Nevada
Großes Becken
Mt. Whitney
Mt. Elbert
Denver
Edmonton
St. Louis
Dallas
Houston
Chicago
Detroit
Winnipegsee
Oberer See
Michigansee
Huronsee
Eriesee
Ontario
Montreal
Toronto
Halifax
Boston
New York
Philadelphia
Washington
Kap Cod
Atlanta
Kap Hatteras
Kap Race
St. John's
Neufundland
Neufundland-bank
Sargassosee
Bermuda-In.
Becken

Missouri
Arkansas
Mississippi
Rio Grande
Florida
New Orleans
Miami
Havanna
Kuba
Große Antillen
Westindien
Bahama-In.
Hispaniola
Jamaica
Karibisches Meer
Cayman
Yucatán
Mérida
Golf von Mexiko
Monterrey
Guadalajara
Mexiko
Kap S. Lucas
Niederkalifornien
Golf von Kalifornien
West-Sierra Madre
Ost-Sierra Madre
Hochland von Mexiko
Guadalupe
Revilla-Gigedo-In.
nördl. Wendekreis

Clarionstufe
Clipperton-I.
Clippertonstufe
Albatross plateau
Kokos-I.
Malpelo-I.
Kokosschwelle
Mittelamerikanischer Graben
Guatemala
San Salvador
Managua
Panama
Medellin
Bogotá
Caracas
Kap Gallinas
Quito
Chimborasso
Iquitos
Amazonas
Lima
Perugraben
Kap Pariñas
Galápagosstufe
Galápagos-In.
Äquator

Marquesas-In.
Marquesastufe
Perubecken
Tuamotu-Archipel
Gesellschafts-Archipel
Tahiti
Papeete
Mururoa
Gambier In.
Tubai-In.
Rangiora
Niue
Cook-In.
Samoa-In.
Apia
Fidschi-In.
Viti Levu
Suva
Tonga-In.
Tongagraben
Neue Hebriden
Port Vila

Palmyra-I.
Fanning
Fanningrücken
Christmas-I.
Jarvis-I.
Phönix-In.
Howland-I.
Baker-I.
Ocean-In.
Gilbert-In.
Ellice-In.
Tokelau-I.
Starbuck-I.
Malden
Caroline-I.
Flint-I.
Oeno
Ducie-I.
Pitcairn-I.
Rapa-I.
Oster-I.
Sala y Gómez
Sala y Gómez-Rücken
San Félix
San Ambrosio
Juan-Fernández-In.
Chilebecken
Chilenische Schwelle
Santiago
Aconcagua
Córdoba
Montevideo
Buenos Aires
Lanin
Paraná
Anden
Kordilleren
Atacama-Graben
Nascarücken
Nasca-Graben
Arequipa
La Paz
Coropuna
Ostpazifischer Rücken

San Valentín
Patagonien
Feuerland
Punta Arenas
Magellan-Str.
Kap Hoorn
Drakestraße
Falkland-In.
Südantillenrücken
Südgeorgien
Süd-Sandwich-Gr.
Südliche Sandwich-In.
Südliche Orkney-In.
Südliche Shetland-In.
Moody Point
Antarktische Halbinsel
Weddellmeer
Alexander-I.
Mt. Jackson
Thurston-I.
Peter-I.-Insel
Adelaide-I.
Amundsensee
Pazifisch-Antarktisches Becken
südl. Polarkreis
Scott-I.
Kap Adare
Rossmeer

Auckland
Neuseeland
Nordinsel
Wellington
Christchurch
Südinsel
Chatham-In.
Bounty-In.
Antipoden-In.
Campbell-I.
Kermadec-In.
Kermadecgraben

KLETT-PERTHES

128 Erde: Landschaften

Maßstab 1:60000000

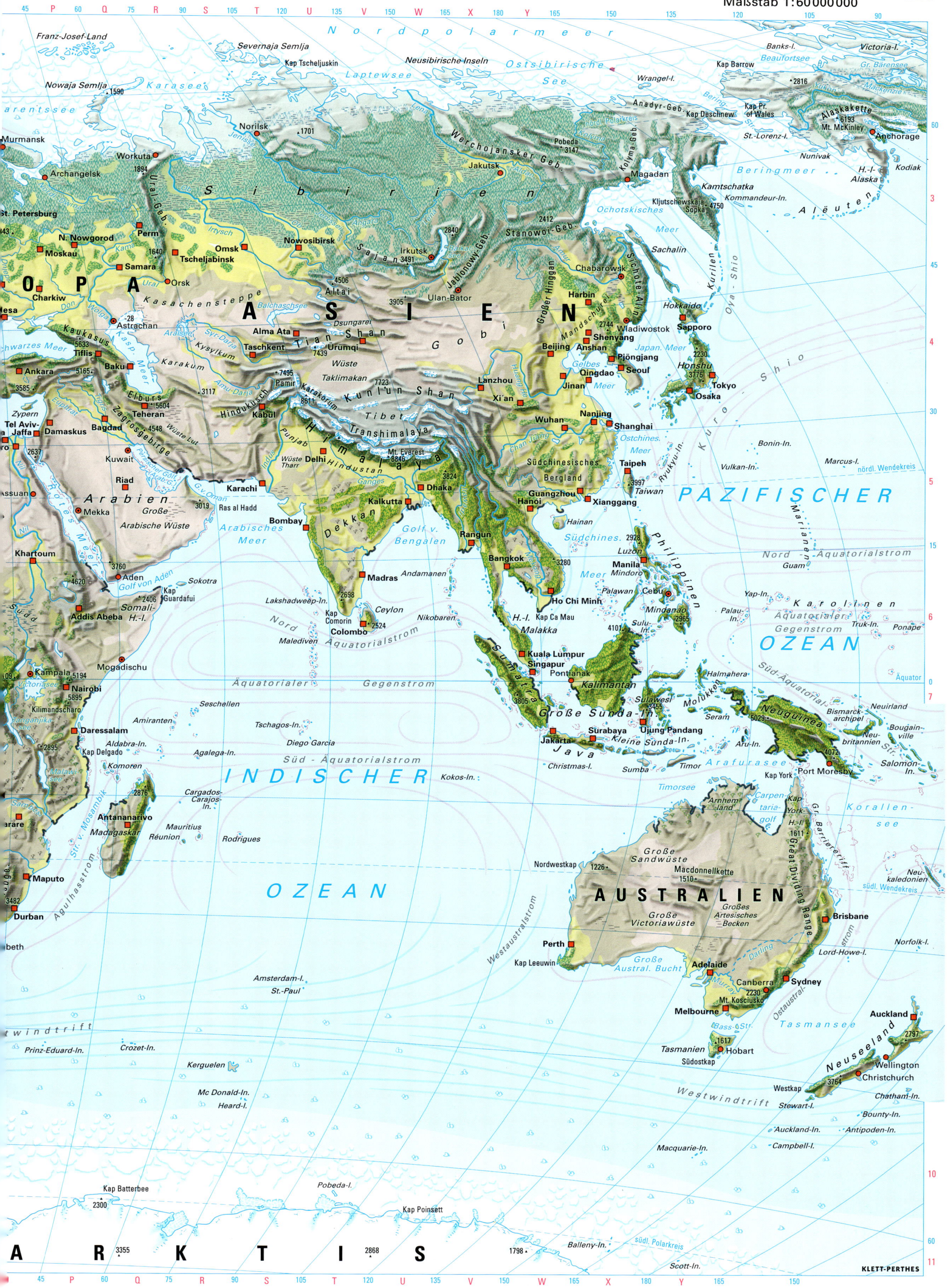

130 Erde: Klima

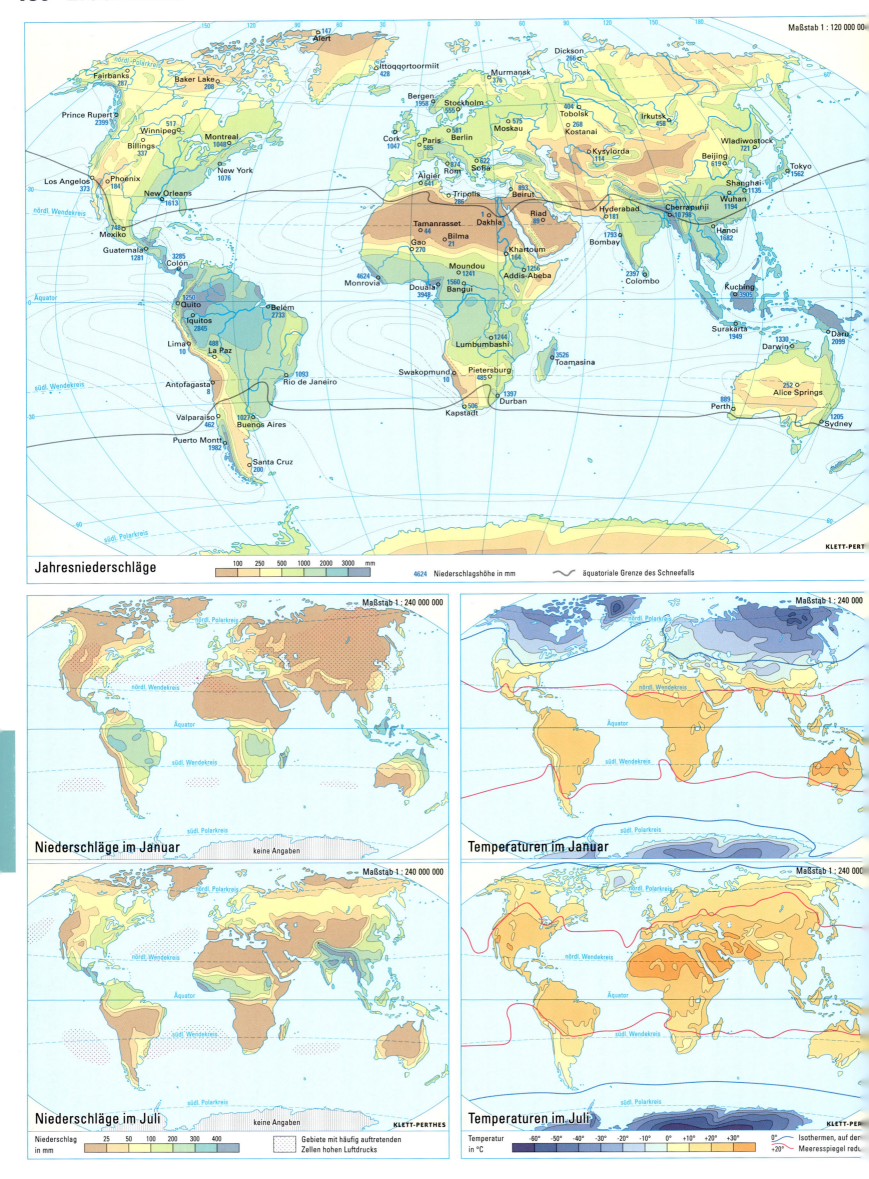

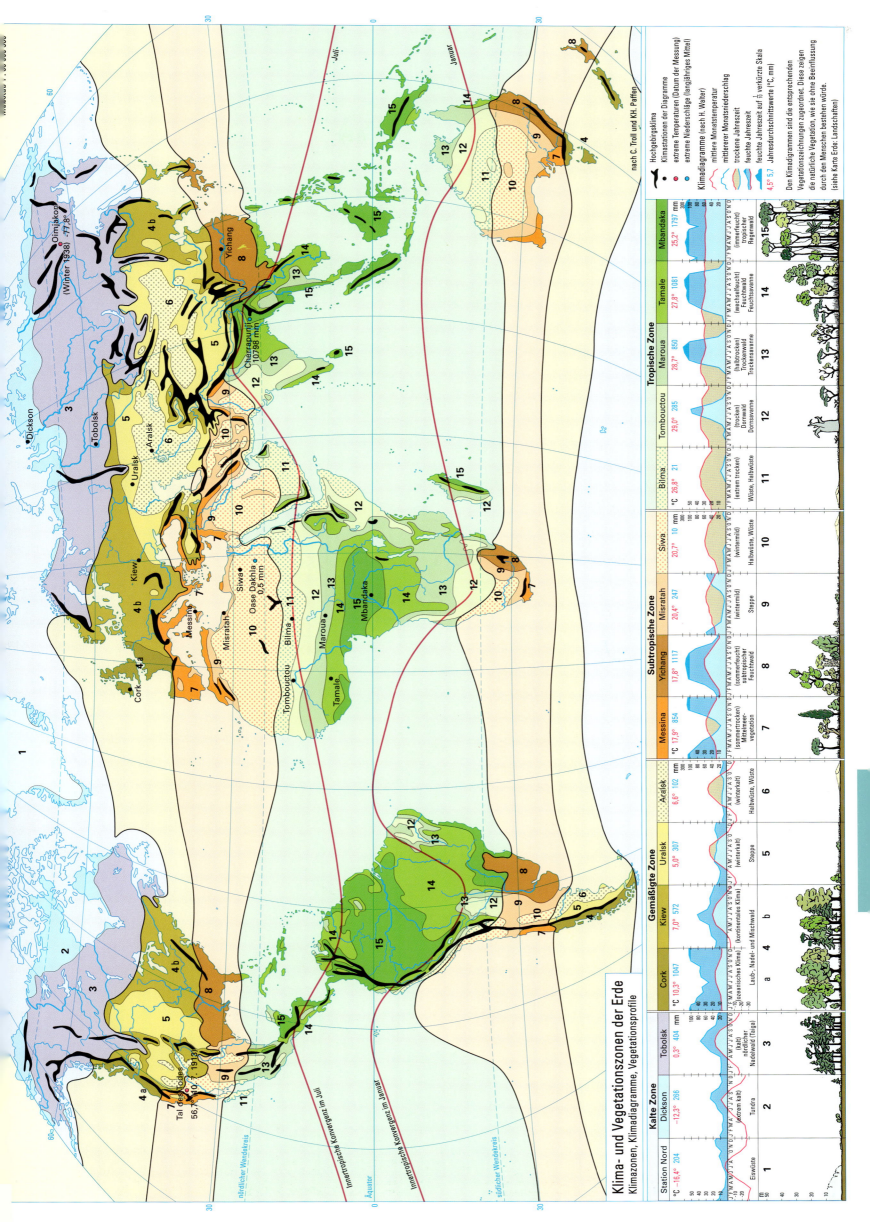

132 Erde: Geologie und Naturkatastrophen

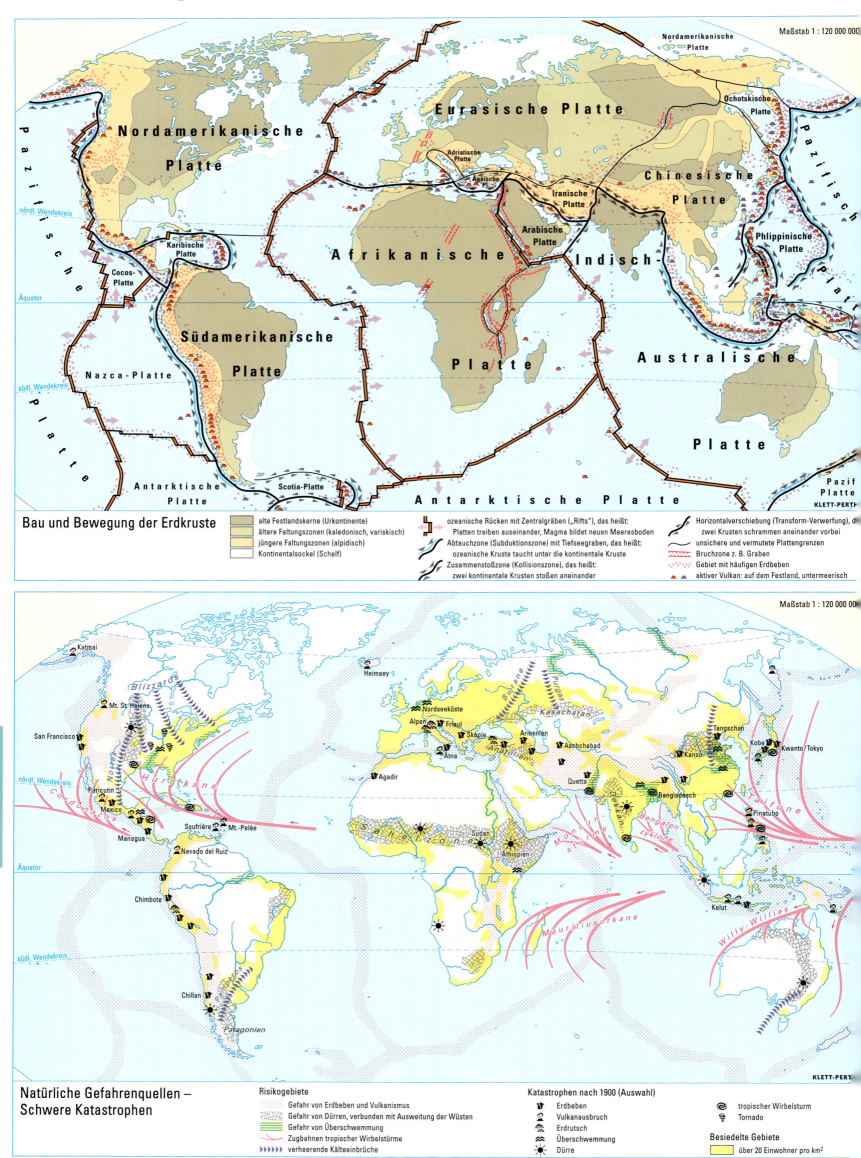

Erde: Naturreserven und Landwirtschaft

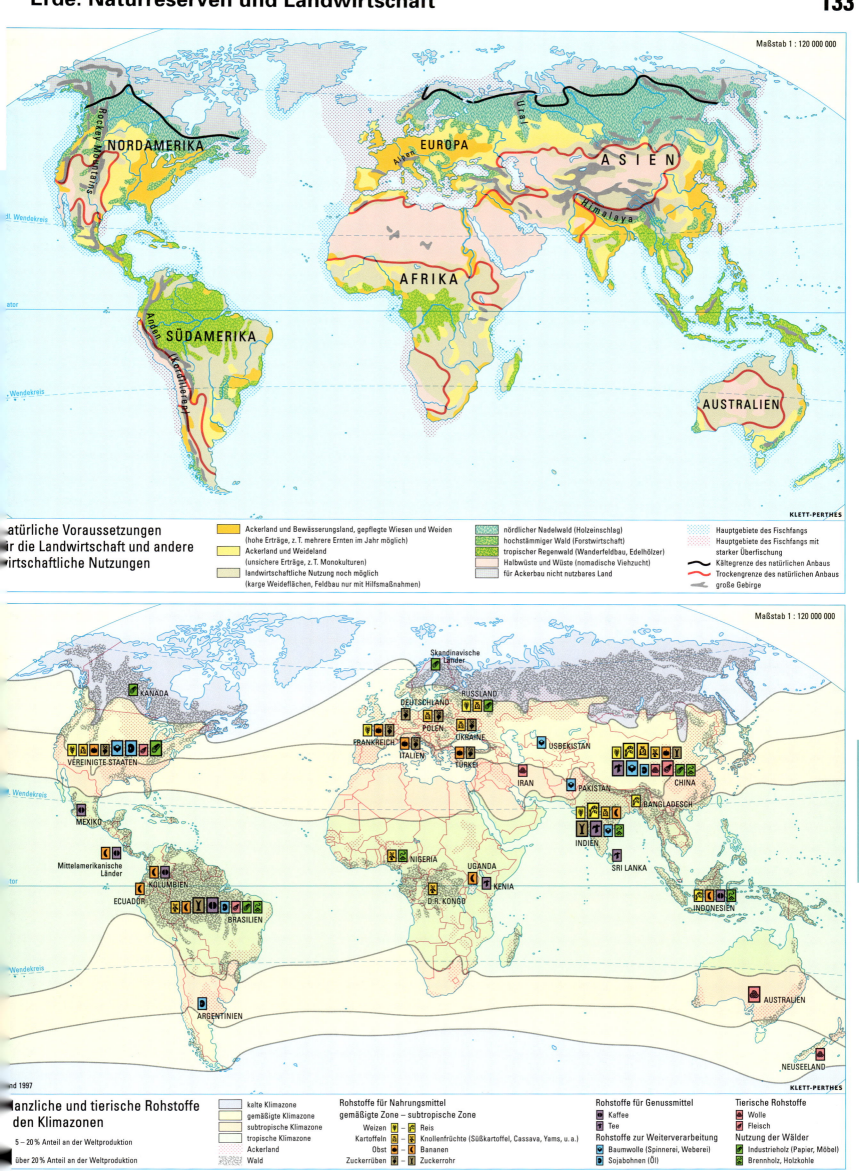

134 Erde: Bevölkerung

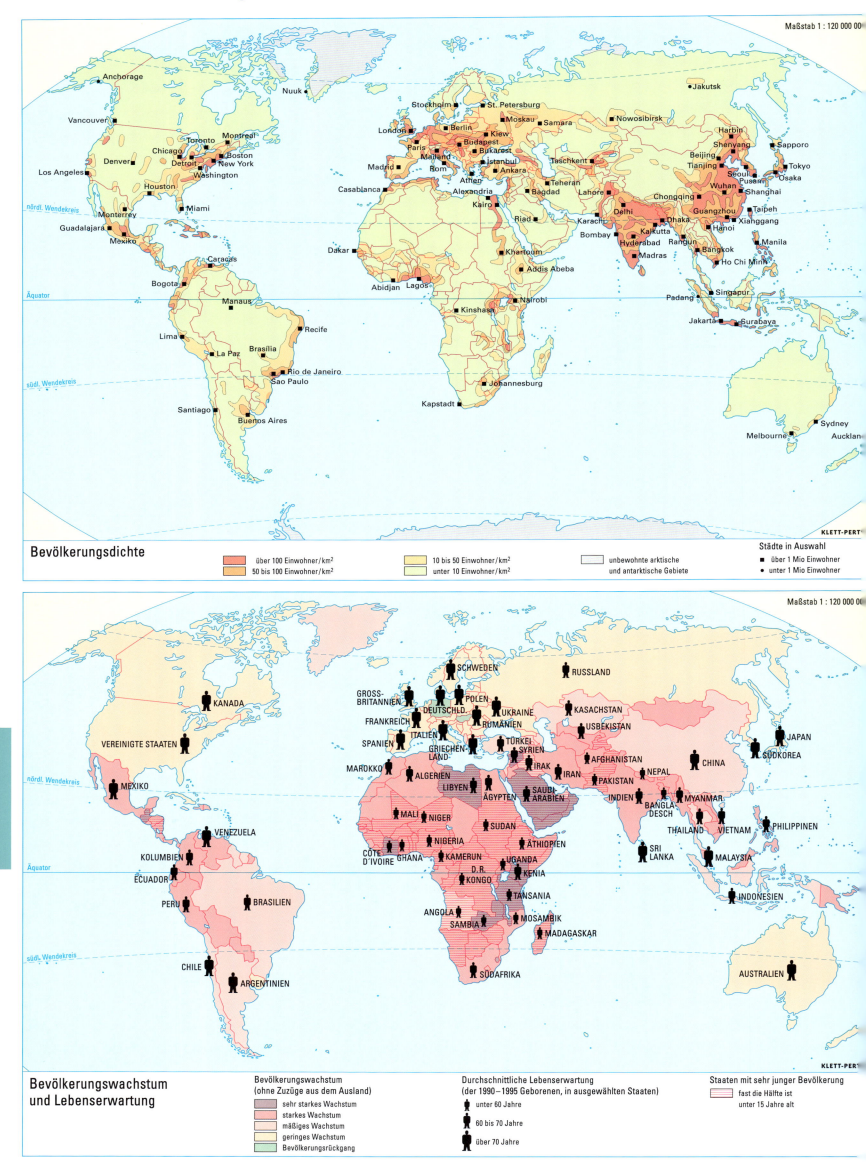

Erde: Religionen und Ernährung

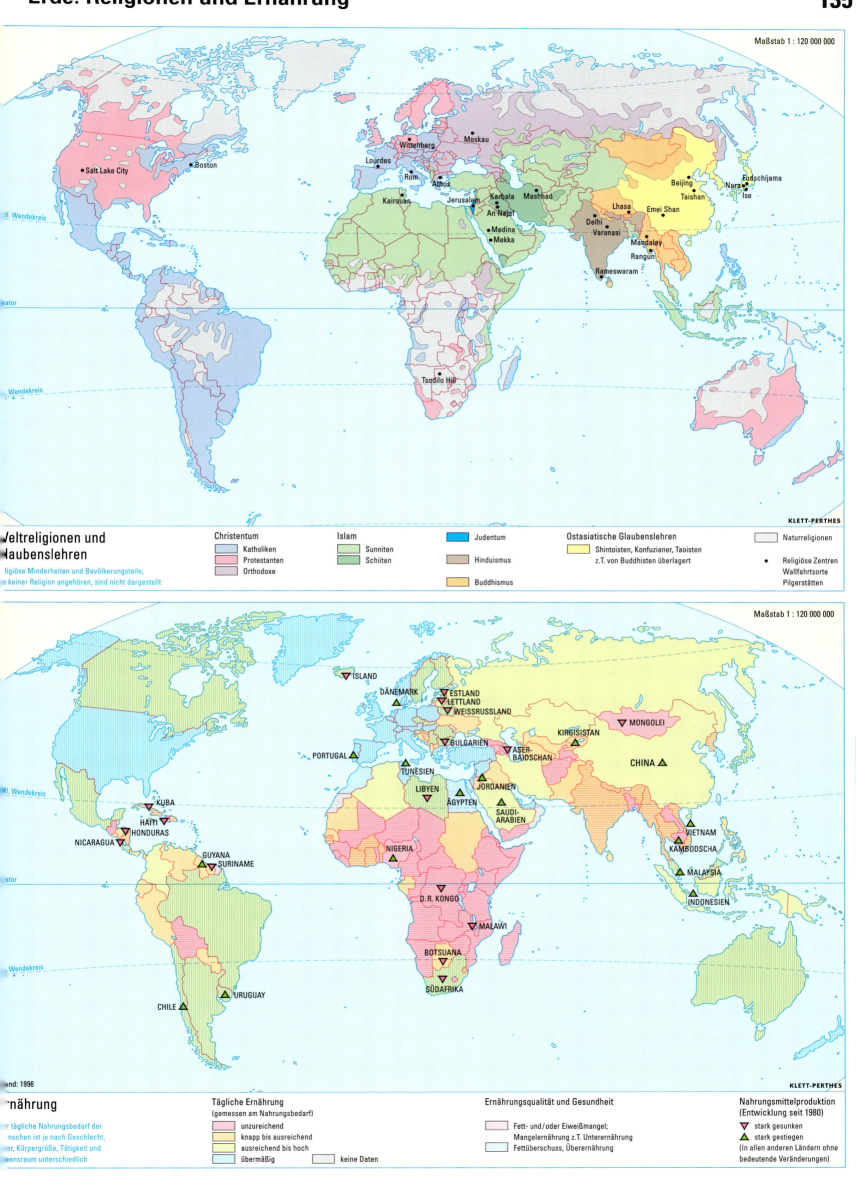

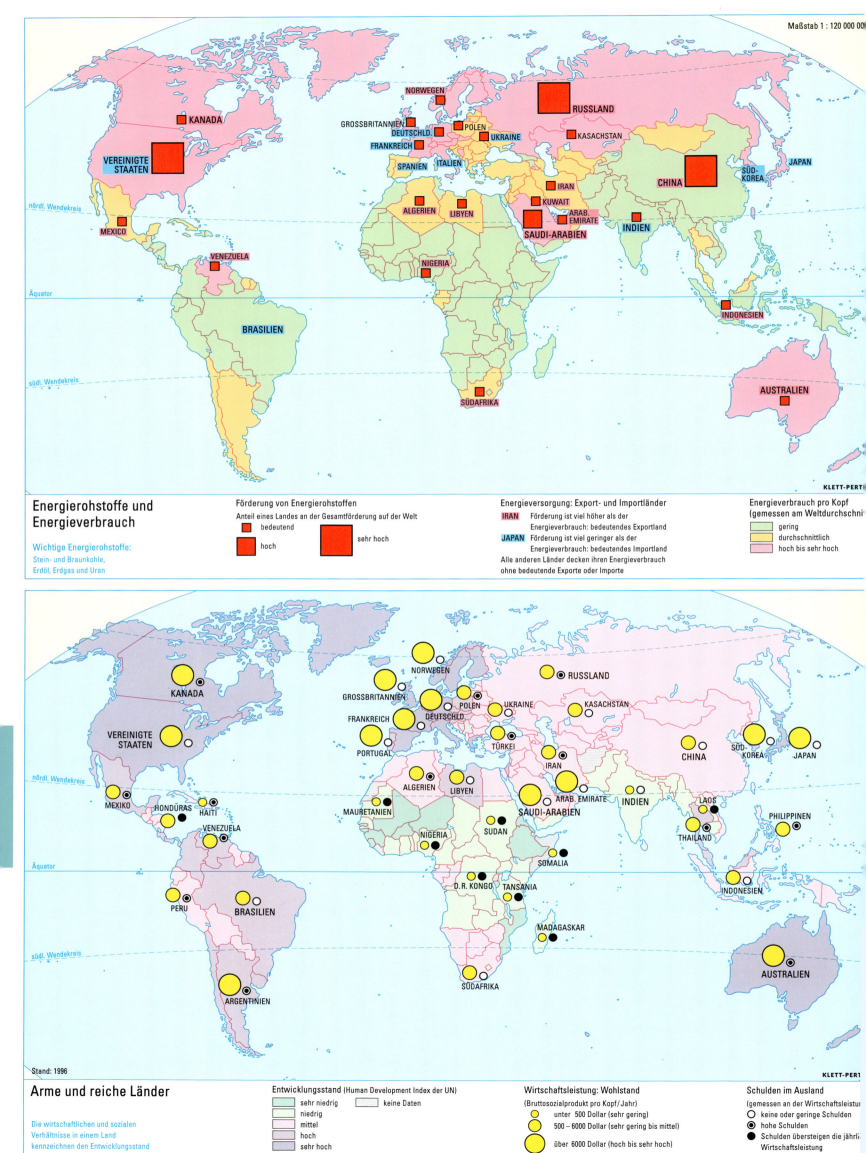

Erde: Handel und Zeitzonen

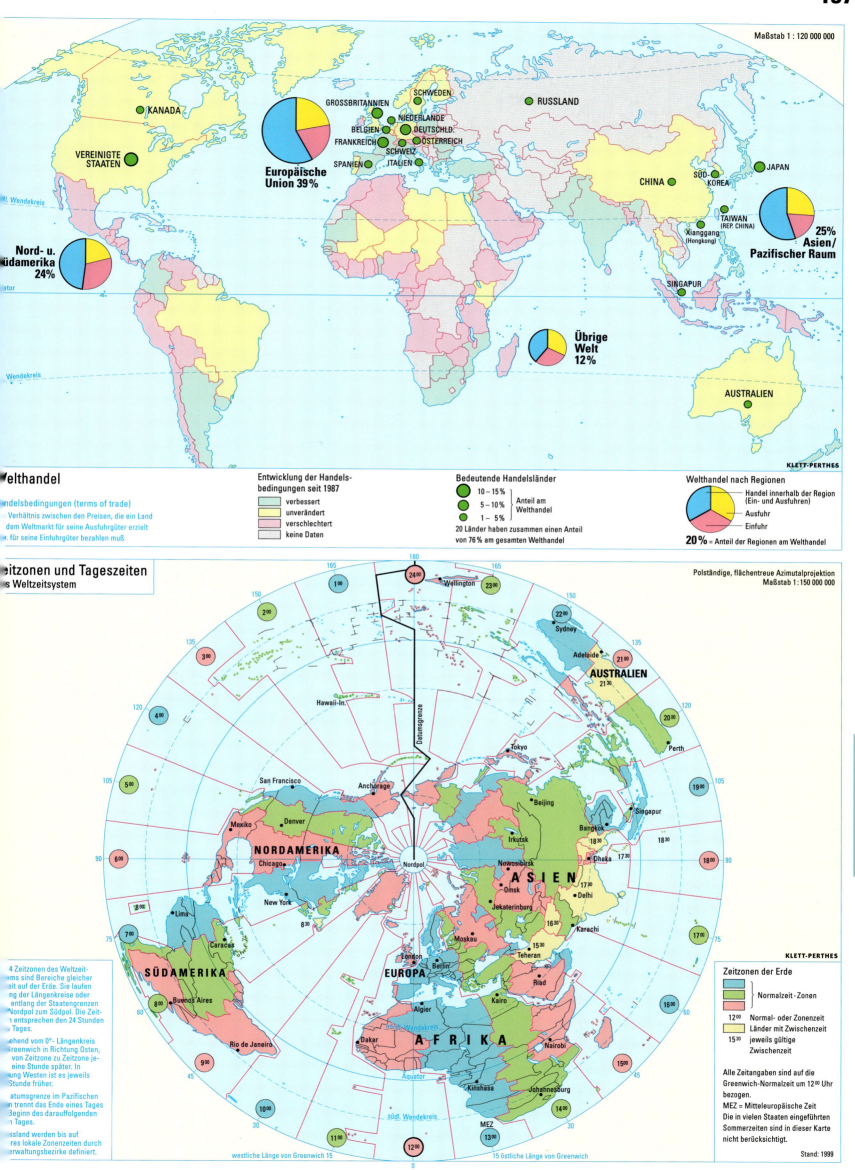

Himmelskunde: Erde, Sonnensystem, Weltall

Sternhimmel gegen Süden
31. Dezember, 50° nördliche Breite, 22 Uhr

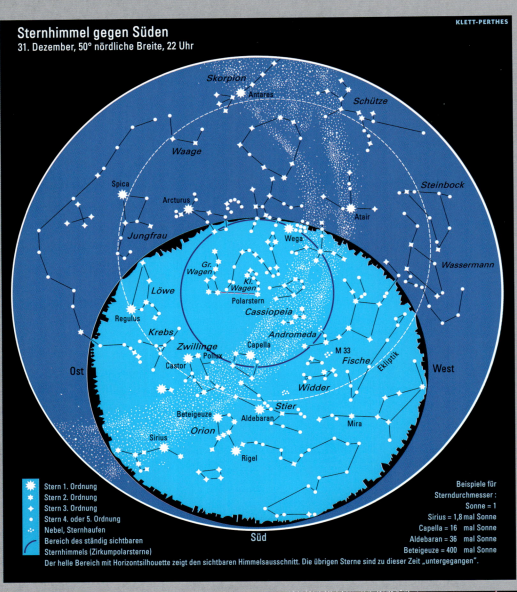

- Stern 1. Ordnung
- Stern 2. Ordnung
- Stern 3. Ordnung
- Stern 4. oder 5. Ordnung
- Nebel, Sternhaufen
- Bereich des ständig sichtbaren Sternhimmels (Zirkumpolarsterne)

Der helle Bereich mit Horizontsilhouette zeigt den sichtbaren Himmelsausschnitt. Die übrigen Sterne sind zu dieser Zeit „untergegangen".

Beispiele für Sterndurchmesser:
Sonne = 1
Sirius = 1,8 mal Sonne
Capella = 16 mal Sonne
Aldebaran = 36 mal Sonne
Beteigeuze = 400 mal Sonne

Entfernungen im All

Nach dem heutigen Stand der Technik – und unter Zuhilfenahme elektronischer Bildverstärkung – haben wir Kenntnis von Objekten bis ca. 18 Mrd. Lichtjahre Entfernung.

Lichtjahr: Entfernung, die das Licht in einem Jahr zurücklegt (300000 km/sec).

Unser Milchstraßensystem (Schema)
Ansicht senkrecht von oben

Umlaufbahnen der Planeten um die Sonne
(Maßstab 1 : 16 000 Mrd)

Innere Planeten
	E	U	M
Merkur	57,9	88 T.	
Venus	108,2	225 T.	
Erde	149,6	365,26 T.	1
Mars	227,9	1 J. 322 T.	2

Äußere Planeten
	E	U	M
Jupiter	778,3	11 J. 314 T.	16
Saturn	1427	29 J. 167 T.	18
Uranus	2870	84 J. 4 T.	17
Neptun	4497	164 J. 292 T.	8
Pluto	5900	247 J. 255 T.	1

E = mittlere Entfernung von der Sonne in Mio km
U = Umlaufzeit um die Sonne in Jahren (J.) und Tagen (T.)
M = Anzahl der Monde (derzeit bekannt)
— Weg der Planeten im Lauf eines Erdjahres
D = Durchmesser der Planeten (Erde = 1)

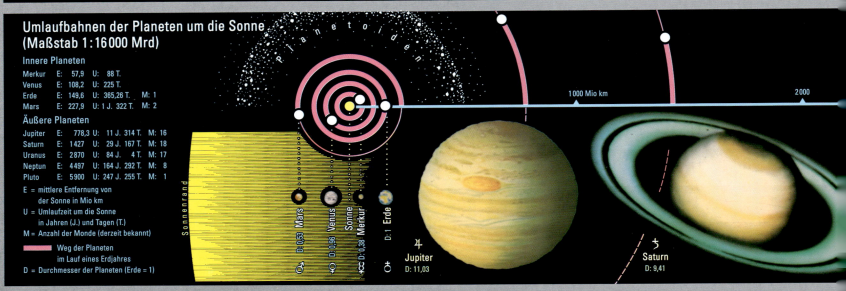

Erdbahn und Sonne (Schema)
Ansicht senkrecht von oben

Beleuchtung der Erde
Ansicht senkrecht von oben

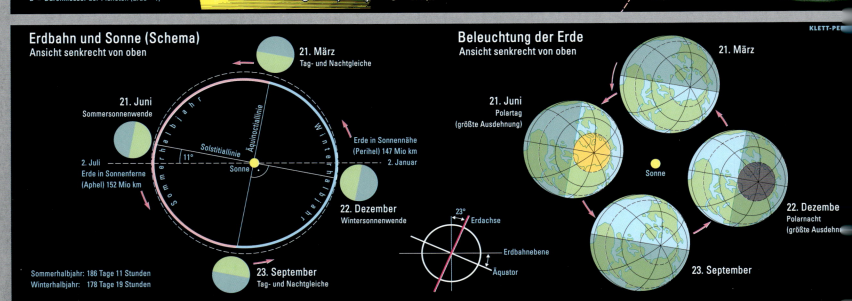

Sommerhalbjahr: 186 Tage 11 Stunden
Winterhalbjahr: 178 Tage 19 Stunden

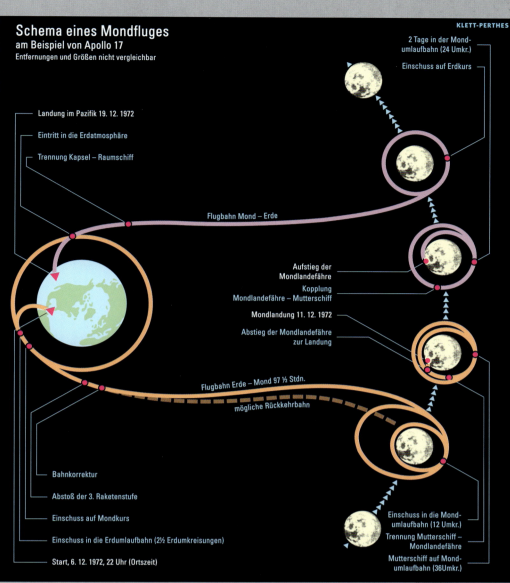
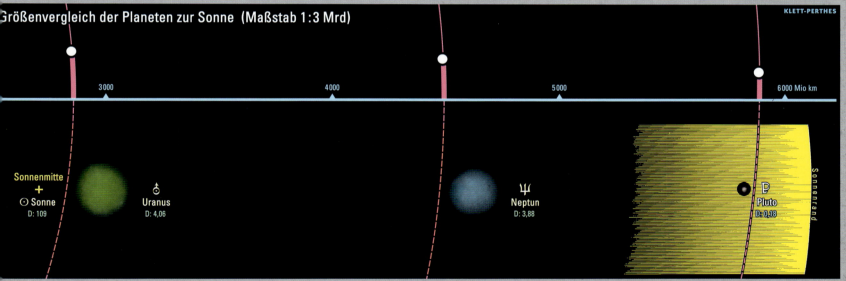

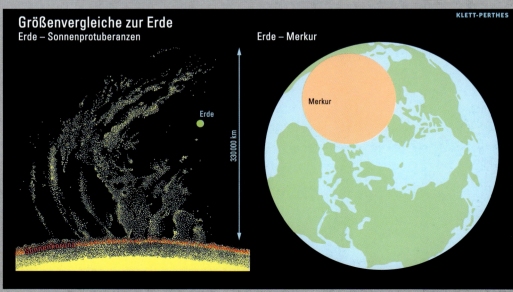

140 Erdatmosphäre

Erdatmosphäre
vertikale Gliederung nach Temperatur oder Ionisierung

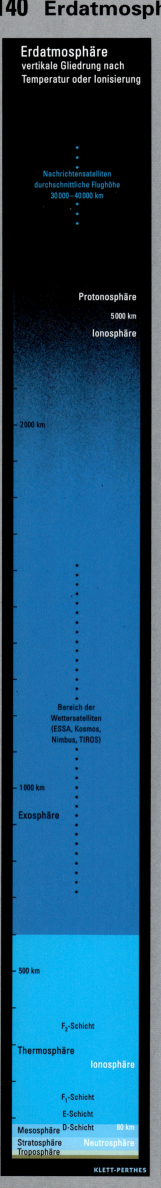

Satellitenbild und Wetterkarte
Aufnahme ESSA 8, 12. Februar 1970, 11³⁰ Uhr, Flughöhe 1450 km

teilweise Vereisung der Ostsee

schneebedeckte Landschaft Osteuropas (wolkenarmes Hochdruckgebiet)

Sturmzyklone im Bereich des Kanals

Atmosphäre bis 100 km Höhe
Gliederung nach der Temperatur

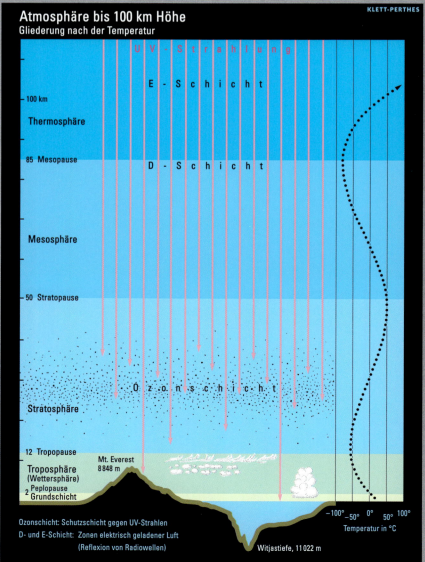

Ozonschicht: Schutzschicht gegen UV-Strahlen
D- und E-Schicht: Zonen elektrisch geladener Luft (Reflexion von Radiowellen)

Sonnen- und Himmelsstrahlung

Verluste in der Atmosphäre
Absorption in der Atmosphäre	16 %
Absorption durch Wasser und Wolken	1 %
Reflexion an Wolken	25 %
Reflexion bei Streuung	7 %

Einstrahlung auf die Erdoberfläche
direkte Einstrahlung auf die Erde	26 %
durch Wolken	14 %
indirekte Einstrahlung auf die Erde	
durch Streuung	11 %

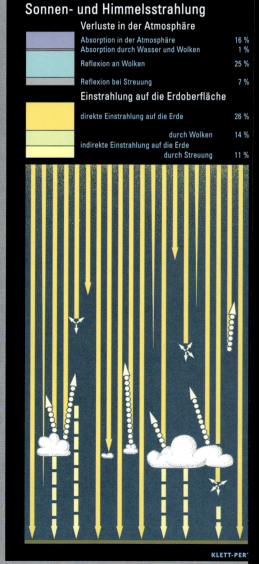

Typische Wetterlagen

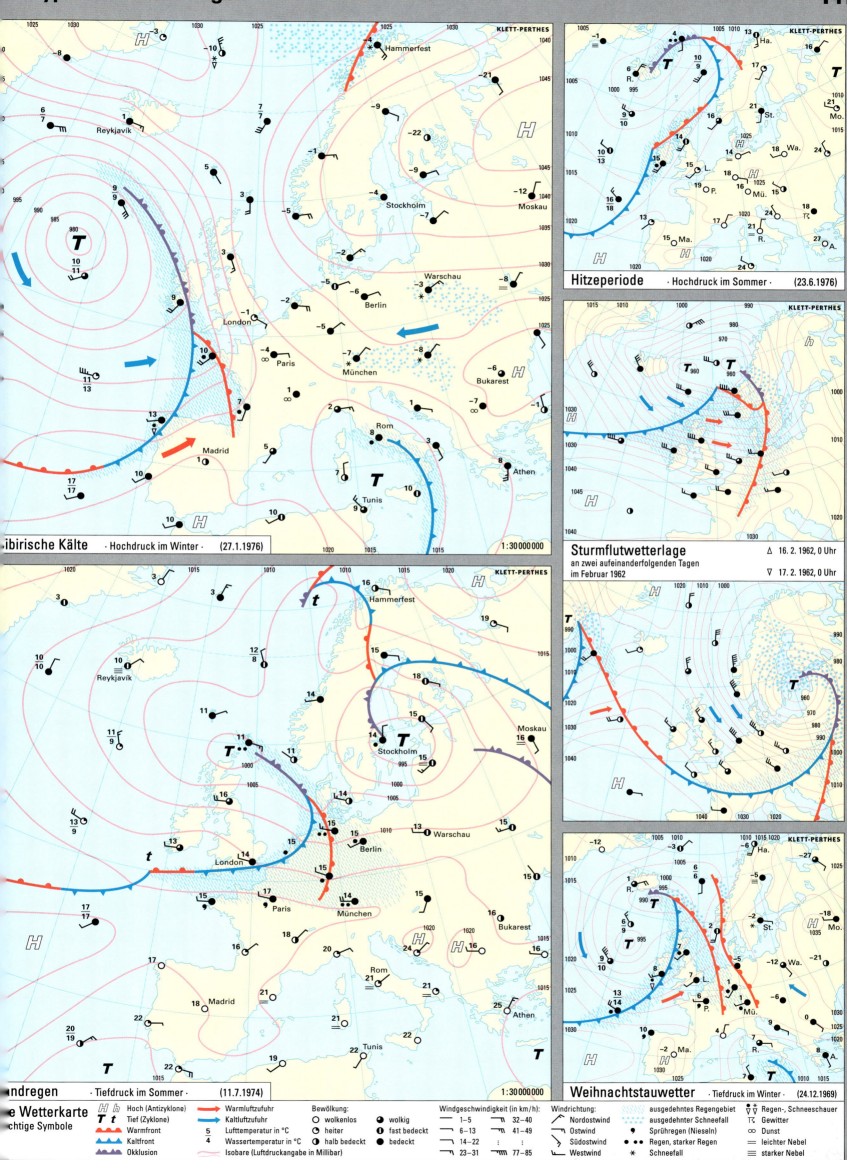

142 Kartennetzentwürfe

Zur Orientierung auf der Erde wird die Erdkugel mit einem Gitternetz
(= Gradnetz) überzogen: den Längen- und Breitenkreisen (Meridiane und
Parallelkreise). Das Gradnetz ist auf die Erdachse und die Pole
ausgerichtet: die Meridiane gehen durch die Pole, die Breitenkreisebenen
stehen senkrecht auf der Erdachse. 1883 wurde der Meridian von Greenwich
als neuer 0°-Meridian festgelegt. Frühere Nullmeridiane: Ferro, Berlin,
Paris, Rom, Pulkowo, Washington.

Jeder Punkt der Erde ist durch die Angabe seiner Gradnetzkoordinaten exakt
festgelegt. Z. B. Punkt P durch 60° ö. L. (östl. Länge) und 30° n. Br. (nördl.
Breite). **Figur 1**

Die gekrümmte Erdoberfläche (Kugel bzw. Ellipsoid) verkleinert und ohne
Verzerrungen abzubilden, d. h. in jedem Maßstab sowohl Längen- als auch
Flächen- und Winkeltreue zu erhalten, ist nur auf dem Globus möglich.
Die Abbildung der dreidimensionalen Erde auf die zweidimensionale Karte ist
mit bestimmten Verzerrungen verbunden (Beweis 1777 durch EULER).
Je nach Entwurfsart kann ein flächentreues oder ein winkeltreues Bild der
Erde entstehen – völlige Längentreue mit exakter Längenmessung zwischen
beliebigen Punkten ist ausgeschlossen.
Eine Zwischenstellung nehmen die vermittelnden Netzentwürfe ein, die weder
flächen-, noch winkel-, noch längentreu sind, dafür aber mehr „Formtreue",
d. h. Anschaulichkeit bieten.

Alle Abbildungen der Erde über das Gradnetz auf die Kartenebene sind durch
mathematische Gleichungen festgelegt. In der Praxis werden dabei nur die
Schnittpunkte des Gradnetzes übertragen. Die Topographie wird von
vorhandenen Karten in das neue Gitternetz übernommen.

Die Kartennetze können eingeteilt werden in
1) Projektionen
2) Entwürfe

Bei den Projektionen können die Gradnetzschnittpunkte neben der
Berechnung auch noch rein geometrisch mit Hilfe von Projektionszentrum,
Projektionsstrahlen und Abbildungsfläche gefunden werden. **(vgl. Figur 11)**
Das Ergebnis sind oft starke, durch diese Art der Abbildung vorgegebene
Verzerrungen.

Bei den Entwürfen dagegen ist es möglich, über die Abbildungsgleichungen
rein rechnerisch Art und Maß der Verzerrungen dem Zweck der Karte
anzupassen und so in brauchbaren Grenzen zu halten.

Projektionen:
Die Kugeloberfläche kann durch Abwickeln nicht in die Ebene übertragen
werden. Umgekehrt lässt sich eine Karte nicht ohne Falten (= Verzerrungen)
auf einem Globus anbringen. Deshalb projiziert man die Kugeloberfläche auf
geeignete Hilfsflächen, die die Erde berühren bzw. schneiden:
1) Ebene – azimutale Projektion **Figur 2**
2) Kegel (abwickelbar) – Kegelprojektion **Figur 3**
3) Zylinder (abwickelbar) – Zylinderprojektion **Figur 4**

Aus der Lage von Projektionszentrum (s. unter A) und Hilfsfläche (s. unter B)
– die Wahl ist abhängig vom Zweck der Karte – ergeben sich weitere
Einteilungen:
A) Lage des Projektionszentrums P:
P_1 im Erdmittelpunkt: zentrale (gnomonische) Projektion **Figur 5**
P_2 im Gegenpol: stereographische Projektion **Figur 6**
P_3 im Unendlichen: orthographische Projektion **Figur 7**
Zwischen P_2 und P_3 sind beliebige Lagen denkbar (z. B. Betrachtung der Erde
aus verschiedenen Höhen).
Beispiel einer Konstruktion: Polständige, stereographische
Azimutalprojektion. Eigenschaft: winkeltreu, deshalb früher häufig für
Seekarten verwendet. **Figur 11**
B) Lage der Hilfsflächen A, K und Z:
A = Azimutalproj., K = Kegelproj., Z = Zylinderproj.
Figur 8 Figur 9 Figur 10

Verzerrungsverhältnisse,
veranschaulicht an verschiedenen, gleichmaßstäbigen Zylinderentwürfen

Lamberts flächentreue Zylinderprojektion (polständig, orthographisch): Kreise
werden polwärts zu flächengleichen Ellipsen. **Figur 12**

Quadratische Plattkarte (mittabstandstreu; vermittelnder mathemat. Entwurf):
Kreise werden polwärts zu flächengrößeren Ellipsen. **Figur 13**

Mercatorprojektion (winkeltreu; mathemat. Entwurf): Kreise werden polwärts
größer, die Kreisform bleibt erhalten. **Figur 14**

Das Verteilungsbild der Verzerrungsintensität kann durch die Wahl einer
schneidenden oder berührenden Hilfsfläche beeinflusst werden. **Figuren 15 u.16**
Allgemein gilt, dass die Verzerrungen zunehmen
1) von Berührpunkt (vgl. Azimutalproj.) oder Berührlinie - bzw. Schnittlinie
(vgl. Kegel- und Zylinderproj.) zum Kartenrand hin.
2) je größer der abzubildende Teil der Erdoberfläche ist.

Erdkarten:
Für die Darstellung der gesamten Erde werden am häufigsten Planisphären
verwendet: meist ovale, flächentreue Entwürfe, die die gesamte Erdoberfläche
zusammenhängend darstellen.
Beispiel: Winkelscher Entwurf (1913); vermittelnd, und damit sehr
ausgeglichen in der Wiedergabe der Formen. **Figur 17**

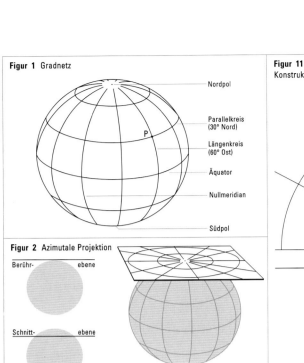

Figur 1 Gradnetz

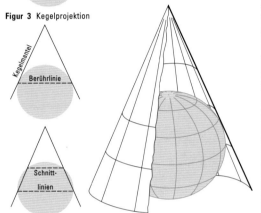

Figur 2 Azimutale Projektion

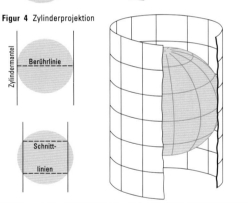

Figur 3 Kegelprojektion

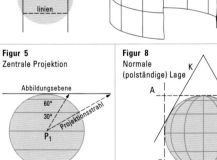

Figur 4 Zylinderprojektion

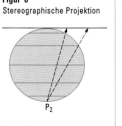

Figur 5 Zentrale Projektion

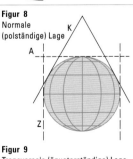

Figur 6 Stereographische Projektion

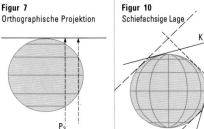

Figur 7 Orthographische Projektion

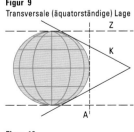

Figur 8 Normale (polständige) Lage

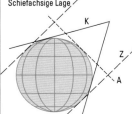

Figur 9 Transversale (äquatorständige) Lage

Figur 10 Schiefachsige Lage

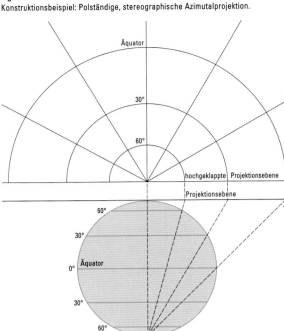

Figur 11 Konstruktionsbeispiel: Polständige, stereographische Azimutalprojektion.

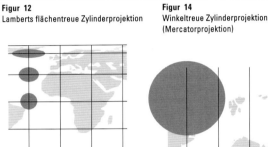

Figur 12 Lamberts flächentreue Zylinderprojektion

Figur 13 Quadratische Plattkarte

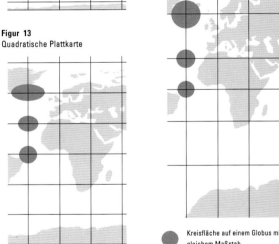

Figur 14 Winkeltreue Zylinderprojektion (Mercatorprojektion)

Kreisfläche auf einem Globus bei gleichem Maßstab

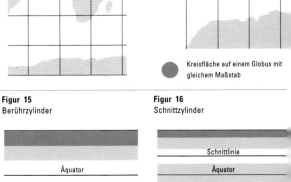

Figur 15 Berührzylinder

geringste Verzerrungen im Bereich des Äquators

Figur 16 Schnittzylinder

Ausdehnung des Bereichs geringer bis mittlerer Verzerrungen polwärts

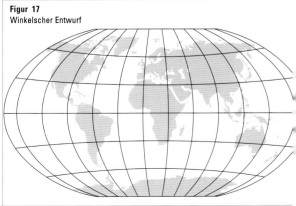

Figur 17 Winkelscher Entwurf

Sachregister 143

Ausgewählte Stichwörter

B. Automobilwerk 31.1

31 ◀ Seite: 31

1 2 — Karte: 1
3 4

A

Abtauchzone 132.1
Abwasser 15.1, 31.4
Ackerland 133.1 → Landwirtschaft,
  → Landschaftskarten
Agrarrohstoffe (pflanzliche und
  tierische) 133.2
Agglomeration → Ballungsgebiet
Alpidisches Faltengebirge 43.4, 132.1
Alternative Energien → Erneuerbare
  Energien
Anbaugebiete → Landwirtschaft, → Landschafts-
  karten
Anbaugrenzen (Europa) 44, (Erde) 133.1
Apfelblüte → Frühlingseinzug
Äquatoriale Grenze des Schneefalls 130.1
Artesischer Brunnen 96–97
Assoziierte Staaten 49.2
Atmosphäre 140
Atomkraftwerk → Kernkraftwerk
Auftriebswasser 128–129
Auslandsschulden 136.2
Automobilwerk 31.1
Azteken 111.3

Bad → Heilbad → Seebad
Ballunggebiete 47, Hinterer Einband
BAM (Baikal-Amur-Magistrale) 85–87
Bananen 133.2
Bau Europas (Tektonik) 43.4
Baumwolle 133.2
Bau und Bewegung der Erdkruste 132.1
Beleuchtung der Erde 138–139
Bergbau (Übersicht) 13, 40–41, 72–73, 83–84,
  95, 104–105, 114
Bergbaugebiete 26.3, 28.1, 29.1, 29.4, 30.1,
  53.4, 58.1, 58.2, 59.2, 62.4, 63.1, 76.4,
  79.2, 82.2, 84.2, 90.3, 90.4, 91.1, 97.1,
  110.3, 111.1, 115.1, 115.2
Besatzungszonen (Deutschland, Österreich) 21.2
Bevölkerungsdichte 20, 48, 115.3, 134.1
Bevölkerungsentwicklung (Deutschland) 20
Bevölkerungswachstum (Erde) 134.2
Bewässerungsland 44, 62.2, 79.1, 110.2
Binnendeich 26.2
Binnenhafen 46
Binnenschifffahrt 46
Bioklima 14.4
Blockbild 4
Bodennutzung → Landwirtschaft
Börde 26.4
Borealer Nadelwald → nördlicher Nadelwald
Brache 76.2
Brachland → Brache
Brandrodung → Rodungsflächen
Braunkohle 18, 45 → Bergbau
Bruchzone (Graben) 43.4, 132.1
Bruttosozialprodukt 49.1, 49.2, 136.2
Buddhismus 135.1
Bundesländer (Deutschland) 10

Carretera Panamericana 116–117
Chinesische Provinzen 90.2
Christentum 135.1
City 30.2, 58.3

D

Datumsgrenze 137.2
Deich 26.1
Desertifikation → Wüstenbildung
Dienstleistungen 30.2
Docklands 58.3
Dornsavanne → Tropische Zone
Dornwald → Tropische Zone
Dünen 26.1
Dürregebiete 132.2

E

EFTA (Europäische Freihandelszone) 49.2
EG (Europäische Gemeinschaft) → EU
Einwohner (der Staaten): Vorderer Einband
Eisenbahn → Verkehr
Eisenerzbergbau → Bergbau
Eisenverhüttung → Industrie
Eiswüste → Kalte Zone
Eiszeit → Würmeiszeit
Elektrizität → Energie, → Kraftwerke
Emission → Luftbelastung
Endmoränen 16
Energierohstoffe 18, 45, 136.1
Energieverbrauch 45, 136.1
Energieversorgung 18, 45, 136.1
Entsorgung → Abwasser
Entwicklungsstand 136.2
Erdatmosphäre 140
Erdbahn und Sonne 138
Erdbeben 132.2
Erdöl, Erdgas 18, 45, 58.2, 79.2
  → Bergbau
Erdpole → Geographische Pole
Erholung 29.3, 31.3, 53.2, 62.1
  → Fremdenverkehr
Erg → Sandwüste
Ernährung 135.2
  → Nahrungsmittelproduktion
Erneuerbare Energien 18
EU (Europäische Union) 49.2
Europäischer Binnenmarkt 49.2
EWR (Europäischer Wirtschaftsraum)
  49.2, 49.3, 49.4

F

Faltengebirge 43.4
Faltungszonen 132.1
Felswüste (Hammada) 74–75
Feriengebiete → Erholung, → Fremden-
  verkehr
Festlandskerne 43.4, 132.1
Feuchter Monsunwald 88–89
Feuchtsavanne → Tropische Zone
Fischfang 133.1
Fleisch 133.2
Flughäfen 19, 47
Flussverschmutzung → Gewässergüte
Föhn 14.4
Forstwirtschaft → Landwirtschaft
Fremdenverkehr 19, 47, 62.1
Frühlingseinzug 14.2

G

Geest 16, 26.1, 26.2
Gemäßigte Zone 43.1, 43.2, → Klima-
  zonen/Vegetationszonen 131, 133.2
  → Landschaftskarten
Genussmittel 133.2
Geographische Pole (Erdpole) 119I/II
  → magnetische Pole,
  → geomagnetische Pole
Geographische Statistik (größte Städte,
  höchste Berge, längste Flüsse):
  hinterer Einband
Geomagnetische Pole 119I/II
Geothermisches Kraftwerk 45

H

Gesundheit 135.2
Getreide → Landwirtschaft
Gewässergüte 15.1
Gewässerschutz 31.4
Glaubenslehren → Religionen
Gletscher 53.1, 53.2
Golfstrom 42.3, 128–129
GOP (Oberschlesisches Industrierevier) 53.4
Grünland → Landwirtschaft
GUS (Gemeinschaft Unabhängiger Staaten)
  84.1, 122–123

H

Häfen 26.2, 27.1/2, 46
Halbwüste → Gemäßigte, Subtropische,
  Tropische Zonen
Hallig 26.1
Hammada → Felswüste
Handelsländer → Welthandel
Hauptstädte (der Staaten) 122–123,
  Vorderer Einband
Heide 43.2 → Landschaftskarten
Heilklimatischer Kurort 14.4
Himmelsstrahlung 140
Hinduismus 135.1
Hispanics 110.1
Hochdruckgebiet → Luftdruck
Hochgebirgsklima 131
Hochgebirgsregion 5 → Landschaftskarten
Hochgeschwindigkeitsstrecken (Europa) 46
Hochspannungsleitungen 18, 45
Höhenschichtenkarte 4, 11, 36–37, 68–69,
  79–80, 94, 100–101, 112, 124–127
Hjöhenstufen der Vegetation 5
Holz 133.2
Horizontalverschiebung 132.1
Huerta (Murcia) 62.2
Hurrican 132.2

I

ICE (Intercity Express) 19
Indianerreservate 110.1
Indioschutzgebiete 115.2
Industrie (Übersicht) 13, 40–41, 72–73, 83–84,
  95, 104–105, 114
Industriegebiete 26.2, 26.3, 27.3, 28.1, 29.1,
  29.4, 30.1, 31.1, 31.2, 31.3, 53.3, 53.4,
  58.1, 59.1, 59.2, 62.1, 62.4, 63.1, 76.4,
  79.1, 82.2, 84.2, 90.3, 90.4, 91.1, 91.2,
  91.3, 93, 97.1, 110.3, 111.1, 115.1
Innenstadt → City
Innertropische Konvergenz 131
Islam 135.1
Isobare 140, 141
Isotherme 42.3, 42.4, 130.3

J

Judentum 135.1
Jungmoränen → Endmoränen

K

Kaffee 76.2, 76.3, 133.2
Kakao 76.3
Kaledonische Faltengebirge 43.4, 132.1
Kalte Zone → Klimazonen/Vegetationszonen
  131, 133.2 → Lamdschaftskarten
Kältereiz 14.4
Kalte Winde 42.3, 42.4, 132.2
Kaltfront 141
Kanaltunnel 59.1
Kartennetzentwürfe 142
Kartenzeichen 6–7, Vordere und Hintere Klappe
Kartoffeln 133.2
Kernkraftwerk → Kraftwerke

Kieswüste (Serir) 74–75
Kläranlage 31.4
Klimadiagramme 131
Klimazonen 131, 133.2
Knollenfrüchte 133.2
Kohle → Braunkohle, → Steinkohle
Kollisionszone → Zusammenstoßzone
Kontinentalsockel 124–125, 126–127, 132.1
Kontinentalverschiebung 132.1
Kontinente 124–125, 128–129, Vorderer Einband
Korallenriff 128–129 → Landschaftskarten
Kraftwerke 18, 45
Kreml 82.1
Kurort 19
Küstenschutz 26.1

L

Landgewinnung 26.1
Landnutzung → Landwirtschaft
Landschaftskarte (Kartentyp) 5
Landschaftsschutz → Naturschutz
Landwirtschaft (Übersichten) 17, 44, 133.1,
    133.2, → Landschaftskarten
Landwirtschaft (Beispiele) 26.3, 29.3, 62.1,
    62.2, 62.3, 76.2, 76.3, 79.1, 90.4, 93.1
Lärmbelastung 30.3
Lawinenzonen 53.2
Luftbelastung 15.2, 29.2
Luftbild 2
Luftdruck 130.2, 140, 141
Luftverkehr → Flughäfen

M

Maccie 43.2, 60–61, 64–65
Magnetische Pole 119I/II
Mangrove 128–129 → Landschaftskarten
Manufacturing Belt 111.1
Marsch 16, 26.1, 26.2
Mediterrane Vegetation → Mittelmeervegetation
Meeresrelief 124–125, 126–127
Meeresströmungen 128–129
Meteorologie 141
MEZ (Mitteleuropäische Zeit) 137.2
Milchstraße 138
Minderheiten 90.2, 110.1
Mittelmeervegetation → Subtropische Zone
Mittelozeanische Rücken → ozeanische Rücken
Mondflug 139
Monsun 132.2
Moränen → Endmoränen

N

Naherholung 31.3, 47
Nahrungsmittelproduktion → Landwirtschaft
Nationale Minderheiten → Minderheiten
Naturkatastrophen 132.2
Naturräume (Deutschland) 16
Naturreligionen 135.1
Naturschutz 15.4, 43.3
Nomaden 76.1
Nördlicher Nadelwald → Kalte Zone

O

Oasen 74–75
Ostasiatische Glaubenslehren 135.1
Ozeanische Rücken → Meeresrelief
Ozonschicht → Atmosphäre

P

Panamericana → Carretera Panamericana
Pendler 31.1
Perimetral Norte 116–117
Pflanzliche Rohstoffe → Landwirtschaft
Physische Karte → Höhenschichtenkarte
Pipelines 58.2, 79.2 → Bergbauübersichten,
    → Bergbaugebiete

Planeten 138–139
Plattentektonik 132.1
Polargebiete 119I/II
Politische Gliederung 10, 34–35, 84.1, 90.1, 90.2,
    110.1, 115.3, 122–123
Politischer Wandel (Europa) 21
Profil 4
Projektionen → Kartennetzentwürfe

R

Raffinerie → Erdöl
Rebflurbereinigung 29.3
Reduzierte Isotherme → Isotherme
Reis 133.2
Religionen 135.1
Reservate → Indianerreservate
Rifts 132.1
Risikogebiete 132.2
Rodungsflächen 115.2
Roheisen → Eisenverhüttung, → Industrie
Rohstoffe → Landwirtschaft, → Bergbau

S

Sahel 74–75, 76.2, 132.2
Salzwiesen 26.1
Sandwüste (Erg) 74–75
Satellitenbild 140
Savanne → Tropische Zone
Schelf 124–125, 126–127, 132.1
Schutzgebiete für Indios 115.2
Schwefeldioxid 15.2, 29.2
Seebad 14.4, 19
Selvas 113, 116–117
Serir → Kieswüste
Siel 26.1
Skigebiet, Sommerski 53.2 → Wintersport
Slum 111.3
Soja 133.2
Sommerski 53.2
Sonderkulturen → Landwirtschaft
Sonderverwaltungszone (China) 91.2
Sonderwirtschaftszone (China) 91.2
Sonnenenergieanlage 18
Sonnenprotuberanzen 139
Sonnensystem 138–139
Sonnen- und Himmelsstrahlung 140
Sowjetunion (ehemalige) 84
Sprachen 49.1 (Europa), 90.1 (Indien)
Staaten (Karten) 34–35, 49.1, 84.1, 122–123
Staaten (Statistische Übersicht): Vorderer
    Einband
Stadtentwicklung 27.1/2, 111.3
Stadtlandschaft 27.2, 28.1
Steinkohle 18, 45 → Bergbau
Steppe → Gemäßigte und Subtropische Zonen
Sternhimmel 138
Stromerzeugung → Kraftwerke
Stromverbrauch 45
Strukturwandel (Ruhrgebiet) 28.2
Sturmflut 26.1
Subduktionszone → Abtauchzone
Subtropischer Feuchtwald → Subtropische Zone
Subtropische Zone → Klimazonen/Vegetations-
    zonen 131, 133.2 → Landschaftskarten

T

Tagebau 29.1
Tageslänge 138–139
Tageszeiten 137.2
Taifun 132.2
Taiga → nördlicher Nadelwald
Tee 133.2
Tektonik → Bau Europas → Bau und Bewegung
    der Erdkruste
Terms of Trade 137.1
Tertiärer Sekor → Dienstleistungen
Tidenhub 26.2
Tiefdruckgebiet → Luftdruck
Tiefseebecken 124–125, 126–127

Tiefseegräben 124–125, 126–127
Tierische Rohstoffe 133.2
Transamazonica 116–117
Transformverwerfung → Horizontal-
    verschiebung
TRANSSIB (Transsibirische Eisenbahn)
    85–87
Trinkwassergewinnung: 46.2
Trockensavanne → Tropische Zone
Trockenwald → Tropische Zone
Tropischer Regenwald → Tropische Zone
Tropische Wirbelstürme 132.2
Tropische Zone → Klimazonen/Vegetations-
    zonen 131, 133.2 → Landschaftskarten
Tundra → Kalte Zone

U

Überschwemmungsgebiete 90.4 (China)
    132.2 (Welt)
Umweltbelastung 15.2, 29.2, 115.2
Urkontinente → Festlandskerne
Ustromtal 16

V

Variskisches Faltengebirge 43.4, 132.1
Vatikanstadt 34–35, 63.3
Vegetationsprofile 131
Vegetationsstufen 5
Vegetationszonen 131
Verbundwirtschaft (Strom) 45
Verdichtungsraum 13, 19, 31.2
Verkehr 19, 30.3, 46
Verwaltungsgliederung 10, 84.1, 90.1, 90.2,
    110.1, 115.3
Viehhaltung → Landwirtschaft
Vielvölkerstaat 63.2, 90.2
Volksgruppen 63.2, 90.2, 110.1
Vulkanismus 43.4, 62.3, 132.1

W

Wadi 74–75
Währungsunion 49.2
Waldschäden 15.3
Wärmekraftwerk → Kraftwerke
Wärmereiz 14.4
Wassergewinnung 31.4
Wasserkraftwerk → Kraftwerke
Wasserschutzgebiet 31.4
Wasserversorgung 110.2
Watt 16, 22–23, 26.1
Weideland → Landwirtschaft
Weinbau 29.3, 62.3
Weizen 133.2
Weltall 138–139
Welthandel 137.2
Weltzeitsystem 137.1
Wendekreise 122–137
Wetterkarten 140–141
Windkraftwerk 18
Wintersport 19, 53.2
Wirbelstürme → Tropische Wirbelstürme
Wirtschaftliche Zusammenschlüsse 49.2
Wirtschaftskraft → Bruttosozialprodukt
Wohlstand → Bruttosozialprodukt
Wolle 133.2
Würmeiszeit 42.2
Wüste → Gemäßigte, Subtropische und
    Tropische Zonen
Wüstenbildung 76.1

Z

Zechen 28.2
Zeitzonen 137.2
Zuckerfabrik 26.4
Zuckerrohr 133.2
Zuckerrüben 26.4, 133.2
Zusammenstoßzone 132.1
Zustand des Waldes 15.3

Namensregister

A

Registerregeln

Bei Schreibweise, Anordnung und Alphabetisierung der Eintragungen wurden folgende Regeln angewendet:

1. Bei Ortsnamen, für die in der Karte neben der deutschen Schreibweise (deutsches Exonym) die offizielle landesübliche Schreibweise in Klammern angegeben ist, werden im Register beide Namensformen berücksichtigt, z.B.: Genf (Genève), Genève (Genf).

2. Der dem Namen folgende Kartenverweis nennt die Kartenseite bzw. Kartendoppelseite und das Gradnetzfeld der Karte.

3. Es wird auf die Karte verwiesen, in der das Objekt im größtmöglichen Maßstab abgebildet ist. Bei Flüssen, Gebirgen, Landschaften und Staaten kann zusätzlich auf eine Übersichtskarte kleineren Maßstabs verwiesen werden.

4. Das Namensregister ist der deutschen Buchstabenfolge entsprechend alphabetisch geordnet. Die Umlaute ä, ö, ü werden wie a, o, u, die Doppelvokale æ und œ werden wie ae und oe, ß wie ss behandelt.
Buchstaben mit Akzenten und diakritische Zeichen sind wie einfache Lateinbuchstaben eingeordnet.

5. Einem Namen vorangestellte Zusätze (wie Sankt, Saint, Fort, Mont, Mount, Pic, Kap usw.) gelten als fester Bestandteil des Namens und werden bei der Alphabetisierung entsprechend berücksichtigt.

6. Bei Namen, die auch ohne Artikel oder Zusatz gebräuchlich sind, erfolgt ein Doppelverweis (wie z.B. Bad Wörishofen und Wörishofen, Bad bzw. Golf von Biscaya und Biscaya, Golf von).

7. In den Karten abgekürzte Namen sind im Register grundsätzlich ausgeschrieben.

8. Gleichlautende Namen werden durch einen näher kennzeichnenden Zusatz unterschieden, z.B. Birmingham; Stadt in Großbritannien und Birmingham; Stadt in Alabama, USA bzw. North Platte; Fluss und North Platte; Stadt in den USA.

Aachen 22/23 B 5
Aachquelle 24/25 D 5
Aalen 24/25 F 4
Äänekoski 54/55 F 3
Aarau 24/25 D 5
Aare 11 B 5
Aba 74/75 D 5
Abadan 74/75 H 2
Abadla 74/75 C 2
Abakan 85-87 I 4
Abasa 85-87 HI 4
Abayasee 74/75 G 5
Abbot-Schelfeis 119.2 B 33
Abchasien 34/35 I 4
Abd el Kuri 74/75 I 4
Abéché 74/75 F 4
Abensberg 24/25 G 4
Abeokuta 74/75 D 5
Aberdeen; Stadt in den USA 108/109 D 2
Aberdeen; Stadt in Großbritannien 56/57 F 3
Abha 74/75 H 4
Abidjan 74/75 C 5
Abilene 108/109 D 3
Abisko 54/55 D 2
Åbo (Turku) 54/55 E 3
Abomey 74/75 D 5
Aborrebjerg 11 E 1
Abruzzen 60/61 L 4/5
Abu Dhabi 74/75 I 3
Abu Hamed 74/75 G 4
Abuja 74/75 D 5
Abu Kamal 64/65 N 8
Abu Simbel 74/75 G 3
Acapulco 108/109 D 5
Acarigua 116/117 D 2
Accra 74/75 C 5
Achensee 24/25 G 5
Achern 24/25 D 4
Achill Head 56/57 B 5
Achillinsel 56/57 BC 5
Achim 22/23 E 2
Achtubinsk 64/65 Q 1
Aconcagua 118 AB 3
Adamaoua 74/75 E 5
Adamaoua, Hochland von 68/69 EF 7
Adana 64/65 K 7
Adapazarı 64/65 I 5
Adda 60/61 J 2
Ad Dammam 74/75 HI 3
Addis Abeba 74/75 G 5
Adelaide 96/97 D 4
Adelaide-Insel 119.2 C 35/36
Adelieland 119.2 BC 20/21
Adelsberger Grotten 60/61 M 3
Adelsheim 24/25 E 3
Aden 74/75 H 4
Adenau 24/25 B 2
Adige (Etsch) 60/61 K 3
Adıyaman 64/65 M 7
Adjer, Tassili der 74/75 D 3
Admiralitätsinseln 92/93 G 4
Admont 24/25 J 5
Adour 56/57 G 10
Adrar; Gebirge 74/75 B 3
Adrar; Oase 74/75 CD 3
Adrar der Iforas 74/75 D 4
Adrar Souttouf 74/75 B 3
Adriatisches Meer 60/61 L 3/N 5
Adscharien 34/35 I 4
Adygeja 34/35 HI 4
Ærø 22/23 F 1
Afghanistan 88/89 B 3, 122/123 Q 4
Afobakka 116/117 E 2
Afognakinsel 106/107 D 4
Afrika 128/129 L-N 5/6
Afyonkarahisar 64/65 I 6
Agadez 74/75 D 4
Agadir 74/75 C 2
Ägadische Inseln 60/61 KL 7
Ägäisches Meer 64/65 F 6/G 7
Agalega-Inseln 70/71 J 9
Agartala 88/89 E 4
Agra 88/89 C 4
Ağrı 64/65 O 6

Agrigento 60/61 L 7
Agrihan 92/93 G 2
Aguascalientes 108/109 C 4
Agulhasbecken 124/125 M 9/N 10
Agulhasstrom 128/129 O 8/9
Ägypten 70/71 GH 5, 122/123 NO 5
Ahaggar 74/75 D 3
Ahaggar, Tassili des 74/75 D 3
Ahaus 22/23 C 3
Ahlbeck 22/23 J 2
Ahlen 22/23 C 4
Ahmadabad 81/82 I 7
Ahr 24/25 B 2
Ahrensburg 22/23 F 2
Ahrenshoop 22/23 H 1
Ahrgebirge 11 B 3
Ahrweiler, Bad Neuenahr- 24/25 C 2
Ahvaz 74/75 H 2
Ahvenanmaa (Åland); Autonomes Gebiet 54/55 DE 3
Aibling, Bad 24/25 H 5
Aichach 24/25 G 4
Aichal 85-87 K 3
Aichfeld 24/25 J 5
Aigen 24/25 I 4
Aijat 88/89 E 4
Aïr 74/75 D 4
Aisch 24/25 F 3
Aitape 92/93 G 4
Aix-en-Provence 56/57 J 10
Aizawl 88/89 E 4
Ajaccio 56/57 L 11
Ajion Oros 64/65 F 5
Ajios 64/65 F 6
Ajka 64/65 B 2
Ajmer 88/89 C 4
Akdağ 64/65 HI 7
Aketi 77/78 C 1
Akimiski-Insel 106/107 KL 4
Akita 88/89 J 3
Akjoujt 74/75 B 4
Akmola (Astana) 85-87 G 4
Akola 88/89 C 4
Akranes 54/55 A 2
Akron 108/109 E 2
Aksaray 64/65 JK 6
Akşehir 64/65 I 6
Aksu 88/89 D 2
Aktau 38/39 J 4
Aktöbe 85-87 E 4
Akureyri 54/55 B 1
Akyab (Sittwe) 88/89 E 4
Alabama 108/109 E 3
Alaid 85-87 O 4
Alakolsee 85-87 GH 5
Alakurtti 54/55 G 2
Alamagan 92/93 G 2
Al Amarah 74/75 H 2
Åland; Fluss 22/23 G 3
Åland (Ahvenanmaa); Autonomes Gebiet 54/55 DE 3
Ålandsee 54/55 D 3/4
Alanya 64/65 IJ 7
Alaska 100/101 GH 3
Alaska; Bundesstaat der USA 102/103 GH 3
Alaska, Halbinsel 106/107 CD 4
Alaska Highway 106/107 FG 3
Alaskakette 106/107 DE 3
Alatai, Mongolischer 85-87 HI 5
Al Ayn 74/75 I 3
Albacete 60/61 E 6
Albaner Berge 60/61 L 5
Albanien 64/65 CD 5, 34/35 F 4
Albany; Stadt in Australien 96/97 B 4
Albany; Fluss 106/107 K 4
Albany; Stadt in New York, USA 108/109 F 2
Albany; Stadt in Georgia, USA 108/109 E 3
Al Basrah 74/75 H 2
Albatrossplateau 126/127 T 6
Al Bayda 74/75 F 2

Alberga 96/97 D 3
Alberta 106/107 H 4
Albertnil 74/75 G 5
Albertsee 70/71 GH 7
Albina 116/117 E 2
Ålborg 54/55 B 4
Albstadt 24/25 E 4
Albuquerque 108/109 C 3
Al Burayqah 74/75 E 2
Albury 96/97 E 4
Alcántara-Stausee 60/61 B 6
Alcoy 60/61 E 6
Aldabra-Inseln 77/78 BC 2
Aldan; Stadt in Russland 85-87 L 4
Aldan; Fluss 85-87 M 3
Alentejo 60/61 AB 6
Aleppo (Halab) 64/65 L 7
Alert 119.1 A 4
Alessandria 60/61 J 3
Ålesund 54/55 B 3
Aleuten 81/82 ST 4
Aleutengraben 126/127 NO 3
Aleutenkette 106/107 CD 4
Alexanderarchipel 106/107 F 4
Alexanderinsel 119.2 C 35
Alexander-Selkirk-Insel 113 A 6
Alexandria 74/75 F 2
Alexandrowsk-Sachalinski 85-87 N 4
Alexandrupolis 64/65 F 5
Alfeld 22/23 E 4
Alföld 64/65 C 2/E 1
Algarve 60/61 AB 7
Algeciras 60/61 C 7
Algerien 74/75 CD 3, 122/123 LM 5
Algier 60/61 G 7
Al Giza (Gise) 74/75 G 3
Alhambra 60/61 D 7
Al Hasakah 64/65 N 7
Al Hoceima 60/61 D 8
Ålholm 22/23 G 1
Al Hudaydah 74/75 H 4
Al Hufuf 74/75 H 3
Aliakmon 64/65 DE 5
Alicante 60/61 E 6
Alice Springs 96/97 D 3
Aligarh 88/89 C 4
Al Jahra 74/75 H 3
Al Jawf 74/75 F 3
Al Jubail 74/75 H 3
Al Jufrah-Oasen; Nord-Libyen 74/75 E 3
Al Kufrah-Oasen; Ost-Libyen 74/75 F 3
Al Kut 74/75 H 2
Al Ladhiqiyah 74/75 G 2
Allahabad 88/89 D 4
Allenstein (Olsztyn) 50/51 J 5
Allentown 108/109 F 2
Aller 22/23 E 3
Allgäu 24/25 EF 5
Allgäuer Alpen 11 D 5, 24/25 F 5
Allier 56/57 I 8
Alma-Ata (Almaty) 85-87 G 5
Al Madinah (Medina) 74/75 G 3
Almalyk 85-87 F 5
Almanzor 60/61 C 5
Almaty (Alma-Ata) 85-87 G 5
Al Mawsil (Mossul) 74/75 H 2
Almelo 22/23 B 3
Almería 60/61 D 7
Al Mukalla 74/75 H 4
Alorinseln 92/93 E 4
Alpen 50/51 D-G 8
Alpenvorland 11 C 5/F 4
Al Qahira (Kairo) 74/75 G 2/3
Al Qamishli 64/65 N 7
Al Qatrun 74/75 E 3
Al Qunfudhah 74/75 H 4
Alsdorf 22/23 B 5
Alsen 22/23 EF 1
Alsfeld 24/25 E 2
Alta 54/55 E 2
Altaelv 54/55 E 2
Altafjord 54/55 E 1

Altai; Gebirge 85-87 H 4
Altai; Stadt in der Mongolei
88/89 E 2
Altamira; Höhle 60/61 C 4
Altamira; Stadt in Brasilien
116/117 E 3
Altdorf 24/25 G 3
Alte IJssel 22/23 B 4
Altena 22/23 C 4
Altenburg 24/25 H 1/2
Altenkirchen 24/25 C 2
Altensteig 24/25 D 4
Altentreptow 22/23 I 2
Altes Land 22/23 E 2
Altmark 22/23 G 3
Altmühl 24/25 G 4
Altötting 24/25 H 4
Altschewsk 64/65 M 1
Altun Shan 88/89 DE 3
Alur Setar 92/93 C 3
Al Wajh 74/75 G 3
Alz 24/25 H 4
Alzette 24/25 B 3
Alzey 24/25 D 3
Amadeussee 96/97 D 3
Amadjuaksee 106/107 LM 3
Amami-Inseln 88/89 H 4
Amanosgebirge 64/65 L 7
Amapá 116/117 E 2
Amarillo 108/109 C 3
Amasya 64/65 K 5
Amazonas 116/117 E 3
Amazonasschwelle 112 BC 2
Amazonastiefland 112 CD 3
Ambartschik 85-87 P 3
Ambato 116/117 C 3
Amberg 24/25 G 3
Ambon 92/93 E 4
Amderma 85-87 F 3
Ameland 22/23 A 2
American Highland 119.2 B 14
Amery-Schelfeis
119.2 B 13/C 14
Amhara 74/75 G 3
Amiens 56/57 I 7
Amiranten 70/71 J 8
Amirantengraben 124/125 P 7
Amman 74/75 G 2
Ammer 24/25 G 5
Ammerland 22/23 CD 2
Ammersee 24/25 G 4
Amorbach 24/25 E 3
Amper 24/25 G 4
Amravati 88/89 C 4
Amritsar 88/89 C 3
Amrum 22/23 D 1
Amselfeld 64/65 D 4
Amsterdam 56/57 J 5
Amsterdaminsel 128/129 QR 9
Amstetten 24/25 J 4
Am Timan 74/75 F 4
Amu-Darja 85-87 F 5
Amundsengolf 106/107 GH 2
Amundsen-Scott 119.2 A
Amundsensee 119.2 BC 31/32
Amur (Heilong Jiang)
85-87 M 4
Amursk 85-87 M 4
Anabar 85-87 K 2
Anaconda 108/109 B 2
Anadyr; Fluss 85-87 Q 3
Anadyr; Stadt in Russland
85-87 Q 3
Anadyrgebirge 85-87 Q 3
Anadyrgolf 85-87 R 3
Anambasinseln 92/93 C 3
Anamur 64/65 J 7
Anápolis 116/117 F 4
Anatahan 92/93 G 2
Anatolien 70/71 H 4
Anchorage 106/107 E 3
Ancona 60/61 L 4
Andagoya 116/117 C 2
Andalgalá 118 B 2
Åndalsnes 54/55 B 3
Andalusien 60/61 B-D 7
Andamanen 88/89 E 6
Andamanensee 92/93 B 2/3
Andechs 24/25 G 5
Anden (Kordilleren) 113 B 2-7,
116/117 C 2/D 4, 118 A 4/B 1
Andenes 54/55 D 2

Andernach 24/25 C 2
Andischan 85-87 G 5
Andorra 60/61 F 4, 34/35 E 4
Andorra la Vella 60/61 F 4
Andøy 54/55 D 2
Andringitra 77/78 E 4
Andros 64/65 F 7
Androsinsel 108/109 F 4
Angara 85-87 I 4
Angarsk 85-87 J 4
Angel 24/25 I 3
Ángelfall 116/117 D 2
Angeln 22/23 E 1
Ångermanälv 54/55 D 3
Angermünde 22/23 I 2
Angers 56/57 G 8
Angkor 92/93 C 2
Anglesey 56/57 E 5
Angmagssalik 106/107 P 3
Angola
77/78 BC 3, 122/123 MN 7
Angolabecken 124/125 L 7/M 8
Angoulême 56/57 H 9
Angren 85-87 G 5
Anguilla; Autonomes Gebiet
108/109 G 5, 122/123 HI 5
Anguilla; Insel 102/103 P 8
Anholt 54/55 C 4
Anjouan (Ndzuwani) 77/78 E 3
Ankara 64/65 J 6
Ankaratra 77/78 E 3
Ankober 74/75 GH 5
Anklam 22/23 I 2
Annaba 60/61 I 7
Annaberg-Buchholz 24/25 HI 2
An Najaf 74/75 H 2
Annam 92/93 C 1/2
Annapolis 108/109 F 3
Annapurna 88/89 D 4
Annecy 56/57 K 8
Annobón (Pagalu) 77/78 A 2
Anqing 88/89 G 3
An Nasiriyah 74/75 H 2
An Samawah 64/65 O 8
Ansbach 24/25 F 3
Anschero-Sudschensk
85-87 I 4
Anshan 88/89 H 2
Anshun 88/89 F 4
Antakya 64/65 L 7
Antalaha 77/78 F 3
Antalya 64/65 I 7
Antananarivo 77/78 E 3
Antarktis 119.2
Antarktische Halbinsel
119.2 BC 1
Antiatlas 74/75 C 2/3
Anticosti-Insel 106/107 M 5
Antigua 108/109 G 5
Antigua und Barbuda
108/109 GH 5, 122/123 HI 5
Antillen, Große 108/109 E 4/G 5
Antillen, Kleine 108/109 G 5
Antipodeninseln 128/129 Y 10
Antofagasta 118 A 2
Antseranana 77/78 E 3
Antsirabe 77/78 E 3
Antwerpen 56/57 J 6
Anyang 88/89 G 3
Aomen (Macao) 88/89 G 4
Aomori 88/89 J 2
Aoraki (Mount Cook)
96/97 GH 5
Aouk, Bahr 74/75 EF 5
Apatity 54/55 G 2
Apeldoorn 22/23 A 3
Apennin 60/61 J 3/M 5
Apenninenhalbinsel 38/39 F 4
Apia 126/127 O 7
Apo 92/93 E 3
Apolda 24/25 G 1
Appalachen 108/109 E 3/F 2
Appalachenplateau 100/101 N 6
Appenzell 24/25 E 5
Apulien 60/61 MN 5
Apure 116/117 C 2
Apusenigebirge 64/65 E 2
Aqaba 74/75 G 3
Äquatorialer Gegenstrom
128/129 EF 6
Äquatorial-Guinea
77/78 AB 1, 122/123 M 6
Arabien 128/129 OP 5
Arabische Emirate
74/75 I 3, 122/123 P 5

Arabische Halbinsel
68/69 I 5/J 6
Arabischer Golf
(Persischer Golf) 74/75 HI 3
Arabisches Becken 124/125 Q 6
Arabisches Meer 81/82 GH 8
Arabische Wüste 74/75 G 3
Arabisch-Indischer-Rücken
124/125 P 6/Q 7
Aracaju 116/117 G 4
Arafurasee 96/97 D 1
Aragonien 60/61 EF 5
Araguaia 116/117 F 3
Arak 74/75 H 2
Arakangebirge 88/89 E 4/5
Aralsee 85-87 EF 5
Aralsk 85-87 F 5
Araninseln 56/57 BC 5
Araquaiabecken 112 DE 4
Ararat 64/65 P 6
Aras (Arax) 64/65 O 5/6
Arauca 116/117 C 2
Aravalligebirge 88/89 C 4
Arax (Aras) 64/65 O 5/6
Arber, Großer 50/51 F 7
Arbil 74/75 H 2
Arbon 24/25 E 5
Arcachon 56/57 G 9
Archangelsk 85-87 D 3
Arctowsky 119.2 C 1
Ardabil 74/75 H 2
Årdalstangen 54/55 B 3
Ardennen
56/57 J 7/K 6, 24/25 AB 2
Arendal 54/55 B 4
Arendsee 22/23 G 3
Arequipa 116/117 C 4
Åreskutan 54/55 C 3
Arezzo 60/61 K 4
Argentinien
118 A 4/B 2, 122/123 H 8-10
Argentinisches Becken
124/125 I 9/J 10
Argentinosee 118 A 5
Argeş 64/65 F 3
Argonnen 56/57 J 7
Århus 54/55 C 4
Arica 118 A 1
Arjeplog 54/55 D 2
Arkansas 108/109 D 3
Arktis 119.1
Arktisches Kap 85-87 IJ 1
Arles 56/57 J 10
Arlit 74/75 D 4
Arlon 24/25 A 3
Armawir 64/65 N 3
Ärmelkanal (Der Kanal)
56/57 F 7/G 6
Armenien 85-87 D 5, 34/35 I 4
Armenisches Hochland
36/37 I 4/5
Arnheim (Arnhem) 22/23 A 4
Arnhem (Arnheim) 22/23 A 4
Arnhemland 96/97 D 2
Arno 60/61 K 4
Arnøy 54/55 E 1
Arnsberg 22/23 D 4
Arnsberg, Regierungsbezirk
10 BC 3
Arnstadt 24/25 F 2
Arnstein 24/25 C 2
Arnswalde 22/23 K 2
Arolsen 24/25 E 1
Ar-Ramadi 74/75 H 2
Arran 56/57 E 4
Ar Raqqa 64/65 M 7/8
Ar Riyad (Riad) 74/75 H 3
Arta 64/65 D 6
Artesisches Becken, Großes
96/97 DE 3
Artigas 119.2 C 1
Arturo Prat 119.2 C 36/1
Aruba; Autonomes Gebiet
108/109 F 5, 122/123 H 6
Aruba; Insel 102/103 O 8
Aru-Inseln 92/93 F 4
Arusha 77/78 D 2
Aruwimi 77/78 C 1
Arvaiat 106/107 J 3
Arvidsjaur 54/55 D 2
Arvika 54/55 C 4
Arxan 88/89 G 2
Arzew 60/61 E 8
Asahikawa 88/89 J 2
Asandeschwelle 68/69 FG 7

Asansol 88/89 D 4
Ascension 70/71 C 8
Asch 24/25 H 2
Aschach 24/25 IJ 4
Aschaffenburg 24/25 E 3
Aschersleben 22/23 G 4
Aschgabad 85-87 E 6
Aseb 74/75 H 4
Åsele 54/55 D 3
Asela 74/75 G 5
Aserbaidschan
64/65 P 5, 34/35 IJ 4
Ashburton 96/97 B 3
Ashland 108/109 D 2
Ash Sharigah 74/75 I 3
Asi 64/65 L 8
Asien 128/129 Q 3/U 4, 79/80
Asinara 60/61 J 5
Asir 74/75 H 3/4
Asir, Hochland von 79/80 F 7/8
Askja 54/55 B 1/2
Asmara 74/75 G 4
Asmera 74/75 G 4
Aspendos 64/65 I 7
Aspromonte 60/61 MN 6
Assadstausee 64/65 M 7
Assam 88/89 E 4
Assen 22/23 B 3
Assino 85-87 H 4
Assuan 74/75 G 3
Assuanhochdamm 74/75 G 3
Assur 64/65 O 8
Astana (Akmola) 85-87 G 4
Astipaläa 64/65 G 7
Astove 77/78 E 3
Astrachan 85-87 D 5
Asturien 60/61 BC 4
Asuka 119.2 B 9
Asunción 118 C 2
Asyut 74/75 G 3
Atacama 118 AB 2
Atacamagraben 126/127 V 8
Atacama, Salar de 118 B 2
Atakpamé 74/75 D 5
Atår 74/75 B 3
Atatürkstausee 64/65 M 7
Atbara; Fluss 74/75 G 4
Atbara; Stadt im Sudan
74/75 G 4
Athabaska 106/107 H 4
Athabaskasee 106/107 I 4
Athen (Athinai) 64/65 E 6/7
Athinai (Athen) 64/65 E 6/7
Äthiopien
74/75 GH 5, 122/123 O 6
Äthiopien, Hochland von
124/125 O 6
Athlone 56/57 D 5
Athos 64/65 F 5
Atlanta 108/109 E 3
Atlantic City 108/109 F 3
Atlantische Küstenebene
100/101 NO 6
Atlantischer Ozean
128/129 H 5/L 8
Atlantisch-Indischer Rücken
124/125 M-O 10
Atlantisch-Indisches-Südpolar-
becken 124/125 L-Q 11
Atlasgebirge 128/129 L 5/M 4
Atlas, Hoher 74/75 C 2
Atlas, Mittlerer 74/75 C 2
Ätna 60/61 M 7
Atschinsk 85-87 I 4
At Taif 74/75 H 3
Attendorn 22/23 C 4
Attersee 24/25 I 5
Atyrau 85-87 E 5
Auckland 96/97 H 4
Aucklandinseln 128/129 X 10
Audincourt 24/25 B 5
Aue; Fluss 22/23 D 3
Aue; Stadt in Sachsen
24/25 H 2
Auerbach 24/25 H 2
Augsburg 24/25 F 4
Augusta 108/109 D 3
Aurangabad 88/89 C 5
Auresgebirge 60/61 I 8
Aurich 22/23 C 2
Aursundsee 54/55 C 3
Ausiait (Egedesminde)
106/107 N 3
Äußere Hebriden 56/57 C 3/D 2
Aussig (Usti nad Labem) 12 EF 3
Austfirðir 54/55 C 1/2

Austin 108/109 D 3
Australien; Kontinent
128/129 T-V 8
Australien; Staat
94 C-E 4, 122/123 UV 8
Australische Alpen 94 E 5
Australische Bucht, Große
96/97 CD 4
Auvergne 56/57 I 9
Avesta 54/55 D 3
Avignon 56/57 J 10
Avon 56/57 G 5
Awasa 74/75 G 5
Awash 74/75 H 4
Awbari 74/75 E 3
Awbari, Edeyin 74/75 E 3
Axel-Heiberg-Insel
106/107 J 1/K 2
Axios 64/65 E 5
Ayacucho 116/117 C 4
Aydin 64/65 G 7
Ayers Rock 96/97 D 3
Ayoûn-el-Atroûs 74/75 C 4
Ayr 56/57 E 4
Ayutthaya 92/93 C 2
Azaouad 74/75 C 4
Azaouad, Wadi 74/75 D 4
Azoren 74/75 A 2
Azorenschwelle 124/125 KL 4
Az Zawiyah 74/75 E 2

B

Baalbek 74/75 G 2
Baar 24/25 D 4/5
Babarinseln 92/93 E 4
Bab el Mandeb 74/75 H 4
Babuyaninseln 92/93 E 2
Bacabal 116/117 F 3
Bacaninseln 92/93 E 4
Bacău 64/65 G 2
Baccarat 24/25 B 4
Bacharach 24/25 C 2
Bachmatsch 50/51 P 6
Bachtaran 74/75 H 2
Back 106/107 I 3
Backnang 24/25 E 4
Bacolod 92/93 E 2
Bad Aibling 24/25 H 5
Badain Jaran, Wüste
88/89 F 2/3
Badajoz 60/61 B 6
Badalona 60/61 G 5
Bad Bentheim 22/23 C 3
Bad Bergzabern 24/25 CD 3
Bad Berka 24/25 G 2
Bad Berleburg 22/23 D 4
Bad Bramstedt 22/23 E 2
Bad Brückenau 24/25 E 2
Bad Doberan 22/23 G 1
Bad Driburg 22/23 E 4
Bad Ems 24/25 C 2
Baden 24/25 D 5
Baden-Baden 24/25 D 4
Badenweiler 24/25 C 5
Baden-Württemberg
24/25 D 3/E 4
Bad Freienwalde 22/23 J 3
Bad Füssing 24/25 I 4
Bad Gandersheim 22/23 F 4
Bad Grund 22/23 F 4
Bad Harzburg 22/23 F 4
Bad Hersfeld 24/25 E 2
Bad Homburg 24/25 D 2
Bad Honnef 24/25 C 2
Bad Ischl 24/25 I 5
Bad Karlshafen 22/23 E 4
Bad Kissingen 24/25 F 2
Bad Kleinen 22/23 G 2
Bad Königshofen 24/25 F 2
Bad Kreuznach 24/25 C 3
Badlands 108/109 C 2
Bad Langensalza 24/25 F 1
Bad Lauterberg 22/23 F 4
Bad Liebenwerda 22/23 H 4
Bad Lippspringe 22/23 D 4
Bad Mergentheim 24/25 E 3
Bad Nauheim 24/25 D 2
Bad Neuenahr-Ahrweiler

24/25 C 2
Bad Neustadt an der Saale 24/25 F 2
Bad Niederbronn 24/25 C 4
Bad Oeynhausen 22/23 D 3
Bad Oldesloe 22/23 F 2
Bad Orb 24/25 E 2
Bad Pyrmont 22/23 E 4
Bad Reichenhall 24/25 H 5
Bad Säckingen 24/25 C 5
Bad Salzdetfurth 22/23 F 3
Bad Salzschlirf 24/25 E 2
Bad Salzuflen 22/23 D 3
Bad Salzungen 24/25 F 2
Bad Schandau 24/25 J 2
Bad Schwalbach 24/25 D 2
Bad Schwartau 22/23 F 2
Bad Segeberg 22/23 F 2
Bad Soden-Salmünster 24/25 E 2
Bad Steben 24/25 G 2
Bad Tölz 24/25 G 5
Bad Urach 24/25 E 4
Bad Waldsee 24/25 E 5
Bad Wildungen 24/25 E 1
Bad Wilsnack 22/23 G 3
Bad Wimpfen 24/25 E 3
Bad Windsheim 24/25 F 3
Bad Wörishofen 24/25 F 4
Bad Zwischenahn 22/23 CD 2
Bafatá 74/75 B 4
Baffin Bay 106/107 M 2
Baffininsel 106/107 K 2/M 3
Bafq 74/75 I 2
Bagdad 74/75 H 2
Bagé 118 C 3
Baghlan 88/89 B 3
Baguirmi 74/75 E 4
Bahama-Inseln 108/109 F 4
Bahamas 108/109 F 4, 122/123 GH 5
Bahawalpur 88/89 C 4
Bahía Blanca; Bucht 118 B 3
Bahía Blanca; Stadt in Argentinien 118 B 3
Bahrain 74/75 I 3, 122/123 P 5
Bahr Aouk 74/75 EF 5
Bahr el Arab 74/75 F 5
Bahr el Djebel 74/75 G 5
Bahr el Ghasal; Trockental 74/75 E 4
Bahr el-Ghasal; Fluss 74/75 FG 5
Bahr el-Ghasal; Landschaft 74/75 F 5
Bahr Salamat 74/75 E 4/5
Baia Mare 64/65 E 2
Baicheng 88/89 H 2
Baie Comeau 106/107 M 5
Baiersbronn 24/25 D 4
Baikal-Amur-Magistrale (BAM) 85-87 K 4
Baikalien 81/82 LM 4
Baikalsee 85-87 J 4
Baikongir 85-87 F 5
Baile Atha Cliath (Dublin) 56/57 D 5
Bains-les-Bains 24/25 B 5
Bairiki 94 H 1
Baiyuda 74/75 G 4
Baiyudaschwelle 68/69 H 6
Bake (Baku) 85-87 D 5
Baker Lake 106/107 J 3
Bakersfield 108/109 B 3
Bakhtaran 38/39 I 5
Baku (Bake) 85-87 D 5
Balabacstraße 92/93 D 3
Balakowo 85-87 D 4
Balaton (Plattensee) 64/65 BC 2
Balbina-Stausee 116/117 DE 3
Balchaschsee 85-87 G 5
Balearen 60/61 F 6/G 5
Bali 92/93 D 4
Balıkesir 64/65 G 6
Balikpapan 92/93 D 4
Balingen 24/25 D 4
Balkan 64/65 E-G 4
Balkanhalbinsel 38/39 G 4
Ballarat 96/97 E 4
Balleny-Inseln; Inseln 128/129 W 11
Balmoral 56/57 F 3
Balsas 108/109 C 5
Balsthal 24/25 C 5
Baltikum 38/39 G 3
Baltimore 108/109 F 3

Baltischer Landrücken 36/37 FG 3
Baltrum 22/23 C 2
BAM (Baikal-Amur-Magistrale) 85-87 K 4
Bamako 74/75 C 4
Bambari 74/75 F 5
Bamberg 24/25 F 3
Bamenda 74/75 E 5
Banaba (Oceaninsel) 94 GH 2
Banat 64/65 DE 3
Banda Aceh 92/93 B 3
Bandama 74/75 C 5
Bandar Abbas 74/75 I 3
Bandar Seri Begawan 92/93 D 3
Bandase 92/93 E 4
Bandırma 64/65 G 5
Bandundu 77/78 B 2
Bandung 92/93 C 4
Banff 106/107 H 4
Banff-Nationalpark 106/107 H 4
Bangalore 88/89 C 5
Bangassou 74/75 F 5
Banghazi 74/75 F 2
Bangka 92/93 C 4
Bangkok (Krung Thep) 92/93 C 2
Bangladesch 88/89 DE 4; 122/123 RS 5
Bangui 74/75 E 5
Bangweolosee 77/78 CD 3
Ban Hat Yai 92/93 C 3
Bani 74/75 C 4
Banias Baniyas 64/65 K 8
Banja Luka 60/61 N 3
Banjarmasin 92/93 D 4
Banjul 74/75 B 4
Banksinsel; Nordpolarmeer 106/107 GH 2
Banksinseln; Pazifik 94 G 3
Banksstraße 96/97 E 5
Bansin 22/23 J 2
Banz 24/25 F 2
Baoding 88/89 G 3
Baoji 88/89 F 3
Baoshan 88/89 E 4
Baotou 88/89 FG 2
Baragansteppe 64/65 G 3
Baranowitschi 50/51 JM 5
Barbados 108/109 H 5, 122/123 I 6
Barbuda 108/109 G 5
Barcelona; Stadt in Spanien 60/61 G 5
Barcelona; Stadt in Venezuela 116/117 D 1
Bardai 74/75 E 3
Barddhaman 88/89 D 4
Bardu 54/55 D 2
Bareilly 88/89 C 4
Bärenhöhle 24/25 E 4
Bäreninsel 102/103 X 2
Barentssee 54/55 GH 1
Barge 22/23 C 2
Bargusin 85-87 J 4
Bari 60/61 N 5
Barito 92/93 D 4
Barkley Tafelland 94 D 3
Barletta 60/61 N 5
Barnaul 81/82 J 4
Barnim 22/23 I 3
Baro 74/75 D 5
Barquisimeto 116/117 D 1
Barr 24/25 C 4
Barra 116/117 F 4
Barrancabermeja 116/117 C 2
Barranquilla 116/117 C 1
Barre des Ecrins 56/57 K 9
Barrengrounds 106/107 H-K 3
Barriereriff, Großes 96/97 E 2/F 3
Barrow 106/107 D 2
Barrowinsel 96/97 B 3
Barrowstraße 106/107 J 2
Barsinghausen 22/23 E 3
Barth 22/23 H 1
Barú 116/117 B 2
Baruth 22/23 I 3
Baruun-Urt 88/89 G 2
Baschistraße 88/89 H 4
Baschkirien 34/35 J 3
Basel 24/25 C 5
Basilan 92/93 E 3
Baskenland 60/61 DE 4
Basra (Al Basrah) 70/71 I 4
Bassas da India 77/78 DE 4

Bassein 88/89 E 5
Basse-Terre; Stadt auf Guadeloupe, Karibik; 108/109 G 5
Basseterre; Stadt auf St.Christoph, Karibik 108/109 G 5
Bass-Straße 96/97 E 4
Bassum 22/23 D 3
Bastei 24/25 J 2
Bastia 56/57 L 10
Bastogne 24/25 A 2/3
Bata 77/78 A 1
Batangas 92/93 E 2
Bathurst 106/107 M 5
Bathurst Inlet 106/107 I 3
Bathurstinsel, Australien 96/97 C 2
Bathurstinsel, Kanada 106/107 IJ 2
Batman 64/65 N 7
Batna 60/61 I 8
Baton Rouge 108/109 D 3
Båtsfjord 54/55 F 1
Battambang 92/93 C 2
Battle Harbour 106/107 N 4
Batu 92/93 G 5
Batumi 64/65 N 5
Bauchi 74/75 D 4
Bauland 24/25 E 3
Baume-les-Dames 24/25 B 5
Baunatal 24/25 E 1
Bauru 116/117 F 5
Baushan 92/93 B 1
Bautzen 24/25 J 1
Bayan Har Shan 88/89 EF 3
Bayanhongor 88/89 F 2
Bayburt 64/65 N 5
Bay City 108/109 E 2
Baydhabo 77/78 E 1
Bayerische Alpen 24/25 F-H 5
Bayerisch Eisenstein 24/25 I 3
Bayerischer Wald 24/25 H 3/I 4
Bayern 24/25 F-I 4, 10 DE 4
Bayonne 56/57 G 10
Bayóvar 116/117 B 3
Bayreuth 24/25 G 3
Bayrischzell 24/25 H 5
Beadmoregletscher 119.2 A
Beaufort 108/109 F 3
Beaufortsee 106/107 E-G 2
Beaumont 108/109 D 3
Beauvais 56/57 I 7
Beaver 108/109 C 3
Bebenhausen 24/25 E 4
Bebra 24/25 E 2
Béchar 74/75 C 2
Bechuanaland 77/78 C 4
Bechyně 24/25 J 3
Becken von Seistan 79/80 H 6
Beckum 22/23 D 4
Beeskow 22/23 J 3
Begna 54/55 BC 3
Bei'an 88/89 H 2
Beihai 88/89 F 4
Beijing (Peking) 88/89 G 3
Beilngries 24/25 G 3
Beira; Landschaft 60/61 AB 5
Beira; Stadt in Mosambik 77/78 D 3
Beirut 74/75 G 2
Beitbridge 77/78 C 4
Beja 60/61 B 6
Bejaïa 60/61 H 7
Bekabad 85-87 F 5
Bekdasch 85-87 E 5
Békéscsaba 64/65 D 2
Bela 88/89 B 4
Belaja 85-87 F 4
Belchen 24/25 C 5
Belcherinseln 106/107 K 4
Beledweyne 77/78 E 1
Belém 116/117 F 3
Belfast 56/57 E 4
Belfort 24/25 B 5
Belgard (Białogard) 22/23 K 2
Belgaum 88/89 C 5
Belgien 56/57 J 6, 34/35 E 3
Belgorod 50/51 R 6
Belgrad (Beograd) 64/65 D 3
Belgrano II 119.2 B 3
Bélinga 77/78 B 1
Belitung 92/93 C 4
Belize; Stadt in Belize 108/109 E 5
Belize; Staat 108/109 E 5; 122/123 G 5
Bellary 88/89 C 5

Belle-Ile 56/57 F 8
Belle-Isle-Straße 106/107 N 4
Bellingshausen 119.2 C 1
Bellingshausensee 119.2 BC 34
Belmopan 108/109 E 5
Belo Horizonte 116/117 F 4
Belomorsk 54/55 G 3
Belowo 85-87 H 4
Belt, Großer 54/55 C 4
Belt, Kleiner 54/55 B 4
Belucha 85-87 H 5
Belutschistan 88/89 B 3/4
Belzig 22/23 H 3
Belzy 64/65 G 2
Bend 108/109 A 2
Bendigo 96/97 E 4
Benediktenwand 24/25 G 5
Benešov 24/25 J 3
Bengalen 88/89 DE 4
Benguela 77/78 B 3
Benguelastrom 128/129 LM 7
Beni 116/117 D 4
Beni-Abbès 74/75 C 2
Benin 74/75 D 4/5, 122/123 M 6
Benin City 74/75 D 5
Beni Suef 74/75 G 3
Ben Nevis 56/57 E 3
Bensert (Bizerte) 60/61 J 7
Bensheim 24/25 D 3
Bentheim, Bad 22/23 C 3
Benue 74/75 D 5
Benxi 88/89 H 2
Beograd (Belgrad) 64/65 D 3
Beraun 24/25 I 3
Berbera 74/75 H 4
Berbérati 74/75 E 5
Berdjansk 64/65 L 2
Bereeda 74/75 I 4
Beresina 50/51 N 4/5
Beresniki 85-87 E 4
Beresowo 85-87 F 3
Bergama 64/65 G 6
Bergamo 60/61 J 3
Bergedorf, Hamburg- 22/23 F 2
Bergen; Stadt in Norwegen 54/55 B 3
Bergen; Stadt in Mecklenburg-Vorpommern 22/23 H 1
Bergisches Land 24/25 C 2
Bergisch Gladbach 22/23 C 5
Berg-Karabach 34/35 I 4/5
Bergland von Guayana 116/117 DE 2
Bergslagen 54/55 D 3/4
Bergzabern, Bad 24/25 CD 3
Beringmeer 128/129 XY 3, 106/107 A-C 4
Beringowski 85-87 Q 3
Beringstraße 106/107 BC 3
Berka, Bad 24/25 G 2
Berkel 22/23 B 3
Berknerinsel 119.2 AB 1/2
Berleburg, Bad 22/23 D 4
Berlenga-Inseln 60/61 A 6
Berlin 22/23 I 3; 10 E 2
Berlinchen 22/23 K 3
Bermejo 118 B 2
Bermuda-Inseln; Inseln 108/109 G 3
Bermuda-Inseln; Autonomes Gebiet 122/123 H 4
Bern 10 B 5
Bernardo O'Higgins 119.2 C 1
Bernau 22/23 I 3
Bernaul 85-87 H 4
Bernburg 22/23 G 4
Berneck 24/25 D 4
Bernkastel-Kues 24/25 C 3
Beroun 24/25 J 3
Bersenbrück 22/23 C 3
Bertsk 85-87 H 4
Besançon 24/25 AB 5
Beskiden 50/51 IJ 7
Bessarabien 64/65 G 1/H 2
Bethel 106/107 C 3
Béthune 56/57 I 6
Betsiboka 77/78 E 3
Betzdorf 24/25 C 3
Beuron 24/25 DE 4
Beuthen (Bytom) 50/51 I 6
Beverungen 22/23 E 4
Beyşehirsee 64/65 I 7
Béziers 56/57 I 10
Bhadravati 88/89 C 5

Bhagalpur 88/89 D 4
Bhamo 88/89 E 4
Bhaunagar 88/89 C 4
Bhilai 88/89 D 4
Bhima 88/89 C 5
Bhopal 88/89 C 4
Bhubaneswar 88/89 D 4
Bhutan 88/89 DE 4, 122/123 S 5
Biak 92/93 F 4
Białogard (Belgard) 22/23 K 2
Białystok 50/51 K 5
Biarritz 56/57 G 10
Biberach 24/25 E 4
Bida 74/75 D 5
Biedenkopf 24/25 D 2
Bielefeld 22/23 D 3
Bielsko-Biała 50/51 I 7
Biese 22/23 G 3
Bietigheim-Bissingen 24/25 E 4
Bigge-Stausee 24/25 C 1
Bihar 88/89 D 4
Bihé, Hochland von 77/78 B 3
Biisk 85-87 H 4
Bija 85-87 H 4
Bikaner 88/89 C 4
Bikini 126/127 MN 6
Bila Zerkwa 50/51 O 7
Bilbao 60/61 D 4
Bilhorod Dnistrowski 50/51 O 8
Billings 108/109 C 2
Bilma 74/75 E 4
Bilma, Großer Erg von 74/75 E 4
Bingen 24/25 C 3
Bintunibucht 92/93 F 4
Binz 22/23 I 1
Bioko (Fernando Póo) 77/78 A 1
Birak 74/75 E 3
Birao 74/75 F 4
Birdum 96/97 D 2
Birjand 74/75 I 2
Birkenfeld 24/25 C 3
Birkenhead 56/57 F 5
Birma (Myanmar) 88/89 E 4, 122/123 S 5/6
Birmingham; Stadt in den USA 108/109 E 3
Birmingham; Stadt in Großbritannien 56/57 G 5
Birnau 24/25 E 5
Birnbaum 22/23 K 3
Birobidschan 85-87 M 5
Birs 24/25 C 5
Biscaya, Golf von 56/57 D-F 9
Bischkek 85-87 G 5
Bischofshofen 24/25 I 5
Bischofswerda 24/25 J 1
Bischofteinitz 24/25 HI 3
Bishah 74/75 H 3
Bisho 77/78 C 5
Biskra 74/75 D 2
Bismarck 108/109 C 2
Bismarckarchipel 94 EF 2
Bissagos-Inseln 74/75 B 4
Bissau 74/75 B 4
Bissingen, Bietigheim- 24/25 E 4
Bitburg 24/25 B 3
Bitola 64/65 D 5
Bitsch 24/25 C 3
Bitterfeld 22/23 H 4
Bitterfontein 77/78 B 5
Bitterrootgebirge 108/109 B 2
Bizerte 74/75 D 2
Blackpool 56/57 F 5
Blackwater 96/97 E 3
Blagoweschtschensk 85-87 L 4
Blanca Peak 108/109 C 3
Blanitz 24/25 J 3
Blankenburg 22/23 F 4
Blantyre 77/78 D 3
Blatna 24/25 I 3
Blaubeuren 24/25 E 4
Blauer Nil 74/75 G 4
Blåvands Huk 54/55 B 4
Bleicherode 24/25 F 1
Bleiloch-Talsperre 24/25 G 2
Blekinge 54/55 CD 4
Blida 60/61 G 7
Blies 24/25 C 3
Bloemfontein 77/78 C 4
Blönduós 54/55 A 1
Bluefields 108/109 E 5
Blumberg 24/25 D 5
Blumenau 118 D 2

Bo 74/75 B 5
Boa Vista 116/117 D 2
Bober 22/23 K 4
Böblingen 24/25 E 4
Bobo-Dioulasso 74/75 C 4
Bobruisk 50/51 N 5
Bocholt 22/23 B 4
Bochum 22/23 C 4
Bodaibo 85-87 K 4
Bode 22/23 G 4
Bodélé 74/75 E 4
Boden 54/55 E 2
Bodenmais 24/25 I 3
Bodensee 24/25 E 5
Bodø 54/55 C 2
Bodrum 64/65 G 7
Bogø 22/23 H 1
Bogor 92/93 C 4
Bogotá 100/101 O 9
Bogutschany 85-87 I 4
Bohai 88/89 GH 3
Böhmen 50/51 FG 6, 24/25 IJ 3
Böhmerwald 24/25 I 3/4
Böhmisches Mittelgebirge
    24/25 IJ 2
Böhmisch Leipa 24/25 J 2
Bohol 92/93 E 3
Bohuslän 54/55 C 4
Boise 108/109 B 2
Boizenburg 22/23 F 2
Bokaro 88/89 D 4
Boké 74/75 B 4
Boknafjord 54/55 B 4
Bolesławiec (Bunzlau)
    22/23 K 4
Bolgatanga 74/75 C 4
Bolhrad 50/51 N 9
Bolivien
    116/117 D 4, 122/123 HI 8
Bollnäs 54/55 D 3
Bolmen 54/55 C 4
Bologna 60/61 K 3
Bolsenasee 60/61 K 4
Bolton 56/57 F 5
Bolu 64/65 I 5
Bolzano (Bozen) 60/61 K 2
Boma 77/78 B 2
Bombay (Mumbai) 88/89 C 5
Bomlitz 22/23 E 3
Bonaire 108/109 G 5
Bonanza 108/109 E 5
Bondo 77/78 C 1
Bongoberge 74/75 F 5
Bongor 74/75 E 4
Boningraben 126/127 L 4/5
Bonininseln 128/129 V 5
Bonn 24/25 C 2
Boosaaso 74/75 H 4
Boothia, Halbinsel 106/107 J 2
Booué 77/78 B 1/2
Boppard 24/25 C 2
Borås 54/55 C 4
Bordeaux 56/57 G 9
Bordesholm 22/23 EF 1
Bordj Omar Dri 74/75 D 3
Borgå (Porvoo) 54/55 F 3
Borgarnes 54/55 A 2
Børgefjell 54/55 C 2
Borgholm 54/55 D 4
Borgou 74/75 D 4
Borgund 54/55 B 3
Borisow 50/51 N 4
Borken; Stadt in Nordrhein-
    Westfalen 22/23 B 4
Borken; Stadt in Hessen
    24/25 E 1
Borkou 74/75 E 4
Borkum 22/23 B 2
Borlänge 54/55 D 3
Borna 24/25 H 1
Borneo (Kalimantan)
    92/93 D 3/4
Bornholm 54/55 D 4
Borno 74/75 E 4
Borowitschi 50/51 P 2
Borsja 85-87 K 4
Bosna 64/65 BC 3
Bosnien-Herzegowina
    60/61 N 3/O 4, 34/35 FG 4
Bosporus 64/65 H 5
Bossangoa 74/75 E 5
Bosten Hu 88/89 D 2
Boston 108/109 F 2
Botew 64/65 F 4
Botoşani 64/65 G 2
Botrange 24/25 B 2

Botsuana
    77/78 C 4, 122/123 N 8
Bottnischer Meerbusen
    54/55 D 3-E 2
Bouaké 74/75 C 5
Bouar 74/75 E 5
Bougainville 94 F 2
Boulogne-sur-Mer 56/57 H 6
Bounty-Inseln 128/129 Y 10
Bourges 56/57 I 8
Bourke 96/97 E 4
Bournemouth 56/57 G 6
Bourscheid 24/25 AB 3
Bourtanger Moor 22/23 C 3
Bou Saada 60/61 H 8
Bouvetinsel 128/129 M 10
Bowen 96/97 E 3
Boyomafälle (Stanleyfälle)
    77/78 C 1/2
Bozen (Bolzano) 60/61 K 2
Brač 60/61 N 4
Bräcke 54/55 D 3
Bradford 56/57 G 5
Braga 60/61 A 5
Bragança 116/117 F 3
Brahmapur 88/89 D 5
Brahmaputra 88/89 DE 4
Brăila 64/65 G 3
Brake 22/23 D 2
Brakel 22/23 E 4
Bramsche 22/23 CD 3
Bramstedt, Bad 22/23 E 2
Brandberg 77/78 B 4
Brandburg 68/69 F 10
Brandenburg; 22/23 H 3
Brandenburg; Bundesland
    22/23 HI 3
Brand-Erbisdorf 24/25 I 2
Brandon 106/107 IJ 5
Brandys-Stará Boleslav
    24/25 J 2
Branitz 22/23 J 4
Brasília 116/117 F 4
Brasilianisches Becken
    124/125 J 7/K 8
Brasilianisches Bergland
    116/117 EF 4
Brasilien 113 C-E 3,
    116/117 D-F 3, 122/123 H-J 7
Brasilstrom 128/129 J 7/8
Braşov (Kronstadt) 38/39 G 4
Bratislava (Preßburg) 50/51 H 7
Bratsk 85-87 J 4
Bratsker Stausee 85-87 J 4
Braunau 24/25 I 4
Braunlage 22/23 F 4
Braunschweig 22/23 F 3
Braunschweig, Regierungs-
    bezirk 10 CD 2/3
Brazos 108/109 D 3
Brazzaville 77/78 B 2
Brdywald 24/25 I 3
Bredstedt 22/23 D 1
Breg 24/25 D 4
Bregenz 24/25 E 5
Bregenzer Wald 24/25 EF 5
Breiðafjord 54/55 A 1
Breisach 24/25 C 4
Breisgau 24/25 C 4/5
Bremen; Stadt 22/23 D 2
Bremen; Bundesland 10 C 2
Bremerhaven 22/23 D 2
Bremervörde 22/23 E 2
Brenner 50/51 E 8
Brescia 60/61 K 3
Breslau (Wrocław) 50/51 H 6
Brest; Stadt in Weißrussland
    50/51 K 5
Brest; Stadt in Frankreich
    56/57 E 7
Bretagne 56/57 F 7/8
Bretten 24/25 D 3
Brezau 24/25 E 5
Bridgetown 108/109 H 5
Briey 24/25 A 3
Brigach 24/25 D 4/5
Brighton 56/57 G 6
Brilon 22/23 D 4
Brindisi 60/61 N 5
Brisbane 96/97 F 3
Bristol 56/57 F 6
Bristol Bay 106/107 CD 4
Bristolkanal 56/57 EF 6
Britisch-Columbia 106/107 G 4
Britische Inseln 38/39 CD 3
Brive-la-Gaillarde 56/57 H 9

Brjansk 50/51 Q 5
Brno (Brünn) 50/51 H 7
Broad Law 56/57 F 4
Brocken 22/23 F 4
Brodeur, Halbinsel 106/107 JK 2
Broken Hill 96/97 E 4
Bromberg (Bydgoszcz) 50/51 I 5
Brønnøysund 54/55 C 2
Brookskette 106/107 C-E 3
Broome 96/97 C 2
Brownsville 108/109 D 4
Bruchsal 24/25 D 3
Brückelberg 24/25 I 3
Brückenau, Bad 24/25 E 2
Brugge (Brügge) 56/57 I 6
Brügge (Brugge) 56/57 I 6
Brühl 22/23 B 5
Brunei 92/93 D 3; 122/123 U 6
Brünn (Brno) 50/51 H 7
Brunsbüttel 22/23 E 2
Brunssum 22/23 A 5
Brussel (Brüssel, Bruxelles)
    56/57 J 6
Brüssel (Brussel, Bruxelles)
    56/57 J 6
Brüx (Most) 24/25 I 2
Bruxelles (Brussel, Brüssel)
    56/57 J 6
Bryce Canyon 108/109 B 3
Bucaramanga 116/117 C 2
Buchanan 74/75 BC 5
Buchans 106/107 N 5
Buchara 88/89 B 3
Buchen 24/25 E 3
Buchholz 22/23 E 2
Buchholz, Annaberg- 24/25 HI 2
Buchloe 24/25 F 4
Buchoro 85-87 F 6
Buchtarma-Stausee 85-87 H 5
Bucht von Taganrog 64/65 LM 2
Buchwald 22/23 K 3
Bückeburg 22/23 E 3
București (Bukarest) 64/65 G 3
Budapest 64/65 C 2
Büdingen 24/25 E 2
Budweis (České Budějovice)
    50/51 G 7
Buenaventura 116/117 C 2
Buenos Aires 118 C 3
Buenos-Aires-See 118 A 4
Buffalo 108/109 F 2
Bug 56/57 G 7
Bug, Südlicher 64/65 H 1
Bugulma 85-87 E 4
Bühl 24/25 D 4
Bujumbura 77/78 C 2
Bukama 77/78 C 2
Bukarest (București) 64/65 G 3
Bukatschatscha 85-87 K 4
Bukayu 77/78 C 2
Bukittinggi 92/93 C 4
Bukoba 77/78 D 2
Bukowina 50/51 L 7/8
Bukurești (Bukarest) 34/35 G 4
Bulawayo 77/78 C 4
Bulgan 88/89 F 2
Bulgarien
    64/65 E-G 4, 34/35 G 4
Bumba 77/78 C 1
Bunbury 96/97 B 4
Bundaberg 96/97 F 3
Bünde 22/23 D 3
Bundesrepublik Deutschland 10
Bungsborg; Kloster 22/23 F 1
Bungsberg; Berg 11 D 1
Bunguraninseln 92/93 C 3
Bunia 77/78 C 1
Bunzlau (Bolesławiec) 22/23 K 4
Buraydah 74/75 H 1
Büren 22/23 D 4
Burg; Stadt in Sachsen-Anhalt
    22/23 G 3
Burg; Stadt in Schleswig-Hol-
    stein 22/23 G 1
Burgas 64/65 G 4
Burgdorf 22/23 F 3
Burghausen 24/25 H 4
Burgkirchen 24/25 H 4
Burglengenfeld 24/25 H 3
Burgos 60/61 D 4
Burgstadl 24/25 I 2
Burgund 56/57 J 8
Burkina Faso
    70/71 DE 6, 122/123 LM 6

Burlington; Stadt in Vermont,
    USA 108/109 F 2
Burlington; Stadt in Iowa, USA
    108/109 D 2
Burnie 96/97 E 5
Bursa 64/65 H 5
Buru 92/93 E 4
Burundi
    77/78 CD 2, 122/123 NO 7
Bushehr 74/75 I 3
Busira 77/78 BC 2
Bussang 24/25 B 5
Bussen 24/25 E 4
Büsum 22/23 D 1
Buta 77/78 C 1
Butuan 92/93 E 3
Butung 92/93 E 4
Butzbach 24/25 D 2
Bützow 22/23 G 2
Buxtehude 22/23 E 2
Büyük Menderes (Mäander)
    64/65 GH 7
Buzău 64/65 G 3
Bydgoszcz (Bromberg)
    50/51 H 5
Bytom (Beuthen) 50/51 I 6

C

Caatinga 116/117 FG 3
Caatingas 113 EF 3
Cabanatuan 92/93 E 2
Cabimas 116/117 C 1
Cabinda 77/78 B 2
Cabora-Bassa-See 77/78 D 3
Cabotstraße 106/107 MN 5
Cabrera 60/61 G 6
Cáceres 60/61 B 6
Cachoeira do Sul 118 C 2
Cádiz 60/61 B 7
Caen 56/57 G 7
Caerdydd (Cardiff) 56/57 F 6
Cagayan de Oro 92/93 E 3
Cagliari 60/61 J 6
Caguas 108/109 G 5
Caicosinseln, Turks- und
    108/109 F 4
Cairns 96/97 E 2
Cajamarca 116/117 C 3
Calabozo 116/117 D 2
Calais 56/57 H 6
Calama 118 B 2
Calamianinseln 92/93 D 2
Calau 22/23 I 4
Calbayog 92/93 E 2
Calbe 22/23 G 4
Caldera 118 A 2
Calgary 106/107 H 4
Cali 116/117 C 2
Calicut 88/89 C 5
Callao 116/117 C 4
Calw 24/25 D 4
Camagüey 108/109 F 4
Camargo 108/109 C 4
Camargue 56/57 J 10
Cambrian Mountains
    56/57 E 6/F 5
Cambridge 56/57 H 5
Cametá 116/117 F 3
Camiri 116/117 D 5
Cammin 22/23 J 2
Camocim 116/117 F 3
Campbellinsel 128/129 X 10
Campbellton 106/107 M 5
Campeche 108/109 D 5
Campina Grande 116/117 G 3
Campinas 116/117 F 5
Campo Duran 118 B 2
Campo Grande 116/117 E 5
Campos; Landschaft
    116/117 E 4/F 3
Campos; Stadt in Brasilien
    116/117 F 5
Canadian River 108/109 C 3
Çanakkale 64/65 G 5
Canal Beagle 118 B 5
Canal de l'Est 24/25 B 4

Canal du Midi 56/57 HI 10
Cananea 108/109 B 3
Canberra 96/97 E 4
Cancún 108/109 E 4
Cangzhou 88/89 G 3
Çankırı 64/65 J 5
Cannes 56/57 K 10
Canoas 118 C 2
Cantal 56/57 I 9
Can Tho 92/93 C 3
Cap Canaveral 108/109 EF 4
Cap Catoche 108/109 E 4
Cape Dorset 106/107 L 3
Cape Hopes Advance
    106/107 M 3
Cape Lambert 96/97 B 3
Cap-Haïtien 108/109 F 5
Capri 60/61 M 5
Caprivi-Zipfel 77/78 C 3
Caquetá 116/117 C 3
Caracas 116/117 D 1
Carajás 116/117 EF 3
Caratinga 116/117 F 4
Caravelas 116/117 G 4
Cardiff (Caerdydd) 56/57 F 6
Cardigan Bay 56/57 E 5
Cargados-Carajos-Inseln
    128/129 P 7/8
Carling 24/25 B 3
Carlisle 56/57 F 4
Carlsbad 108/109 C 3
Carmen 108/109 D 5
Carnac 56/57 F 8
Carnarvon 96/97 B 3
Carnegieschwelle 124/125 G 7
Carnsore Point 56/57 D 5
Carolina 116/117 F 3
Caroline-Insel 126/127 PQ 7
Carpentariagolf 96/97 DE 2
Carpentaria Tiefland 94 DE 3
Carrantuohill 56/57 BC 6
Carretera Panamericana
    116/117 C 4, 108/109 E 6
Carson City 108/109 B 3
Cartagena; Stadt in Spanien
    60/61 E 7
Cartagena; Stadt in Kolumbien
    116/117 C 1
Caruaru 116/117 G 3
Casablanca 74/75 C 2
Casamance 74/75 B 4
Casey 119.2 C 17/18
Casiquiare 116/117 D 2
Casper 108/109 C 2
Castel del Monte 60/61 MN 5
Castellón de la Plana
    60/61 E 5/6
Castries 108/109 G 5
Castro 118 A 4
Catamarca 118 B 2
Catanduanes 92/93 E 2
Catania 60/61 M 7
Catanzaro 60/61 N 6
Catinsel 108/109 F 4
Cauca 116/117 C 2
Cauvery 88/89 C 5
Caxias 116/117 F 3
Caxias do Sul 118 C 2
Cayenne 116/117 E 2
Caymangraben 124/125 G 5
Caymaninseln; Inseln
    108/109 EF 5
Caymaninseln; Autonomes
    Gebiet 122/123 G 5
Cebu; Stadt auf den Philippinen
    92/93 E 2
Cebu; Insel 92/93 E 2/3
Cedar Rapids 106/107 J 5
Cedrosinsel 108/109 B 4
Celle 22/23 F 3
Celebes (Sulawesi) 92/93 DE 4
Celebessee 92/93 DE 3
Cenderawasih-Bucht 92/93 F 4
Cerf 77/78 F 2
Cerro de Pasco 116/117 C 4
Červená-Lhota 24/25 J 3
Cēsis 54/55 F 4
České Budějovice (Budweis)
    50/51 G 7
Cessnock 96/97 F 4
Ceuta 60/61 C 8; 38/39 D 5
Cevennen 56/57 I 10/J 9
Ceyhan 64/65 L 7
Ceylon 88/89 D 6
Chabarowsk 85-87 M 5

Chalkidike 64/65 E 5
Chalkis 64/65 E 6
Cham 24/25 H 3
Chambal 88/89 C 4
Chambéry 56/57 J 9
Chambord 56/57 HI 8
Champagne 56/57 IJ 7
Chañaral 118 A 2
Chan-Chan 116/117 BC 3
Chandigarh 88/89 C 3
Chandyga 85-87 M 3
Changaigebirge 88/89 EF 2
Changchun 88/89 H 2
Changde 88/89 G 4
Chang Jiang (Jangtsekiang) 88/89 G 3/4
Changsha 88/89 G 4
Changzhi 88/89 G 3
Changzhou 88/89 G 3
Chania 64/65 F 8
Chankasee 85-87 M 5
Chanty Mansisk 85-87 F 3
Chaozhou 88/89 G 4
Chari; See 70/71 F 6/7
Chari; Fluss 68/69 F 6/7
Charikar 85-87 F 6
Charki 124/125 O 3
Charkiw 50/51 R 6/7
Charleroi 56/57 J 6
Charleston 108/109 E 3
Charleville 96/97 E 3
Charlotte 108/109 E 3
Charlottenhöhle 24/25 F 4
Charlottetown 106/107 M 5
Charmes 24/25 B 4
Chartres 56/57 H 7
Chatanga; Stadt in Russland 85-87 J 2
Chatanga; Fluss 85-87 J 2
Château-Salins 24/25 B 4
Chathaminseln 96/97 I 5
Chattanooga 108/109 E 3
Cheb (Eger) 11 E 3
Chech, Erg 74/75 C 3
Cheju 88/89 H 3
Cheju-Insel 88/89 H 3
Chemnitz 24/25 H 2
Chemnitz, Regierungsbezirk 10 E 3
Chengde 88/89 G 2
Chengdu 88/89 F 3
Chennai (Madras) 88/89 CD 5
Chenonceaux 56/57 H 8
Cher 56/57 I 8
Cherbourg 56/57 G 7
Cherrapunji 88/89 E 4
Cherson 50/51 P 8
Chesapeake Bay 108/109 F 3
Chesterfield Inlet 106/107 J 3
Chesterfieldinseln 96/97 F 2
Cheta 85-87 I 2
Chetumal 108/109 E 5
Cheviot Hills 56/57 F 4
Chew Bahir (Stefaniesee) 74/75 G 5
Cheyenne 108/109 C 2
Chiang-Mai 92/93 B 2
Chiang Rai 92/93 B 2
Chiba 88/89 J 3
Chibiny 54/55 G 2
Chibougamau 106/107 L 5
Chicago 108/109 E 2
Chiclayo 116/117 C 3
Chicoutimi 106/107 L 5
Chiemsee 24/25 H 5
Chifeng 88/89 G 2
Chihuahua 108/109 C 4
Chile 118 A 2-4, 122/123 H 8/G 10
Chilebecken 126/127 TU 9
Chilenische Schwelle 126/127 TU 9
Chillan 118 A 3
Chiloé 118 A 4
Chilpancingo 108/109 D 5
Chilwasee 77/78 D 3
Chimborasso 116/117 BC 3
Chimbote 116/117 C 3
Chimoio 77/78 D 3
China 88/89 D-G 3, 122/123 ST 4
Chincha Alta 116/117 C 4
Chindwyn 88/89 E 4
Chingola 77/78 C 3
Chinguetti 74/75 B 3
Chios 64/65 F 6
Chiriqui 108/109 E 6

Chirripó 116/117 B 2
Chisasibi 106/107 L 4
Chişinău 64/65 H 2
Chittagong 88/89 E 4
Chiwa 85-87 F 5
Chlef 60/61 F 7
Chmelnizki 50/51 M 7
Chodschent 85-87 F 5
Chogori (K2) 81/82 IJ 2
Choiseul 96/97 F 1
Cholmsk 85-87 N 5
Chon Buri 88/89 F 5
Chongjin 88/89 H 2
Chongqing (Tschunking) 88/89 F 4
Chonju 88/89 H 3
Chonosarchipel 118 A 4
Chorin 22/23 I 3
Chorog 85-87 G 6
Choybalsan 88/89 G 2
Christchurch 96/97 H 5
Christianhåb (Qasigiánguit) 106/107 N 3
Christianskoog 22/23 DE 1
Christmasinsel 92/93 C 5
Chromtau 85-87 E 4
Chubut 118 B 4
Churchill; Stadt in Kanada 106/107 J 4
Churchill, Fluss zur Hudson Bay 106/107 J 4
Churchill, Fluss zur Labrador- see 106/107 M 4
Cienfuegos 108/109 E 4
Cima dell'Argentera 60/61 I 3
Cincinnati 108/109 E 3
Cirebon 92/93 C 4
Ciudad Bolívar 116/117 D 2
Ciudad del Este 118 C 2
Ciudad Guayana 116/117 D 2
Ciudad Pemex 116/117 A 1
Civitavecchia 60/61 K 4
Clarionstufe 126/127 Q 6/R 5
Clausthal-Zellerfeld 22/23 F 4
Clearwatersee 106/107 L 4
Clemenswerth 22/23 C 3
Clenze 22/23 F 3
Clermont-Ferrand 56/57 I 9
Clervaux 24/25 B 2
Cleveland 108/109 E 2
Clipperton 102/103 L 8
Clippertoninsel 128/129 E 6
Clippertonstufe 126/127 QR 6
Cloncurry 96/97 E 3
Cloppenburg 22/23 D 3
Cluj-Napoca (Klausenburg) 64/65 E 2
Cluny 56/57 J 8
Clyde River 106/107 M 2
Coatsinsel 106/107 K 3
Coatsland 119.2 B 3/4
Coatzacoalcos 108/109 D 5
Cobar 96/97 E 4
Coburg 24/25 F 2
Cochabamba 116/117 D 4
Cochem 24/25 C 2
Cochi 81/82 I 8/9
Coco 116/117 B 1
Coesfeld 22/23 C 4
Coetivy-Insel 70/71 J 8
Coevorden 22/23 B 3
Cognac 56/57 G 9
Coiba 108/109 E 6
Coihaique 118 A 4
Coimbatore 88/89 C 5
Coimbra 60/61 A 5
Colatina 116/117 F 4
Colbitz-Letzlinger Heide 22/23 G 3
Colima 108/109 C 5
Coll 56/57 D 3
Collie 96/97 B 4
Collm 24/25 HI 1
Collville 106/107 D 3
Colmar 24/25 C 4
Colombo 88/89 CD 6
Colón 108/109 F 6
Colorado, Fluss in Argentinien 118 B 3
Colorado, Fluss zum Golf von Kalifornien 108/109 B 3
Colorado, Fluss zum Golf von Mexiko 108/109 D 4
Coloradoplateau 108/109 BC 3
Colorado Springs 108/109 C 3

Columbia; Stadt in den USA 108/109 E 3
Columbia; Fluss 102/103 K 5
Columbiaplateau 100/101 K 5
Columbretesinseln 60/61 F 6
Columbus 108/109 E 2/3
Comburg 24/25 E 3
Commandante Ferraz 119.2 C 1
Como 60/61 J 3
Comodoro Rivadavia 118 B 4
Comoros 108/109 C 4
Concepción; Stadt in Chile 118 A 3
Concepción; Stadt in Paraguay 118 C 2
Conchos 108/109 C 4
Concord 108/109 F 2
Concordia 118 C 3
Connemara 56/57 C 5
Constanţa 64/65 H 3
Constantine 60/61 I 7
Cook Inlet 106/107 D 3/4
Cookinseln 126/127 P 8
Cookstraße 96/97 H 5
Cooktown 96/97 E 2
Coolgardie 96/97 C 4
Cooper Creek 96/97 D 3
Copán 116/117 B 1
Copiapó 118 A 2
Copper Center 106/107 E 3
Coppermine 106/107 H 3
Coquimbo 118 A 2
Corcaigh (Cork) 56/57 C 6
Córdoba; Stadt in Spanien 60/61 C 7
Córdoba; Stadt in Argentinien 118 B 3
Cordova 106/107 E 3
Cork (Corcaigh) 56/57 C 6
Corner Brook 106/107 N 5
Cornimont 24/25 B 5
Cornwall 56/57 E 6
Cornwallisinsel 106/107 IJ 2
Coro 116/117 D 1
Coronation-Golf 106/107 HI 3
Coropuna 116/117 C 4
Corpus Christi 108/109 D 4
Corrientes 118 C 2
Çorum; Stadt in der Türkei 64/65 K 5
Çorum; Fluss 64/65 N 5
Corumbá 116/117 E 4
Corupuna 118 A 1
Corvey 22/23 E 4
Cosenza 60/61 N 6
Cosmoledo-Inseln 77/78 E 2
Costa Blanca 60/61 E 7/F 6
Costa Brava 60/61 G 4/5
Costa de la Luz 60/61 B 7
Costa del Azahar 60/61 E 6/F 5
Costa del Sol 60/61 CD 7
Costa Dorada 60/61 F 5
Costa Rica 108/109 E 6, 122/123 G 6
Costa Verde 60/61 BC 4
Coswig; Stadt in Sachsen-Anhalt 22/23 H 4
Coswig; Stadt in Sachsen 24/25 I 1
Côte d'Argent 56/57 G 9/10
Côte d'Azur 56/57 K 10
Côte d'Ivoire (Elfenbeinküste) 74/75 C 5, 122/123 L 6
Cotentin 56/57 G 7
Cotonou 74/75 D 5
Cotopaxi 116/117 C 3
Cottbus 22/23 J 4
Coventry 56/57 G 5
Cozumel 108/109 E 4
Craigavon 56/57 D 4
Crailsheim 24/25 F 3
Craiova 64/65 E 3
Crato 116/117 G 3
Creglingen 24/25 F 3
Creil 56/57 I 7
Cres 60/61 M 3
Crimmitschau 24/25 H 2
Crivitz 22/23 G 2
Crossen 22/23 K 3
Cross Fell 56/57 F 4
Crotone 60/61 N 6
Crozetinseln 128/129 P 10
Crozetrücken 124/125 OP 10
Cruzeiro do Sul 116/117 C 3
Cubango 77/78 B 3

Cúcuta 116/117 C 2
Cuenca 116/117 C 3
Cuernavaca 108/109 D 5
Cuiabá 116/117 E 4
Cuito 77/78 B 3
Çukurova 64/65 K 7
Culiacán 108/109 C 4
Cumaná 116/117 D 1
Cumberlandsund 106/107 M 3
Cunene 77/78 B 3
Cunnamulla 96/97 E 3
Curaçao 108/109 G 5
Curitiba 116/117 F 5
Cuttack 88/89 D 4
Cuxhaven 22/23 D 2
Cuzco 116/117 C 4
Cyrenaika 74/75 F 2
Czernowitz (Tscherniwzi) 50/51 L 7
Czestochowa (Tschenstochau) 50/51 I 6

D

Daba Shan 88/89 FG 3
Dachau 24/25 G 4
Dachstein 24/25 I 5
Dagö (Hiiumaa) 54/55 E 4
Dahlak-Archipel 74/75 H 4
Dahlener Heide 12 E 3
Dahme; Stadt in Schleswig-Holstein 22/23 G 1
Dahme; Fluss 22/23 I 4
Dahna 74/75 H 3
Dahra 60/61 F 7
Dahuk 64/65 O 7
Dakar 74/75 B 4
Dakhla 74/75 B 3
Dakhla-Oasen 74/75 F 3
Dalälv 54/55 D 3
Dalandzadgad 88/89 F 2
Dalarna 54/55 C 3
Da Lat 92/93 C 2
Dalian (Lüda) 88/89 H 3
Daliang Shan 88/89 F 4
Dallas 108/109 D 3
Dalmatien 60/61 M-O 4
Dalnegorsk (Tetjuche) 85-87 M 5
Dalneretschensk (Iman) 85-87 M 5
Daloa 74/75 C 5
Daman 88/89 C 4
Damaraland 77/78 B 4
Damaskus 74/75 G 2
Damgarten, Ribnitz- 22/23 H 1
Damme 22/23 D 3
Damodar 88/89 D 4
Dampier 96/97 B 3
Danakil 74/75 H 4
Danakiltiefland 68/69 I 6
Da Nang 92/93 C 2
Dandong 88/89 H 2
Dänemark 10 C 1, 34/35 EF 3
Dänemarkstraße 106/107 Q 3
Danneberg 22/23 G 2
Danville 108/109 F 3
Danzig (Gdansk) 50/51 I 4
Daqing (Tatsching) 88/89 H 2
Darbhanga 88/89 D 4
Darchan 85-87 J 5
Dardanellen 64/65 G 5
Dar-el-Beïda 38/39 D 5
Daressalam 77/78 D 2
Darfur 74/75 F 4
Darfurschwelle 68/69 G 6/7
Darhan 88/89 F 2
Darjeeling 88/89 D 4
Darling 96/97 E 4
Darlingkette 96/97 B 3/4
Darmstadt 24/25 D 3
Darmstadt, Regierungsbezirk 10 C 3
Darnah 74/75 F 2
Darß 22/23 H 1
Darßer Ort 22/23 H 1
Dartmoor 56/57 EF 6
Daru 92/93 G 4
Darwin 96/97 D 2

Datong 88/89 G 2
Daugavpils (Dünaburg) 54/55 F 4
Daun 24/25 B 2
Davangere 88/89 C 5
Davao 92/93 E 3
David 108/109 E 6
Davis 119.2 C 14
Davissee 119.2 C 15/17
Davisstraße 106/107 N 3
Dawson 106/107 F 3
Dawson Creek 106/107 G 4
Dayr az Zawr 64/65 M 8
Dayton 108/109 E 3
Daytona Beach 108/109 E 4
De Aar 77/78 C 5
Dease Lake 106/107 FG 4
Dease-Straße 106/107 I 3
Debrecen 64/65 D 2
Debre Markos 74/75 G 4
Dedelow 22/23 I 2
Deggendorf 24/25 H 4
Dehra-Dun 88/89 C 3
Deister 22/23 E 3
Dekkan 88/89 C 5/D 4
Dekkan, Hochland von 79/80 IJ 8
Delémont 24/25 C 5
Delfzijl 22/23 B 2
Delhi 88/89 C 4
Delitzsch 22/23 H 4
Delmenhorst 22/23 D 2
De Long-Inseln 85-87 O 2
De Long-Straße 85-87 Q 2/R 3
Delphi 64/65 E 6
Demawend 74/75 I 2
Demmin 22/23 I 2
Demokratische Republik Kongo (Zaire) 77/78 BC 2, 122/123 N 7
Den Haag ('s-Gravenhage) 56/57 J 5
Denizli 64/65 H 7
Denpasar 92/93 D 4
D'Entrecasteaux-Inseln 92/93 GH 4
Denver 108/109 C 3
Derbent 85-87 D 5
Derby; Stadt in Australien 96/97 C 2
Derby; Stadt in Großbritannien 56/57 G 5
Der Kanal (Ärmelkanal) 56/57 F 7/G 6
Derschawinsk 85-87 F 4
Desé 74/75 G 4
Des Moines 108/109 D 2
Desna 50/51 P 5
Dessa 10 E 3
Dessau 22/23 H 4
Dessau, Regierungsbezirk 10 E 3
Desventuradosinseln 113 AB 5
Detmold 22/23 D 4
Detmold, Regierungsbezirk 10 C 2
Detroit 108/109 E 2
Dettifoss 54/55 B 1
Deurne 22/23 A 4
Deutsche Mittelgebirge 36/37 EF 3
Deutschland 50/51 C-G 6, 10, 122/123 M 3
Deutsch Wartenberg 22/23 K 4
Deventer 22/23 B 3
Devoninsel 106/107 K 2
Dezful 74/75 H 2
Dhaka 88/89 E 4
Dhanbad 88/89 D 4
Dhofar 74/75 I 4
Dhule 88/89 C 4
Diamantina; Fluss 96/97 E 3
Diamantina; Stadt in Brasilien 116/117 F 4
Dibrugarh 88/89 E 4
Dickson 85-87 H 2
Dieburg 24/25 D 3
Diedenhofen (Thionville) 24/25 B 3
Diego Garcia 81/82 I 10
Die Haar 22/23 D 4
Diemel 22/23 D 4
Diepholz 22/23 D 3
Dieppe 56/57 H 7
Dieuze 24/25 B 4
Dievenow; Stadt in Polen 22/23 J 1

Dievenow; Fluss 22/23 J 2
Diez 24/25 D 2
Digul 92/93 F 4
Dijon 56/57 J 8
Dili (Oekusi) 92/93 E 4
Dillenburg 24/25 D 2
Dillingen; Stadt im Saarland 24/25 B 3
Dillingen; Stadt in Bayern 24/25 F 4
Dilolo 77/78 C 3
Dinarisches Gebirge 36/37 F 4
Dingolfing 24/25 H 4
Dinkelsbühl 24/25 F 3
Dinslaken 22/23 B 4
Dipolog 92/93 E 3
Dippoldiswalde 24/25 I 2
Dire Dawa 74/75 H 5
Dirranbandi 96/97 E 3
Disappointmentsee 96/97 C 3
Disko Bay 106/107 N 3
Disko-Insel 106/107 N 2/3
Dithmarschen 22/23 D 1/E 2
Divriği 64/65 M 6
Dixonstraße 106/107 F 4
Diyarbakır 64/65 N 7
Djado 74/75 E 3
Djado, Plateau von 74/75 E 3
Djanet 74/75 D 3
Djebel Chambi 60/61 J 8
Djebel Chelia 60/61 I 8
Djebel el Akhdar 74/75 F 2
Djebel el Bijad 74/75 H 3
Djebel Marra 74/75 F 4
Djebel Nefusa 74/75 E 2
Djebel Shammar 74/75 H 3
Djebel Tuwaik 74/75 H 3
Djebel Uweinat 74/75 F 3
Djelfa 74/75 D 2
Djerba 74/75 E 2
Djerdapstausee 64/65 DE 3
Djolplateau 68/69 IJ 6
Djuba 77/78 E 1
Djubaland 77/78 E 1
Djurabniederung 68/69 F 6
Dnipro 50/51 P 8
Dniprodserschinsk 50/51 Q 7
Dniprodserschinsker Stausee 50/51 Q 7
Dniproniederung 36/37 H 3/4
Dnipropetrowsk 85-87 C 5
Dniproplatte 36/37 GH 4
Dnister 50/51 L 7
Dnjepr 50/51 O 5
Dnjepropetrowsk 50/51 Q 7
Dno 50/51 NO 3
Döbeln 24/25 I 1
Dobno 50/51 L 6
Döbraberg 24/25 G 2
Dobrič 64/65 G 4
Dobrudscha 64/65 G 4/H 3
Dodoma 77/78 D 2
Doetinchem 22/23 B 4
Doha 74/75 I 3
Dokkum 22/23 AB 2
Dollart 22/23 C 2
Dolomiten 60/61 KL 2
Dombås 54/55 B 3
Dombasle 24/25 B 4
Dominica 108/109 GH 5, 122/123 HI 5
Dominikanische Republik 108/109 FG 5, 122/123 H 5
Dömitz 22/23 G 2
Don 85-87 D 5
Donau 36/37 G 4
Donaudelta 64/65 H 3
Donaueschingen 24/25 D 5
Donaumoos 24/25 G 4
Donauried 24/25 F 4
Donautiefland 36/37 G 4
Donauwörth 24/25 F 4
Donbass 85-87 C 5
Donegal Bay 56/57 C 4
Donezk 85-87 C 5
Donezplatte 36/37 HI 4
Dongfang 88/89 F 5
Dongguan 88/89 G 5
Dongola 74/75 G 4
Dongsha 88/89 G 4
Dongshuan 88/89 F 4
Dongting Hu 88/89 G 4
Donnerpass 108/109 A 3/B 2
Donnersberg 11 BC 4
Donniederung 36/37 I 3/4
Donon 24/25 C 4

Dordogne 56/57 H 9
Dornbirn 24/25 E 5
Dornburg 24/25 G 1
Dorsten 22/23 B 4
Dortmund 22/23 C 4
Dortmund-Ems-Kanal 22/23 C 3
Dosse 22/23 H 2
Douai 56/57 I 6
Douala 74/75 D 5
Doubs 56/57 K 8
Dougga 60/61 J 7
Douglas 56/57 E 4
Douro (Duero) 60/61 AB 5
Dover; Stadt in den USA 108/109 F 3
Dover; Stadt in Großbritannien 56/57 H 6
Dovrefjell 54/55 B 3
Dowsk 50/51 O 5
Draa, Hamada des 74/75 C 3
Drachten 22/23 B 2
Drage 22/23 K 2
Drageheide 22/23 K 2
Drakensberge 77/78 C 5/D 4
Drakestraße 119.2 D 36/1
Drammen 54/55 C 4
Drangajökull 54/55 A 1
Drau 60/61 N 3
Drawehn 22/23 F 3
Drei Gleichen 24/25 F 2
Drente 22/23 B 3
Dresden 24/25 I 1
Dresden, Regierungsbezirk 10 E 3
Driburg, Bad 22/23 E 4
Drin 64/65 D 4
Drina 64/65 C 3
Drömling 22/23 FG 3
Drygalsky-Insel 119.2 C 16
Dschambul 85-87 G 5
Dschankoi 64/65 K 3
Dscheskasgan 85-87 F 5
Dschibchalanta (Uliassutai) 85-87 I 5
Dschibuti; Stadt 74/75 H 4
Dschibuti; Staat 74/75 H 4, 122/123 O 6
Dschirchalanta (Kobdo) 85-87 I 5
Dschugdschurgebirge 85-87 MN 4
Dsungarei 88/89 D 2
Dsungarische Pforte 88/89 D 2
Dsungarischer Alatau 85-87 GH 5
Dubai 74/75 I 3
Dubawntsee 106/107 IJ 3
Dubbo 96/97 E 4
Dübener Heide 22/23 H 4
Dublin (Baile Atha Cliath) 56/57 D 5
Dubosari 64/65 H 2
Dubosari, Stausee von 64/65 H 2
Dubrovnik 60/61 O 4
Ducie-Insel 126/127 R 8
Dudelange 24/25 B 3
Duderstadt 22/23 F 4
Dudinka 85-87 H 3
Duero (Douro) 60/61 AB 5
Dugl Otok 60/61 M 3/4
Duisburg 22/23 B 4
Dukou 88/89 F 4
Dülmen 22/23 C 4
Duluth 108/109 D 2
Dumai 92/93 C 3
Dümmer 22/23 D 3
Dumont d'Urville 119.2 C 20
Dün 22/23 F 4
Düna 50/51 L 3
Dünaburg (Daugavpils) 54/55 F 4
Dunaújváros 64/65 C 2
Duncansby Head 56/57 FG 2
Dundalk 56/57 D 4
Dundee 56/57 F 3
Dunedin 96/97 H 5
Dungau 24/25 H 4
Dunkerque (Dünkirchen) 56/57 I 6
Dünkirchen (Dunkerque) 56/57 I 6
Dünsberg 24/25 D 2
Duppauer Gebirge 24/25 I 2
Durance 56/57 J 9/10
Durango 108/109 C 4

Durban 77/78 D 4
Düren 22/23 B 5
Durgapur 88/89 D 4
Durham 108/109 F 3
Durmitor 64/65 C 4
Durrës 64/65 C 5
Duschanbe 85-87 F 6
Düsseldorf 22/23 B 4
Düsseldorf, Regierungsbezirk 10 B 3
Dutch Harbor 106/107 C 4
Duyun 88/89 F 4
Dwina, Nördliche 38/39 I 2
Dyrhólaey 54/55 B 2
Džbán 24/25 I 2

E

Eastern Cape 77/78 C 5
East London 77/78 C 5
Ebbe 11 B 3
Ebene von Teheran 36/37 IJ 5
Ebensee 24/25 I 5
Eberbach 24/25 DE 3
Ebermannstadt 24/25 G 3
Ebern 24/25 F 2
Ebersbach 22/23 J 4
Ebersberg 24/25 G 4
Eberswalde-Finow 22/23 I 3
Ebinur Hu 88/89 D 2
Ebro 60/61 F 5
Ebrobecken 36/37 DE 4
Echo Bay 106/107 H 3
Eckernförde 22/23 E 1
Eckernförder Bucht 22/23 EF 1
Ecuador 116/117 B 3, 122/123 G 7
Ede 22/23 A 3
Edéa 74/75 E 5
Edefors 54/55 E 2
Eder 22/23 E 4
Ederkopf 22/23 D 5
Eder-Stausee 22/23 DE 4
Edeyin Awbari 74/75 E 3
Edeyin Murzuq 74/75 E 3
Edinburgh 56/57 F 4
Edirne 64/65 G 5
Edith-Ronne-Land 119.2 A
Edmonton 106/107 H 4
Eduardsee 77/78 CD 2
Eduard-VII.-Halbinsel 119.2 B 27/28
Eemshaven 22/23 B 2
Efate 94 G 3
Eferding 24/25 J 4
Egedesminde (Ausiait) 106/107 N 3
Eger; Fluss 24/25 J 2
Eger (Cheb); Stadt in der Tschechischen Republik 11 E 3
Egerland 12 E 3
Egersund 54/55 B 4
Egge 22/23 D 4
Eggenfelden 24/25 H 4
Egilsstaðir 54/55 C 1
Eglab 74/75 C 3
Eğridirsee 64/65 I 6/7
Ehingen 24/25 E 4
Eichsfeld 22/23 F 4
Eichstätt 24/25 G 4
Eider 22/23 E 1
Eiderstedt 22/23 D 1
Eifel 24/25 BC 2
Eilenburg 24/25 H 1
Einbeck 22/23 E 4
Eindhoven 56/57 J 6
Einödriegel 24/25 HI 4
Eisenach 24/25 F 2
Eisenberg 24/25 G 2
Eisenerz 24/25 J 5
Eisenerzer Alpen 24/25 J 5
Eisenhüttenstadt 22/23 J 3
Eisenwurzen 24/25 JK 5
Eisernes Tor 64/65 E 3
Eisleben 22/23 G 4
Eismeerstraße 54/55 F 2
Ekibastus 85-87 G 4
El Aaiún 74/75 B 3
El Akhdar, Djebel 74/75 F 2

El Alamein 74/75 F 2
El Arab, Bahr 74/75 F 5
El Asnam 60/61 F 7
Elat 74/75 G 3
Elâzığ 64/65 M 6
Elba 60/61 K 4
Elbe 50/51 E 5
Elbe-Havel-Kanal 22/23 GH 3
Elbe-Lübeck-Kanal 22/23 F 2
Elbe-Seitenkanal 22/23 F 2
El-Bijad, Djebel 74/75 H 3
Elbing (Elbląg) 50/51 I 4
Elbistan 64/65 L 6
Elbląg (Elbing) 50/51 I 4
Elbrus 64/65 O 4
Elbsandsteingebirge 24/25 J 2
Elburs 74/75 HI 2
Elche 60/61 E 6
Elde 22/23 G 2
Elde-Müritz-Wasserstraße 22/23 G 2
Eldey 54/55 A 2
El Djebel, Bahr 74/75 F 5
El Dorado 108/109 D 3
Eldoret 77/78 D 1
Elephantinsel 119.2 CD 1
El Faiyum 74/75 G 3
El Fasher 74/75 F 4
El Ferrol 56/57 C 10
El Gezira 74/75 G 4
El Ghasal, Bahr 74/75 E 4
El Ghasal, Wadi 74/75 F 4
El Giza 70/71 H 4/5
El Goléa 74/75 D 2
Elgon 77/78 D 1
El Hamra, Hamada 74/75 E 2/3
El Hank 74/75 C 3
El Harudj el-Aswad 74/75 E 3
Elista 64/65 P 2
El Karnak 74/75 G 3
El Kharga 74/75 G 3
El Khenachich 74/75 C 3
Elko 108/109 B 2
Ellef-Ringnes-Insel 106/107 IJ 2
Ellesmereland 106/107 K 2/M 1
Ellice-Inseln 94 H 2
Ellingen 24/25 G 3
Ellsworthland 119.2 B 35-33
Ellsworth-Mountains 119.2 AB 33
Ellwangen 24/25 F 4
Elm 22/23 F 3
El-Mahella el-Kubra 74/75 G 2
El Milk, Wadi 74/75 FG 4
El Minia 74/75 G 3
Elmshorn 22/23 E 2
El Obeid 74/75 G 4
El Oued 74/75 D 2
El Paso 108/109 C 3
El Pico 116/117 D 4
El Salvador 108/109 DE 5, 122/123 F 6
Elsass 24/25 C 4/5
Elsässer Belchen 24/25 B 5
Elsfleth 22/23 D 2
Elstergebirge 24/25 H 2
Elster, Schwarze 22/23 I 4
Elster, Weiße 24/25 H 1
Elsterwerda 22/23 I 4
El Tigre 116/117 D 2
Eltz 24/25 C 2
Elverum 54/55 C 3
Elze 22/23 E 3
Emån 54/55 D 4
Emba 85-87 E 5
Embarcación 118 B 2
Emden 22/23 C 2
Emei Shan 88/89 F 4
Emi Koussi 74/75 E 3/4
Emmen 22/23 B 3
Emmendingen 24/25 C 4
Emmerich 22/23 B 4
Ems; Fluss 22/23 C 3
Ems, Bad 24/25 C 2
Emsdetten 22/23 C 3
Ems-Jade-Kanal 22/23 C 2
Emskanal 22/23 C 3
Emsland 22/23 C 2/3
Emumägi 54/55 F 4
Encarnación 118 C 2
Encounterbucht 96/97 D 4
Endako 106/107 G 4

Ende 92/93 E 4
Enderbyland 119.2 BC 11/12
Engels 85-87 D 4
England 56/57 F-H 5/6
En Nahud 74/75 F 4
Ennedi 74/75 F 4
Ennigerloh 22/23 D 4
Enns; Fluss 24/25 J 4
Enns; Stadt in Österreich 24/25 J 4
Enontekiö 54/55 E 2
Enschede 22/23 B 3
Ensenada 108/109 B 3
Entebbe 77/78 D 1
Entenbühl 24/25 H 3
Enugu 74/75 D 5
Enz 24/25 D 4
Epe 22/23 A 3
Ephesus 64/65 G 7
Epidauros 64/65 E 7
Epinal 24/25 B 4
Equatoria 74/75 FG 5
Erbach 24/25 DE 3
Erbeskopf 24/25 C 3
Erbisdorf, Brand- 24/25 I 2
Erciyas Daği 64/65 K 6
Erding 24/25 G 4
Erdi, Plateau von 74/75 F 4
Ereğli 64/65 I 5
Eremitage 24/25 G 3
Erenhot 88/89 G 2
Erft 24/25 B 1
Erftstadt 22/23 B 5
Erfurt 24/25 G 2
Erg Chech 74/75 C 3
Erg Iguidi 74/75 C 3
Erg Rebiana 74/75 EF 3
Ergun He 85-87 KL 4
Eriesee 108/109 EF 2
Eritrea 68/69 HI 6, 122/123 O 5/6
Eriwan (Jerewan) 85-87 D 5
Erkelenz 22/23 B 5
Erlangen 24/25 G 3
Erode 88/89 C 5
Er-Rif 60/61 CD 8
Er Roseires 74/75 G 4
Erzgebirge 24/25 HI 2
Erzincan 64/65 M 6
Erzurum 64/65 N 6
Esbjerg 54/55 B 4
Esbo (Espoo) 54/55 E 3
Esch 24/25 A 3
Eschwege 24/25 F 1
Eschweiler 22/23 B 5
Escuintlá 108/109 D 5
Esens 22/23 C 2
Esfahan (Isfahan) 74/75 I 2
Eskilstuna 54/55 D 4
Eskişehir 64/65 I 6
Esla 60/61 C 4
Esmeraldas 116/117 C 2
Espelkamp 22/23 D 3
Esperança; Forschungsstation 119.2 C 1
Esperance; Stadt in Australien 96/97 C 4
Espiritu Santo 94 G 3
Espoo (Esbo) 54/55 E 3
Esquel 118 A 4
Essaouira 74/75 C 2
Es Semara 74/75 B 3
Essen 22/23 BC 4
Essequibo 116/117 E 2
Esslingen 24/25 E 4
Estland 54/55 EF 4, 34/35 G 3
Estremadura 60/61 A 5/6
Etbaigebirge 68/69 HI 5
Etsch (Adige) 60/61 K 2
Ettal 24/25 G 5
Ettelbrück 24/25 B 3
Ettlingen 24/25 D 4
Euböa 64/65 EF 6
Eucla 96/97 C 4
Eucumbenesee 96/97 EF 4
Eugene 108/109 A 2
Eupen 24/25 B 2
Euphrat 74/75 H 2
Euphrat, Östlicher 64/65 NO 6
Euphrat-Tigris-Tiefland 68/69 I 4
Euphrat, Westlicher 64/65 M 6
Eureka 108/109 A 2
Europa 128/129 M-O 3
Europa-Insel 77/78 E 4

Europäisches Nordmeer 34/35 D-F 1, 36/37 D-F 2
Euskirchen 24/25 B 2
Eutin 22/23 F 1
Evansville 108/109 E 3
Everglades 108/109 E 4
Ewros 64/65 G 4
Extremadura 60/61 BC 6
Eyjafjord 54/55 B 1
Eyre-Halbinsel 96/97 D 4
Eyresee 96/97 D 3

F

Fada 74/75 F 4
Fairbanks 106/107 E 3
Fair Isle 56/57 G 2
Fakfak 92/93 F 4
Falkenau 24/25 H 2
Falkenberg 22/23 I 4
Falkenburg 22/23 KL 2
Falkensee 22/23 I 3
Falkenstein; Burg im Harz 22/23 G 4
Falkenstein; Burg im Elsass 24/25 C 4
Falkenstein; Stadt in Sachsen 24/25 H 2
Falklandinseln; Inseln 118 C 5
Falklandinseln; Autonomes Gebiet 122/123 HI 10
Fallingbostel 22/23 E 3
Falster 11 DE 1
Falun 54/55 D 3
Famagusta 64/65 J 8
Fanning 126/127 P 6
Fanningrücken 126/127 P 6
Farafra 74/75 F 3
Farah 88/89 B 3
Farasan-Inseln 74/75 H 4
Fargo 108/109 D 2
Faridabad 88/89 C 4
Faro 60/61 B 7
Färöer; Autonomes Gebiet 38/39 D 2, 34/35 D 2
Färöer; Inseln 102/103 V 3
Fårön 54/55 D 4
Farquharinseln 77/78 F 2
Farrukhabad 88/89 C 4
Fasanerie (in Fulda) 24/25 E 2
Fátima 60/61 A 6
Fauske 54/55 D 2
Faxabucht 54/55 A 2
Faya 74/75 E 4
Fdérik 74/75 B 3
Federsee 24/25 E 4
Fehmarn 22/23 FG 1
Fehmarnbelt 22/23 FG 1
Fehrbellin 22/23 H 3
Feijó 116/117 C 3
Feira de Santana 116/117 G 4
Fejø 22/23 G 1
Feldberg 24/25 C 5
Femø 22/23 G 1
Femundsee 54/55 C 3
Feodosija 64/65 K 3
Fergana 85-87 G 4
Fernandina 116/117 A 3
Fernando de Noronha 116/117 G 3
Fernando Póo (Bioko) 77/78 A 1
Ferrara 60/61 K 3
Ferro (Hierro) 74/75 B 3
Ferrol 60/61 A 4
Fès 74/75 C 2
Fethiye 64/65 H 7
Feuchtwangen 24/25 F 3
Feuerland 118 B 5
Feyzabad 88/89 C 3
Fezzan 74/75 E 3
Fianarantsoa 77/78 E 4
Fichtelberg 24/25 HI 2
Fichtelgebirge 24/25 G 2/H 3
Fidschi 94 H 3
Fidschi-Inseln 126/127 N 8
Figuig 74/75 C 2
Filchner 119.2 B 2
Filchner-Schelfeis 119.2 B 36/1
Fils 24/25 E 4

Finke 96/97 D 3
Finne 22/23 G 4
Finnischer Meerbusen 54/55 E 4/F 3
Finnische Seenplatte 36/37 G 2
Finnland 54/55 EF 3, 34/35 G 2
Finnmark 54/55 E 2/F 1
Finnsnes 54/55 D 2
Finow, Eberswalde- 22/23 I 3
Finsteraarhorn 50/51 CD 8
Finsterwalde 22/23 I 4
Firat (Westlicher Euphrat) 64/65 M 6
Firenze (Florenz) 60/61 K 4
Firozabad 88/89 C 4
Firth of Forth 56/57 F 3
Firth of Lorn 56/57 DE 3
Firth of Tay 56/57 FG 3
Fischerhalbinsel 54/55 G 2
Fish 77/78 B 4
Fishguard 56/57 E 6
Fittrisee 74/75 E 4
Fitzroy 96/97 C 2
Flamborough Head 56/57 H 4
Fläming 22/23 H 3-I 4
Flatey 54/55 A 1
Fleckenstein 24/25 C 3
Flekkefjord 54/55 B 4
Flensburg 22/23 E 1
Flensburger Förde 22/23 EF 1
Flevoland 22/23 A 3
Flinders 96/97 E 2
Flinderskette 94 D 5
Flindersriffe 96/97 E 2
Flin Flon 106/107 I 4
Flintinsel 126/127 P 7
Florencia 116/117 C 2
Florenz (Firenze) 60/61 K 4
Flores 92/93 E 4
Floressee 92/93 D 4
Florianópolis 118 D 2
Florida 108/109 E 4
Florida, Halbinsel 100/101 N 7
Floridastraße 108/109 EF 4
Florø 54/55 B 3
Fly 92/93 G 4
Föhr 22/23 D 1
Folda 54/55 C 2
Fontainebleau 56/57 I 7
Forbach 24/25 B 3
Forchheim 24/25 G 3
Forggensee 24/25 F 5
Forli 60/61 L 3
Formentera 60/61 F 6
Formosa; Stadt in Argentinien 118 C 2
Formosa; Insel 88/89 H 4
Formosastraße 88/89 GH 4
Forsayth 96/97 E 2
Forst (Zasieki); Stadt in Polen 22/23 J 4
Forst; Stadt in Brandenburg 22/23 J 4
Fort Albany 106/107 K 4
Fortaleza 116/117 G 3
Fort-de-France 108/109 G 5
Fort Frances 106/107 J 5
Fort Good Hope 106/107 G 3
Fort Hope 106/107 K 4
Fort Lauderdale 108/109 E 4
Fort Mc Murray 106/107 H 4
Fort Nelson 106/107 G 4
Fort Norman 106/107 G 3
Fort-Peck-Stausee 108/109 C 2
Fort Resolution 106/107 H 3
Fort Severn 106/107 K 4
Fort Simpson 106/107 G 3
Fort Smith 106/107 H 3
Fort Vermilion 106/107 H 4
Fort Wayne 108/109 E 2
Fort William 56/57 E 3
Fort Worth 108/109 D 3
Fort Yukon 106/107 E 3
Foshan 88/89 G 4
Foula 56/57 F 1
Fouta Djalon 74/75 B 4
Foxebecken 106/107 KL 3
Foxe, Halbinsel 106/107 L 3
Foxekanal 106/107 KL 3
Franceville 77/78 B 2
Francis-Case-Stausee 106/107 J 5
Francistown 77/78 C 4
Franken 12 D 4

Frankenberg 24/25 D 1
Frankenhöhe 24/25 F 3
Frankenwald 24/25 G 2
Frankfort 108/109 E 3
Frankfurt am Main 24/25 D 2
Frankfurt an der Oder (Słubice); Stadt in Polen 22/23 J 3
Frankfurt an der Oder; Stadt in Brandenburg 22/23 J 3
Fränkische Alb 24/25 F 4/G 3
Fränkische Rezat 24/25 F 3
Fränkische Saale 24/25 E 2
Fränkische Schweiz 24/25 G 3
Franklinstraße 106/107 J 2
Frankreich 56/57 G-J 8, 34/35 DE 4
Franzensbad 24/25 H 2
Französisch Guayana; Staat 113 D 2
Französisch Guayana; Verwaltungseinheit 112 D 2
Fraser 106/107 G 4
Fraserinsel 96/97 F 3
Fraserplateau 100/101 J 4
Frauenfeld 24/25 D 5
Frauenstein 24/25 I 2
Fredericia 54/55 B 4
Fredericton 106/107 M 5
Frederiksborg 54/55 C 4
Frederikshåb (Pâmiut) 106/107 O 3
Frederikshavn 54/55 C 4
Fredrikstad 54/55 C 4
Freeport 108/109 F 4
Freestate 77/78 C 4
Freetown 74/75 B 5
Freiberg 24/25 I 2
Freiberger Mulde 24/25 HI 1
Freiburg 24/25 C 4/5
Freiburg, Regierungsbezirk 10 BD 4
Freienwalde, Bad 22/23 J 3
Freilassing 24/25 H 5
Freising 24/25 G 4
Freistadt 24/25 J 4
Freital 24/25 I 1/2
Fresnillo 108/109 C 4
Fresno 108/109 B 3
Freudenstadt 24/25 D 4
Freystad 22/23 K 4
Freyung 24/25 I 4
Friedberg 24/25 D 2
Friedeberg 22/23 K 3
Friedland 24/25 K 2
Friedrichshafen 24/25 E 5
Friedrichstadt 22/23 E 1
Friesland 22/23 AB 2
Friesoythe 22/23 C 2
Frisches Haff 50/51 IJ 4
Fritzlar 24/25 E 1
Frobisher Bay 106/107 M 3
Frøya 54/55 B 3
Frykensee 54/55 C 4
Fuchskauten 24/25 CD 2
Fudschijama 88/89 I 3
Fuerteventura 74/75 B 3
Fuhse 22/23 F 3
Fukuoka 88/89 I 3
Fukushima 88/89 J 3
Fulda; Fluss 24/25 E 1
Fulda; Stadt in Hessen 24/25 E 2
Funchal 74/75 B 2
Fundy Bay 106/107 M 5
Fünen 12 D 1
Furnas-Stausee 116/117 F 5
Furneauxgruppe 96/97 E 4/5
Fürstenberg; Burg 22/23 E 4
Fürstenberg; Stadt in Brandenburg 22/23 I 2
Fürstenfeldbruck 24/25 G 4
Fürstenwalde 22/23 J 3
Fürstenzell 24/25 I 4
Fürth 24/25 F 3
Furth im Wald 24/25 H 3
Fury and Hecla-Straße 106/107 K 3
Fushun 88/89 H 2
Füssen 24/25 F 5
Füssing, Bad 24/25 I 4
Fuxin 88/89 H 2
Fuzhou 88/89 G 4

D

Gaalkacyo 74/75 H 5
Gabès 74/75 E 2
Gablonz 24/25 K 2
Gaborone 77/78 C 4
Gabun 77/78 B 1, 122/123 M 7
Gadebusch 22/23 G 2
Gafsa 60/61 J 8
Gaggenau 24/25 D 4
Gaildorf 24/25 E 3/4
Galápagosinseln 116/117 AB 3
Galápagosstufe 126/127 R 7/S 6
Galați 64/65 GH 3
Galdhøppiggen 54/55 B 3
Galicien 60/61 AB 4
Galite 60/61 J 7
Galizien 50/51 JK 7
Galle 88/89 D 6
Gállego 60/61 E 4
Galveston 108/109 D 4
Galway 56/57 C 5
Gambia; Fluss 74/75 B 4
Gambia; Staat 74/75 B 4, 122/123 K 6
Gambierinseln 126/127 Q 8
Gamiakarleby (Kokkola) 54/55 E 3
Gander 106/107 N 5
Gandersheim, Bad 22/23 F 4
Gandhinagar 88/89 C 4
Ganges 88/89 D 4
Gangestiefland 79/80 J 7
Gangtok 88/89 D 4
Ganzhou 88/89 G 4
Gao 74/75 D 4
Gardasee 60/61 K 3
Gardelegen 22/23 G 3
Garmisch-Partenkirchen 24/25 G 5
Garonne 56/57 H 10
Garoowe 74/75 H 5
Garoua 74/75 E 5
Garrysee 106/107 IJ 3
Gartz 22/23 J 2
Gary 106/107 K 5
Garyarsa 88/89 D 3
Garze 88/89 EF 3
Gascogne 56/57 GH 10
Gascoyne 96/97 B 3
Gatschina 54/55 G 4
Gauhati 88/89 E 4
Gauja 54/55 F 4
Gaula 54/55 C 3
Gaußberg 119.2 C 15
Gauteng 77/78 C 4
Gaxhun Nur 88/89 F 2
Gaya 88/89 D 4
Gaziantep 64/65 L 7
Gdansk (Danzig) 50/51 I 4
Gdingen (Gdynia) 50/51 I 4
Gdow 50/51 M 2
Gdynia (Gdingen) 50/51 I 4
Gebweiler 24/25 C 5
Gedaref 74/75 G 4
Gedern 24/25 E 2
Gediz 64/65 H 6
Gedser 22/23 G 1
Gedser Odde 22/23 H 1
Geelen 22/23 A 5
Geelong 96/97 E 4
Geesthacht 22/23 F 2
Geiersberg 24/25 E 3
Geirangerg 54/55 B 3
Geislingen 24/25 E 4
Gejiu 88/89 F 4
Gela 60/61 M 7
Gelber Fluss (Huang He) 88/89 G 3
Gelbes Meer 88/89 H 3
Gelderland 22/23 AB 3
Geldern 22/23 B 4
Geleen 24/25 A 2
Gelnhausen 24/25 E 2
Gelsenkirchen 22/23 C 4
Gemena 77/78 B 1
Gemünden 24/25 E 2
General Belgrano 119.2 B 3
General San Martin 119.2 C 36
General Santos 92/93 E 3
Genève (Genf) 50/51 C 8
Genf (Genève) 50/51 C 8
Genfer See 50/51 C 8

Genil 60/61 CD 7
Genk 24/25 A 2
Genova (Genua) 60/61 J 3
Gent 56/57 I 6
Genthin 22/23 H 3
Genua (Genova) 60/61 J 3
Geomagnetischer Pol (Antarktis) 119.2 B 18
Geomagnetischer Pol (Arktis) 119.1 B 3/4
Georgenfeld, Zinnwald- 24/25 I 2
Georgetown (Pinang); Stadt in Malaysia 92/93 C 3
Georgetown; Stadt in den USA 108/109 F 3
Georgetown; Stadt in Guyana 116/117 E 2
Georgian Bay 108/109 E 2
Georgien 85-87 D 5, 34/35 I 4
Georg-V.-Küste 119.2 C 21/22
Gera; Fluss 24/25 F 2
Gera; Stadt in Thüringen 24/25 H 2
Geraldton 96/97 B 3
Gérardmer 24/25 B 4
Geretsried 24/25 G 5
Gerlsdorfer Spitze 50/51 J 7
Germersheim 24/25 D 3
Germiston 77/78 C 4
Gerolstein 24/25 B 2
Gerolzhofen 24/25 F 3
Gerona 60/61 G 5
Gersfeld 24/25 E 2
Gesäuse 24/25 J 5
Geseke 22/23 D 4
Gesellschaftsinseln 126/127 P 8
Ghadamis 74/75 D 2/3
Ghana 74/75 C 5, 122/123 L 6
Ghardaïa 74/75 D 2
Ghat 74/75 E 3
Ghaziabad 88/89 C 4
Gibraltar 60/61 C 7, 34/35 D 5
Gibsonwüste 96/97 C 3
Gideälv 54/55 D 3
Giengen 24/25 F 4
Gießen 24/25 D 2
Gießen, Regierungsbezirk 10 C 3
Gifhorn 22/23 F 3
Giglio 60/61 K 4
Gijón 60/61 C 4
Gilawüste 108/109 B 3
Gilbertinseln 126/127 N 6/7
Giresun 64/65 M 5
Giromagny 24/25 B 5
Gironde 56/57 G 9
Gisborne 96/97 H 4
Gise (El Giza) 74/75 G 3
Gjandscha 85-87 D 5
Gjøvik 54/55 C 3
Gladbach, Bergisch- 22/23 C 5
Gladstone 96/97 F 3
Glåma 54/55 C 3
Glan 24/25 C 3
Glasgow 56/57 E 4
Glashütte 24/25 I 2
Glasow 85-87 E 4
Glauchau 24/25 H 2
Gleiwitz (Gliwice) 50/51 I 6
Glendalough 56/57 D 5
Glewe, Neustadt- 22/23 G 2
Glittertind 54/55 B 3
Gliwice (Gleiwitz) 50/51 I 6
Glomfjord 54/55 C 2
Glücksburg 22/23 E 1
Glückstadt 22/23 E 2
Gmünd 24/25 JK 4
Gmunden 24/25 I 5
Gnesen (Gniezno) 50/51 H 5
Gniezno (Gnesen) 50/51 H 5
Gobi 88/89 E-G 2
Gobi Altai 88/89 F 2
Göblberg 24/25 I 4
Goch 22/23 B 4
Godavari 88/89 D 5
Godhavn (Qeqertarssuaq) 106/107 N 3
Godthåb (Nuuk) 102/103 Q 3
Göhren 22/23 I 1
Goiânia 116/117 F 4
Gökçeada 64/65 FG 5
Gold Coast 96/97 F 3
Goldene Aue 22/23 FG 4
Golfe du Lion 56/57 IJ 10
Golfküstenebene 100/101 M 7/N 6

Golfstrom 128/129 HI 4
Golf von Aden 74/75 H 4
Golf von Alaska 106/107 E 4
Golf von Antalya 64/65 I 7
Golf von Aqaba 74/75 G 3
Golf von Bengalen 88/89 DE 5
Golf von Biscaya 56/57 D-F 9
Golf von Bone 92/93 E 4
Golf von Boothia
106/107 J 2/K 3
Golf von Cádiz 60/61 B 7
Golf von Cambay 88/89 C 4
Golf von Campeche
108/109 D 4
Golf von Darién 116/117 C 2
Golf von Genua 60/61 J 3/4
Golf von Guinea 70/71 E 7
Golf von Honduras 108/109 E 5
Golf von İskenderun 64/65 KL 7
Golf von Kalifornien
108/109 B 3/C 4
Golf von Korinth 64/65 E 6
Golf von Liaodong 88/89 H 2/3
Golf von Martaban 88/89 E 5
Golf von Mexiko 108/109 DE 4
Golf von Oman 74/75 IJ 3
Golf von Panama 108/109 F 6
Golf von Patras 64/65 D 6
Golf von Saint Malo 56/57 FG 7
Golf von Siam 92/93 C 2
Golf von Suez 74/75 G 3
Golf von Tarent 60/61 N 5
Golf von Tehuantepec
108/109 D 5
Golf von Tolo 92/93 E 4
Golf von Tomini 92/93 E 4
Golf von Tonking 88/89 F 4
Golf von Valencia 60/61 EF 6
Golf von Venezuela 116/117 C 1
Gollnow 22/23 J 2
Gollnower Heide 22/23 J 2
Golmud 88/89 E 3
Gomel 50/51 O 5
Gomera 74/75 B 3
Gonaïves 108/109 F 5
Gonder 74/75 G 4
Gondwana 119.2 C 23
Gongga 88/89 E 3
Goose Bay 106/107 M 4
Göppingen 24/25 E 4
Gorakhpur 88/89 D 4
Gore 74/75 G 5
Gorgan 74/75 I 2
Gori 64/65 P 4
Gorki 50/51 O 4
Gorkier Stausee 38/39 I 3
Gorleben 22/23 G 2
Görlitz; Stadt in Sachsen
24/25 J 1
Görlitz (Zgorzelec); Stadt in
Polen 24/25 K 1
Gorno-Altaisk 85-87 H 4
Goroka 92/93 G 4
Gorom-Gorom 74/75 C 4
Gorontalo 92/93 E 3
Goryn 50/51 M 6
Gorzów Wielkopolski (Lands-
berg) 22/23 K 3
Goslar 22/23 F 4
Götaälv 54/55 C 4
Götakanal 54/55 D 4
Götaland 54/55 CD 4
Göteborg 54/55 C 4
Gotha 24/25 F 2
Gotland 54/55 D 4
Göttingen 22/23 E 4
Gottorf 22/23 E 1
Goughinsel 70/71 D 12
Goulburn 96/97 E 4
Governador Valadares
116/117 F 4
Gowerla 64/65 F 1/2
Goya 118 C 2
Gozo 60/61 M 7
Graal-Müritz 22/23 H 1
Grabfeld 24/25 F 2
Grabow 22/23 G 2
Grafenau 24/25 I 4
Grafing 24/25 G 4
Grafton 96/97 F 3
Grahamland 119.2 C 36/1
Grampian Mountains
56/57 EF 3
Gran 50/51 I 7
Granada; Stadt in Spanien
60/61 D 7

Granada; Stadt in Nicaragua
108/109 E 5
Gran Canaria 74/75 B 3
Gran Chaco 118 B 2
Grand Bahama-Insel
108/109 F 4
Grand Bassam 74/75 C 5
Grand Canyon-Nationalpark
108/109 BC 3
Grande Chartreuse 56/57 J 9
Grande Comore (Ngazidja)
77/78 E 3
Grande Prairie 106/107 H 4
Grand Forks 108/109 D 2
Grand Island 108/109 D 2
Grand Rapids 108/109 E 2
Granitz 22/23 I 1
Gransee 22/23 I 2
Grantland 106/107 KL 1
Graslitz 24/25 H 2
Graudenz (Grudziadz) 50/51 I 5
Gravenstein 22/23 E 1
Graz 50/51 G 8
Great Abaco-Insel 108/109 F 4
Great Dividing Range
96/97 E 2/F 3
Great Falls 108/109 B 2
Great Inagua-Insel 108/109 F 4
Great Nicobar 92/93 B 3
Great Plains 100/101 K 4/L 6
Great Wall 119.2 C 1
Great Yarmouth 56/57 H 5
Green Bay 108/109 E 2
Green River 108/109 C 2/3
Greensboro 108/109 F 3
Greenville 108/109 D 3
Greenwich, London 56/57 GH 6
Greifenberg; Stadt in Nord-
west-Polen 22/23 K 2
Greifenhagen 22/23 J 2
Greiffenberg; Stadt in Südwest-
Polen 22/23 K 4
Greifswald 22/23 I 1
Greifswalder Bodden 22/23 I 1
Greifswalder Oie 22/23 IJ 1
Grein 24/25 J 4
Greiz 24/25 H 2
Grenå 54/55 C 4
Grenada
108/109 G 5, 122/123 H 6
Grenadinen,
Saint Vincent und die
108/109 GH 5, 122/123 HI 6
Grenen 54/55 C 4
Grenoble 56/57 J 9
Greven 22/23 C 3
Grevenbroich 22/23 B 4
Grevesmühlen 22/23 G 2
Greymouth 96/97 H 5
Griechenland
64/65 D-F 6, 34/35 G 5
Grieskirchen 24/25 I 4
Grimma 24/25 H 1
Grimmen 22/23 I 1
Grimsby 56/57 G 5
Grimsey 54/55 B 1
Grimsvötn 54/55 B 1
Gripsholm 54/55 D 4
Gröbming 24/25 I 5
Gröditz 24/25 I 1
Grodno 50/51 K 5
Grömitz 22/23 F 1
Gronau; Stadt in Nordrhein-
Westfalen 22/23 C 3
Gronau; Stadt in Niedersach-
sen 22/23 E 3
Grong 54/55 C 3
Groningen 22/23 B 2
Grönland; Insel 102/103 R 2/3
Grönland; Verwaltungseinheit
122/123 IJ 2
Grönlandsee 102/103 UV 2
Grønsund 22/23 H 1
Groote Eylandt 96/97 D 2
Grootfontein 77/78 B 3
Grosny 64/65 P 4
Großbritannien
56/57 G-I 4, 34/35 DE 3
Große Antillen 108/109 E 4/G 5
Große Arabische Wüste
74/75 H 4/I 3
Große Artesische Senke
94 DE 4
Große Australische Bucht
96/97 CD 4

Große Ebene 88/89 G 3
Große Karru 77/78 C 5
Große Lauter 24/25 E 4
Große Mauer 88/89 F 3
Große Mühl 24/25 I 4
Großenhain 24/25 I 1
Großer Arber 11 E 4
Großer Bärensee 106/107 GH 3
Großer Beerberg 24/25 F 2
Großer Belchen 24/25 BC 5
Großer Belt 54/55 C 4
Großer Erg, Östlicher
74/75 D 3/2
Großer Erg von Bilma 74/75 E 4
Großer Erg, Westlicher
74/75 C 3/D 2
Großer Feldberg 24/25 D 2
Großer Geysir 54/55 A 2
Großer Gleichberg 24/25 F 2
Großer Hinggan 88/89 G 2/H 1
Großer Inselsberg 24/25 F 2
Großer Kanal 88/89 G 3
Großer Lübbesee 22/23 K 2
Großer Peilstein 24/25 JK 4
Großer Plöner See 22/23 F 1
Großer Pölsenstein 24/25 J 5
Großer Priel 24/25 J 5
Großer Rachel 24/25 I 4
Großer Salzsee 108/109 B 2
Großer Sandsee 74/75 F 3
Großer Sklavensee 106/107 H 3
Großer Zab 64/65 O 7
Große Salzwüste 74/75 I 2
Große Sandwüste 96/97 C 3
Großes Artesisches Becken
96/97 DE 3
Großes Barriereriff 96/97 E 2/F 3
Großes Becken 108/109 B 3
Große Seen 128/129 F 3/G 4
Große Sunda-Inseln
128/129 TU 7
Große Syrte 74/75 E 2
Große Victoriawüste 96/97 CD 3
Groß-Gerau 24/25 D 3
Großglockner 11 E 5
Grotte von Lascaux 56/57 H 9
Grudziadz (Graudenz) 50/51 I 5
Grünberg (Zielona Góra)
22/23 K 4
Grund, Bad 22/23 F 4
Grundlsee 24/25 IJ 5
Guadalajara 108/109 C 4
Guadalcanal 96/97 FG 2
Guadalquivir 60/61 D 7
Guadalupe 108/109 B 4
Guadeloupe 108/109 GH 5
Guadiana 60/61 B 7
Guajará-Mirim 116/117 D 4
Guam; Insel 92/93 G 2
Guam; Autonomes Gebiet
122/123 V 6
Guanahani (Watlinginsel, San
Salvador) 102/103 OP 7
Guanajuato 108/109 C 4
Guangdong 92/93 D 1
Guangzhou (Kanton) 88/89 G 4
Guaninía 116/117 D 2
Guantánamo 108/109 F 4
Guaporé 116/117 D 4
Guarapuava 116/117 E 5
Guarda 60/61 B 5
Guatemala; Staat
108/109 E 5, 122/123 FG 5
Guatemala; Stadt 108/109 D 5
Guaviare 116/117 C 1
Guayanabecken 124/125 IJ 6/7
Guayana, Bergland von
116/117 DE 2
Guayaquil 116/117 BC 3
Guaymas 108/109 B 4
Guban 74/75 H 4
Guben (Gubin); Stadt in Polen
22/23 J 4
Guben; Stadt in Brandenburg
22/23 J 4
Gubin (Guben) 22/23 J 4
Gudbrandsdal 54/55 BC 3
Gudermes 64/65 Q 4
Guelma 60/61 I 7
Guernsey 56/57 F 7
Guilin 88/89 G 4
Guinea
74/75 B 4/C 5, 122/123 L 6
Guineabecken 124/125 L 6/7
Guinea-Bissau
74/75 B 4, 122/123 K 6

Guineaschwelle 124/125 LM 7
Guineastrom 128/129 KL 6
Guiyang (Kweiyang) 88/89 F 4
Gujarat 88/89 C 4
Gujranwala 88/89 C 3
Gulbarga 88/89 C 5
Guldborgsund 22/23 G 1
Gulian 88/89 H 1
Gulja (Yining) 88/89 D 2
Gullfoss 54/55 B 2
Gulstav 22/23 F 1
Gummersbach 22/23 C 4
Gümri 64/65 O 5
Gundelfingen 24/25 F 4
Gunnbjörnfjeld 106/107 PQ 3
Guntur 88/89 D 5
Günzburg 24/25 F 4
Gurbantünggüt, Wüste
88/89 D 2
Gurjew 36/37 J 4
Güstrow 22/23 H 2
Gütersloh 22/23 D 4
Gutland 24/25 AB 3
Guyana
116/117 E 2, 122/123 HI 6
Guyenne 56/57 GH 9
Gwadar 74/75 J 3
Gwalior 88/89 C 4
Gweru 77/78 C 3
Gydan, Halbinsel 85-87 GH 2
Györ 64/65 B 2
Gypsumville 106/107 J 4

H

Haapsalu 54/55 E 4
Haar, Die 22/23 D 4
Haardt 24/25 D 3
Haarlem 56/57 J 5
Hachinohe 88/89 J 2
Hadibu 74/75 I 4
Hadramaut 74/75 HI 4
Hadur Shuayb 74/75 H 4
Hagelberg 22/23 H 3
Hagen 22/23 C 4
Hagenau 24/25 C 4
Hagenow 22/23 G 2
Hagfors 54/55 C 3
Hagondange 24/25 B 3
Haidenaab 24/25 G 3
Haifa 74/75 G 2
Haikou 88/89 G 4/5
Ha'il 74/75 H 3
Hailar 88/89 G 2
Hailuoto 54/55 E 2
Hainan 88/89 FG 4
Hainanstraße 88/89 FG 4
Hainich 24/25 F 1
Haiphong 92/93 C 1
Hainleite 22/23 FG 4
Haisin 50/51 N 7
Haithabu 22/23 E 1
Haiti 108/109 F 5, 122/123 H 5
Hakodate 88/89 J 2
Halab (Aleppo) 74/75 G 2
Halberstadt 22/23 G 4
Halden 54/55 C 4
Haldensleben 22/23 G 3
Halifax 106/107 M 5
Halland 54/55 C 4
Halle; Stadt in Sachsen-Anhalt
22/23 G 4
Halle; Stadt in Nordrhein-West-
falen 22/23 D 4
Halle, Regierungsbezirk 10 C 3
Hallein 24/25 I 5
Hallertau 24/25 G 4
Halley 119.2 B 4
Halligen 22/23 D 1
Hallingdal 54/55 B 3
Halls Creek 96/97 C 2
Hallstatt 24/25 I 5
Hallstätter See 24/25 I 5
Halmahera 92/93 EF 3
Halmstad 54/55 C 4
Hälsingborg 54/55 C 4
Haltiatunturi 54/55 E 2
Hama 64/65 L 8

Hamada des Draa 74/75 C 3
Hamada el Hamra 74/75 E 2/3
Hamadan 74/75 H 2
Hamada von Tinghert
74/75 DE 3
Hamamatsu 88/89 I 3
Hamar 54/55 C 3
Hamburg; Stadt 22/23 EF 2
Hamburg; Bundesland 10 C 2
Hamburg-Bergedorf 22/23 F 2
Hämeenlinna 54/55 E 3
Hameln 22/23 E 3
Hämelschenburg 22/23 E 3
Hamersleykette 96/97 B 3
Hamhung 88/89 H 3
Hami 88/89 E 2
Hamilton; Stadt in Neuseeland
96/97 H 4
Hamilton; Stadt in Kanada
106/107 L 5
Hamilton Inlet 106/107 N 4
Hamm 22/23 C 4
Hammamet 60/61 K 7
Hammelburg 24/25 E 2
Hammerfest 54/55 E 1
Hanau 24/25 D 2
Handan 88/89 G 3
Hangö (Hanko) 54/55 E 4
Hangzhou (Hangtschou)
88/89 GH 3
Hanko (Hangö) 54/55 E 4
Hannover 22/23 E 3
Hannover, Regierungsbezirk
10 C 2
Hanoi 92/93 C 1
Haora 88/89 D 4
Haparanda 54/55 E 2
Harad 74/75 H 3
Harare 77/78 D 3
Harbin 88/89 H 2
Harburg 24/25 F 4
Hardangerfjord 54/55 B 3
Hardangerjøkul 54/55 B 3
Hardangervidda 54/55 B 3
Hardenberg 22/23 B 3
Harderwijk 22/23 A 3
Harer 74/75 H 5
Hargeysa 74/75 H 5
Harirud 88/89 B 3
Harjavalta 54/55 E 3
Härnösand 54/55 D 3
Harrisburg 108/109 F 2
Harstad 54/55 D 2
Hartford 108/109 F 2
Harwich 56/57 H 6
Harz 22/23 FG 4
Harzburg, Bad 22/23 F 4
Hasan Daği 64/65 K 6/7
Hase 22/23 C 3
Haskovo 64/65 F 5
Haslach 24/25 D 4
Haßberge 24/25 F 2
Haßfurt 24/25 F 2
Hassi-Messaoud 74/75 D 2
Hassi-R'Mel 74/75 D 2
Hastings 56/57 H 6
Hattusa 64/65 K 5
Haugesund 54/55 B 4
Haugstein 24/25 I 4
Haukivesi 54/55 F 3
Hausruck 24/25 I 4
Havanna (La Habana)
108/109 E 4
Havel 22/23 H 3
Havelberg 22/23 H 3
Havelland 22/23 H 3
Havre Saint-Pierre 106/107 M 4
Hawaii 126/127 P 5
Hawaii-Inseln 126/127 OP 5
Hawaiirücken 126/127 OP 5
Hayange 24/25 B 3
Hayden 108/109 B 3
Hay River 106/107 H 3
Heardinsel 128/129 Q 10
Hearst 106/107 K 5
Hebriden 38/39 D 3
Hebriden, Äußere 56/57 C 3/D 2
Hebriden, Innere 56/57 D 3/4
Hebriden, Neue 94 GH 3
Hecatestraße 106/107 F 4
Hechingen 24/25 D 4
Heddal 54/55 B 4
Hedjas 74/75 G 3
Hedschas 81/82 E 7
Heerenveen 22/23 A 3
Heerlen 22/23 A 5

Hefei 88/89 G 3
Hefshuizen 22/23 B 2
Hegang 88/89 I 2
Hegau 24/25 D 5
Heide 22/23 E 1
Heidelberg 24/25 D 3
Heidenheim 24/25 F 4
Heidenreichstein 24/25 K 4
Heihe 88/89 H 1
Heilbronn 24/25 E 3
Heiligenberg 24/25 E 5
Heiligenhafen 22/23 F 1
Heiligenstadt 24/25 F 1
Heilong Jiang (Amur)
    85-87 M 4
Heimaey 54/55 A 2
Heinsberg 22/23 B 4
Hekla 54/55 B 2
Heldburg 24/25 F 2
Helena 108/109 B 2
Helgoland 22/23 C 1
Helgoländer Bucht 22/23 CD 1
Hellberge 22/23 G 3
Hellweg 12 BC 3
Helmand 88/89 B 3
Helme 22/23 F 4
Helmstedt 22/23 FG 3
Helpter Berge 22/23 I 2
Helsingfors (Helsinki) 54/55 E 3
Helsingør 54/55 C 4
Helsinki (Helsingfors) 54/55 E 3
Hengduan Shan 88/89 E 3
Hengelo 22/23 B 3
Hengyang 88/89 G 4
Henneburg 24/25 E 3
Hennigsdorf 22/23 I 3
Henzada 88/89 E 5
Herat 88/89 B 3
Herborn 24/25 D 2
Herðubreið 54/55 B 1
Hereroland 77/78 BC 4
Herford 22/23 D 3
Heringen 24/25 F 2
Heringsdorf 22/23 J 2
Heri-Rud 74/75 J 2
Herisau 24/25 E 5
Hermannsburg 22/23 F 3
Hermannstadt (Sibiu) 64/65 F 3
Hermosillo 108/109 B 4
Herning 54/55 B 4
Herrenberg 24/25 D 4
Herrenchiemsee 24/25 H 5
Herrlisheim 24/25 C 4
Herrnhut 24/25 J 1
Hersbruck 24/25 G 3
Hersfeld, Bad 24/25 E 2
Herzberg; Stadt in Niedersach-
    sen 22/23 F 4
Herzberg; Stadt in Brandenburg
    22/23 I 4
Herzegowina, Bosnien-
    64/65 B 3/C 4
Herzogenaurach 24/25 F 3
Hesselberg 24/25 F 3
Hessen 24/25 DE 2, 10 C 3
Hessisches Bergland 11 C 3
Hettstedt 22/23 G 4
Hidalgo del Parral 108/109 C 4
Hiddensee 22/23 HI 1
Hieflau 24/25 J 5
Hierro (Ferro) 74/75 B 3
Highlands 56/57 EF 3
Hiiumaa (Dagö) 54/55 E 4
Hildburghausen 24/25 F 2
Hildesheim 22/23 E 3
Hilmend 74/75 J 2
Hils 22/23 E 4
Himalaya 88/89 C 3/E 4
Hims 74/75 G 2
Hindukusch 88/89 BC 3
Hindustan 88/89 CD 4
Hinggan, Großer 88/89 G 2/H 1
Hinggan, Kleiner 88/89 H 1/I 2
Hinnøy 54/55 D 2
Hirfanlıstausee 64/65 JK 6
Hiroshima 88/89 I 3
Hirsau 24/25 D 4
Hirschberg (Jelenia Góra);
    Stadt in Polen 50/51 G 6
Hirschberg; Stadt in der Tsche-
    chischen Republik 24/25 J 2
Hirschenstein 24/25 H 4
Hirthals 54/55 BC 4
Hispaniola 108/109 FG 5
Hitra 54/55 B 3
Hitzacker 22/23 G 2

Hjälmarsee 54/55 D 4
Hobart 96/97 E 5
Hoburgen 54/55 D 4
Hochebene der Schotts
    36/37 DE 5, 60/61 GH 8
Hochgolling 24/25 I 5
Ho Chi Minh (Saigon) 92/93 C 2
Hochkönig 24/25 HI 5
Hochland, Armenisches
    36/37 I 4/5
Hochland von Adamoua
    68/69 EF 7
Hochland von Asir 68/69 I 5/6
Hochland von Äthiopien
    68/69 H 6/I 7
Hochland von Bihé 77/78 B 3
Hochland von Dekkan 79/80 IJ 8
Hochland von Iran 68/69 I-K 4
Hochland von Mato Grosso
    116/117 E 4
Hochland von Mexiko
    108/109 C 4
Hochland von Tibet 79/80 J 6
Hochschwab 24/25 JK 5
Höchstadt 24/25 F 3
Hochveld 70/71 G 10
Hochwald 11 B 4
Hof 24/25 G 2
Hofgeismar 22/23 E 4
Höfn 54/55 B 2
Hofsjoküll 54/55 B 2
Hohe Acht 24/25 BC 2
Hohe Eifel 11 B 3
Hohenloher Ebene 24/25 EF 3
Hohenneuffen 24/25 E 4
Hohentwiel 24/25 D 5
Hohenwarte-Talsperre
    24/25 G 2
Hohenzieritz 22/23 HI 2
Hohenzollern 24/25 D 4
Hoher Atlas 74/75 C 2
Hoher Mechtin 22/23 FG 2
Hohes Venn 24/25 AB 2
Hohe Tatra 50/51 IJ 7
Hohe Tauern 11 E 5
Hohhot 88/89 G 2
Hohkönigsburg 24/25 C 4
Höhle von Koněprusy 24/25 IJ 3
Hohneck 24/25 BC 4
Hokkaido 88/89 IJ 2
Holguín 108/109 F 4
Holmsee 54/55 C 3
Holmsund 54/55 E 3
Holstebro 54/55 B 4
Holsteinische Schweiz 22/23 F 1
Holsteinsborg (Sisimiut)
    106/107 N 3
Holyhead 56/57 E 5
Holzminden 22/23 E 4
Homburg 24/25 C 3
Homburg, Bad 24/25 D 2
Homécourt 24/25 A 3
Homs (Hims) 64/65 L 8
Hondsrug 22/23 B 2/3
Honduras
    108/109 E 5, 122/123 G 5
Hønefoss 54/55 C 3
Hongkong (Xianggang)
    88/89 G 4
Hongshui He 88/89 F 4
Honiara 96/97 F 1
Honnef, Bad 24/25 C 2
Honningsvåg 54/55 F 1
Honolulu 126/127 P 5
Honshu 88/89 I 3
Hooge 22/23 D 1
Hoogeveen 22/23 B 3
Hoogezand-Sappemeer
    22/23 B 2
Hooverdamm 108/109 B 3
Horb 24/25 D 4
Horliwka 64/65 M 1
Horn 54/55 A 1
Hornavan 54/55 D 2
Horni Bříza 24/25 I 3
Hornisgrinde 24/25 D 4
Hörnli 24/25 D 5
Hořovice 24/25 I 3
Horsens 54/55 B 4
Houston 108/109 D 4
Hovd 88/89 E 2
Hövsgöl Nuur 85-87 IJ 4
Howlandinsel 126/127 O 6
Höxter 22/23 E 4
Hoy 56/57 F 2
Hoya 22/23 E 3

Høyanger 54/55 B 3
Hoyerswerda 22/23 J 4
Hradec Králové (Königsgrätz)
    50/51 G 6
Hřebeny 24/25 J 3
Hsian (Xian) 8 32 L
Hsikiang 81/82 M 7
Hsintschu 88/89 H 4
Huainan 88/89 G 3
Huallaga 116/117 C 3
Huambo 77/78 B 3
Huancayo 116/117 C 4
Huang He (Gelber Fluss)
    88/89 G 3
Huangshi 88/89 G 3
Huaráz 116/117 C 3
Huascarán 116/117 C 3
Hubertusburg 24/25 HI 1
Hubli-Dharwad 88/89 C 5
Hückelhoven 22/23 B 4
Huddersfield 56/57 G 5
Hude 22/23 D 2
Hudson 108/109 F 2
Hudson Bay 106/107 J 3/K 4
Hudsonstraße 106/107 LM 3
Hudsontiefland 100/101 MN 4
Hue 92/93 C 2
Huelva 60/61 B 7
Huesca 60/61 E 4
Hughenden 96/97 E 3
Hugoton 108/109 C 3
Huila 116/117 C 2
Hulin 88/89 I 2
Hull (Kingston upon Hull)
    56/57 G 5
Hulun Nur 88/89 G 2
Humber 56/57 H 5
Humboldtgletscher 106/107 M 2
Humboldtstrom 128/129 G 7/8
Hümmling 22/23 C 3
Húnabucht 54/55 A 1
Hunedoara 64/65 E 3
Hünfeld 24/25 E 2
Hungersteppe 85-87 FG 5
Hungschui 92/93 C 1
Hunjiang 88/89 H 2
Hunsrück 24/25 BC 3
Hunte 22/23 D 2
Huntington 108/109 E 3
Huntsville 108/109 E 3
Hurghada 74/75 G 3
Huronsee 108/109 E 2
Hürth 22/23 B 5
Húsavík 54/55 B 1
Husum 22/23 E 1
Hvannadalshnúkur 54/55 B 2
Hvar 60/61 N 4
Hverageröi 54/55 A 2
Hyargas Nuur 88/89 E 2
Hyderabad; Stadt in Indien
    88/89 C 5
Hyderabad; Stadt in Pakistan
    88/89 B 4
Hyvinkää 54/55 E 3

I

Iaşi 64/65 G 2
Ibadan 74/75 D 5
Ibagué 116/117 C 2
Ibarra 116/117 C 2
Ibb 74/75 H 4
Ibbenbüren 22/23 C 3
Iberische Halbinsel 38/39 D 4/5
Iberisches Becken 124/125 KL 4
Iberisches Randgebirge
    60/61 D 4/E 5
Ibiza; Insel 60/61 F 6
Ibiza; Stadt 60/61 F 6
Ica; Stadt in Chile 116/117 C 4
Içá; Fluss 116/117 D 3
Ida 64/65 F 8
Idaho Falls 108/109 B 2
Idar-Oberstein 24/25 C 3
Idarwald 11 B 4
Idlib 64/65 L 8
Idstein 24/25 D 2
Ife 74/75 D 5

Iforas, Adrar der 74/75 D 4
Igarka 85-87 H 3
Iguaçufälle 116/117 E 5
Iguatu 116/117 G 3
Iguidi, Erg 74/75 C 3
Ihna 22/23 J 2
Iijoki 54/55 F 2
Iisalmi 54/55 F 3
IJssel 12 B 2
IJsselmeer 56/57 J 5
Ikaria 64/65 FG 7
Ilebo 77/78 C 2
Ile de France 56/57 I 7
Iles d'Hyères 56/57 J 10
Îles Glorieuses 77/78 E 3
Ilesha 74/75 D 5
Ilha-Grande-Stausee
    116/117 E 5
Ilhéus 116/117 G 4
Ili 85-87 G 5
Ill 24/25 C 4
Iller 24/25 EF 4
Illertissen 24/25 F 4
Illiamna 106/107 D 3/4
Illigan 92/93 E 3
Illimani 116/117 D 4
Illinois 108/109 D 2/3
Ilm 24/25 G 1
Ilmenau; Fluss 22/23 F 2
Ilmenau; Stadt in Thüringen
    24/25 F 2
Ilmensee 54/55 G 4
Ilo 116/117 C 4
Iloilo 92/93 E 2
Ilomantsi 54/55 G 3
Ilorin 74/75 D 5
Ilsede 22/23 F 3
Ilulíssat (Jakobshavn)
    106/107 N 3
Ilz 24/25 I 4
Iman (Dalneretschensk)
    85-87 M 5
Imandrasee 54/55 G 2
Imatra 54/55 F 3
Imatrafälle 54/55 F 3
Immenstadt 24/25 F 5
Imperatorrücken 126/127 N 4
Imphal 88/89 E 4
Imst 24/25 F 5
Inari 54/55 F 2
Inarisee 54/55 F 2
Inchon 88/89 H 3
Indalsälv 54/55 D 3
Indianapolis 108/109 E 3
Indien 88/89 C 5/D 4,
    122/123 QR 5
Indigirka 85-87 N 3
Indisch-Antarktischer Rücken
    124/125 R 9/V 10
Indisch-Antarktisches Becken
    124/125 S-U 10
Indischer Ozean 96/97 B-E 5
Indischer Rücken, Östlicher
    124/125 O 9/Q 8
Indischer Rücken, Westlicher
    124/125 R 9-7
Indonesien
    92/93 C-F 4, 122/123 S-V 7
Indore 88/89 C 4
Indus 88/89 B 4
Industiefland 79/80 HI 7
Inforas, Adrar der 124/125 M 5
Ingermanland 54/55 FG 4
Ingólfshöfdi 54/55 B 2
Ingolstadt 22/23 G 4
Ingul 50/51 P 8
Ingulez 64/65 J 2
Inguschetien 34/35 I 4
Inhambane 77/78 D 4
Inn 12 E 4
Inneranatolien 64/65 I-K 6
Inneranatolische Hochfläche
    36/37 GH 5
Innere Hebriden 56/57 D 3/4
Innere Mongolei 88/89 FG 2
Innerpersisches Hochbecken
    68/69 J 4
Innerste 22/23 F 3
Innsbruck 24/25 I 4
Innviertel 24/25 I 4
In Salah 74/75 D 3
Insel Man 56/57 E 4, 34/35 D 3
Inta 85-87 EF 3
Inukjuak 106/107 L 4

Inuvik 106/107 F 3
Invercargill 96/97 G 5
Inverness 56/57 E 3
Inyangani 77/78 D 3
Ionische Inseln 64/65 C 6/D 7
Ionisches Meer 74/75 E 2
Ipf 24/25 F 4
Iphofen 24/25 F 3
Ipoh 92/93 C 3
Ipswich 56/57 H 5
Iqaluit 106/107 M 3
Iquique 118 A 2
Iquitos 116/117 C 3
Irak 74/75 H 2, 122/123 OP 4
Iraklion 64/65 F 8
Iran 74/75 I 2, 122/123 P 4
Iran, Hochland von 124/125 P 4/5
Iranshar 74/75 J 3
Irawadi 88/89 E 5
Irawadibecken 79/80 K 7/8
Irbid 74/75 G 2
Iriklinsker Stausee 85-87 EF 4
Iringa 77/78 D 2
Irische See 56/57 EF 5
Irkutsk 85-87 J 4
Irland 56/57 CD 5, 34/35 D 3
Iron Knob 96/97 D 4
Iron Range 96/97 E 2
Irtysch 85-87 F 4
Isabela; Stadt auf den
    Philippinen 92/93 E 3
Isabela; Insel 116/117 A 3
Ìsafjord 54/55 A 1
Ìsafjörður 54/55 A 1
Isar 24/25 H 4
Ischewsk 85-87 E 4
Ischia 60/61 L 5
Ischim; Fluss 85-87 F 4
Ischim; Stadt in Russland
    85-87 F 4
Ischimbai 85-87 E 4
Ischimsteppe 85-87 FG 4
Ischl, Bad 24/25 I 5
Iser 24/25 J 2
Isère 56/57 J 9
Isergebirge 22/23 K 5
Iserlohn 22/23 C 4
Isfahan (Esfahan) 74/75 I 2
Isiro 77/78 C 1
İskenderun 64/65 L 7
Isker 64/65 F 4
Isla de la Juventud (Isla de
    Pinos) 108/109 E 4
Isla de Pinos (Isla de la Juven-
    tud) 108/109 E 4
Islamabad 88/89 C 3
Island; Staat
    54/55 AB 1, 34/35 BC 2
Island; Insel 128/129 K 2
Islandbecken 124/125 K 3
Islas Los Roques 108/109 G 5
Islay 56/57 D 4
Ismajil 64/65 H 3
Isny 24/25 F 5
Isosyöte 54/55 F 2
İsparta 64/65 I 7
Israel 74/75 G 2, 122/123 O 4
Issykkul 85-87 G 5
İstanbul 64/65 H 5
Istrancagebirge 64/65 GH 5
Istrien 60/61 LM 3
Itaipústausee 116/117 E 5
Itaituba 116/117 E 3
Italien 60/61 LM 5, 34/35 F 4
Itanagar 88/89 E 4
Ith 22/23 E 3
Ithaka 64/65 D 6
Itschinskaja Sopka 85-87 O 4
Ittoqqortoormiit 102/103 T 2
Ituri 77/78 C 1
Iturup 85-87 N 5
Itz 24/25 F 2
Iultin 85-87 R 3
Ivalo 54/55 F 2
Ivalojoki 54/55 F 2
Ivigtut 106/107 O 3
Iwaki 88/89 J 3
Iwano-Frankiwsk 50/51 L 7
Iwanowo 85-87 L 5
Iwazewitschi 50/51 L 5
Iwdel 85-87 F 3
İzmir 64/65 G 6
İzmit 64/65 H 5
İzniksee 64/65 H 5

J

Jabalpur 88/89 C 4
Jablonowygebirge 85-87 JK 4
Jabotão 116/117 G 3
Jáchal 118 B 3
Jackson 108/109 D 3
Jacksonville 108/109 E 3
Jacobabad 88/89 B 4
Jade 22/23 D 2
Jadebusen 22/23 D 2
Jaén 60/61 D 7
Jaffa, Tel Aviv- 74/75 G 2
Jaffna 88/89 CD 6
Jagst 24/25 E 3
Jaipur 88/89 C 4
Jakarta 92/93 C 4
Jakeshi 85-87 L 5
Jakobshavn (Ilulíssat) 106/107 N 3
Jakobstad (Pietarsaari) 54/55 E 3
Jakutsk 85-87 L 3
Jalapa Enríquez 108/109 D 5
Jalgaon 88/89 C 4
Jalpuchsee 64/65 H 3
Jalta 64/65 K 3
Jamaika; Staat 108/109 F 5, 122/123 G 5
Jamaika; Insel 124/125 G 5
Jamal, Halbinsel 85-87 FG 2
Jambi 92/93 C 4
Jambol 64/65 G 4
James 108/109 D 2
James Bay 106/107 KL 4
Jammerbucht 54/55 B 4
Jammu 88/89 C 3
Jamnagar 88/89 C 4
Jämsä 54/55 F 3
Jamshedpur 88/89 D 4
Jämtland 54/55 CD 3
Jamunder See 22/23 KL 1
Jana 85-87 M 3
Jangtse-Durchbruch 88/89 FG 3
Jangtsekiang (Chang Jiang) 88/89 G 3/4
Jangtsekiang (Jinsha Jiang) 88/89 E 4/5
Jangtsekiang (Tongtian He) 88/89 E 3
Jan Mayen 102/103 V 2
Japan 88/89 IJ 3, 122/123 V 4
Japangraben 126/127 L 4
Japanisches Meer 88/89 I 2/3
Japurá 116/117 D 3
Jari; Berg 88/89 I 3
Jari; Fluss 116/117 E 2
Jarmen 22/23 I 2
Jarny 24/25 A 3
Jaroslawl 50/51 S 3
Jarvisinsel 126/127 P 7
Jaselda 50/51 L 5
Jasper 106/107 H 4
Jasper-Nationalpark 106/107 H 4
Jaunde (Yaoundé) 74/75 E 5
Java 92/93 CD 4
Javasee 92/93 CD 4
Jawhar 77/78 E 1
Jayapura 92/93 G 4
Jeetzel 22/23 G 2/3
Jefferson City 108/109 D 3
Jegorluk 64/65 N 2
Jeisk 64/65 M 2
Jeja 64/65 M 2
Jekaterinburg 85-87 F 4
Jelenia Góra (Hirschberg) 50/51 G 6
Jelgava 54/55 E 4
Jemen 74/75 HI 4, 122/123 P 5/6
Jena 24/25 G 2
Jenbach 24/25 G 5
Jenissei 85-87 GH 2
Jenisseisk 85-87 I 4
Jerewan (Eriwan) 64/65 P 5
Jerez de la Frontera 60/61 B 7
Jergenihügel 64/65 O 2/P 3
Jersey 56/57 F 7
Jerusalem 74/75 G 2
Jeschken 24/25 JK 2
Jessen 22/23 H 4
Jessil 85-87 F 4
Jever 22/23 C 2
Jezercë 64/65 CD 4

Jhansi 88/89 C 4
Jiamusi 88/89 I 2
Ji'an 88/89 G 4
Jiazuo 88/89 G 3
Jičin 24/25 K 2
Jiddah 74/75 G 3
Jilin 88/89 H 2
Jima 74/75 G 5
Jinan 88/89 G 3
Jingdezhen 88/89 G 4
Jinhua 88/89 G 4
Jining 88/89 G 2
Jinja 77/78 D 1
Jinotega 108/109 E 5
Jinsha Jiang (Jangtsekiang) 88/89 E 4/5
Jinzhou 88/89 H 2
Jiu 64/65 E 3
Jiujiang 88/89 G 4
Jiwa-Oasen 74/75 I 3
Jixi (Tschihsi) 88/89 I 2
Jizan 74/75 H 4
João Pessoa 116/117 G 3
Jodhpur 88/89 C 4
Jœuf 24/25 B 3
Joensuu 54/55 F 3
Johannesburg 77/78 C 4
Johanngeorgenstadt 24/25 H 2
Johnstoninsel 126/127 O 5
Johor Baharu 92/93 C 4
Joinville 118 D 2
Jokkmokk 54/55 D 2
Jökulsá á Fjöllum 54/55 B 1
Jolo-Insel 92/93 E 3
Jonessund 106/107 K 2
Jönköping 54/55 C 4
Jordanien 74/75 G 2, 122/123 O 4
Jos 74/75 D 5
Joschkar-Ola 85-87 D 4
Joseph-Bonaparte-Golf 96/97 C 2
Josplateau 68/69 EF 7
Jostedalsbre 54/55 B 3
Jotunheim 54/55 B 3
Juan de Fuca-Straße 106/107 G 5
Juan de Nova 77/78 E 3
Juan-Fernández-Inseln 113 AB 6
Juárez 108/109 C 3
Juàzeiro 116/117 F 3
Juba 74/75 G 5
Jubany 119.2 C 1
Júcar 60/61 E 6
Judenburg 24/25 J 5
Jugoslawien 64/65 C 3-D 4, 34/35 FG 4
Juist 22/23 B 2
Juiz de Fora 116/117 F 5
Jujuy 118 D 2
Jükiang 92/93 C 1
Julianehåb (Qaqortoq) 106/107 O 3
Jülich 22/23 B 5
Jülicher Börde 12 B 3
Jullundur 88/89 C 3
Junagadh 88/89 C 4
Jundiaí 116/117 F 5
Juneau 106/107 F 4
Jungbunzlau (Mladá Boleslav) 24/25 J 2
Jungferninseln; Inseln 108/109 G 5
Jungferninseln; Autonomes Gebiet 122/123 HI 5
Jur 74/75 F 5
Jura; Gebirge 50/51 BC 8
Jura; Insel 56/57 DE 3
Jurmala 54/55 E 4
Juruá 116/117 D 3
Juruena 116/117 E 4
Juschkosero 54/55 G 3
Jussey 24/25 A 5
Jüterbog 22/23 I 4
Jütland 54/55 B 4
Jyväskylä 54/55 F 3

K

K2 (Chogori) 88/89 C 3
Kaaden 24/25 I 2
Kabadino-Balkarien 34/35 I 4
Kabalo 77/78 C 2
Kabinda 77/78 C 2
Kabul 88/89 B 3
Kabwe 77/78 C 3
Kachiwka 50/51 P 8
Kachiwkaer Stausee 64/65 K 2
Kaçkar Dağin 64/65 N 5
Kadoma 77/78 C 3
Kadugli 74/75 F 4
Kaduna 74/75 D 4
Kaedi 74/75 B 4
Kafue 77/78 C 3
Kagera 77/78 D 2
Kagoshima 88/89 I 3
Kahler Asten 22/23 D 4
Kahramanmaraș 64/65 L 7
Kaifeng 88/89 G 3
Kai-Inseln 92/93 F 4
Kainji-Stausee 74/75 D 4
Kainuunselkä 54/55 F 2/3
Kairo (El Qahira) 74/75 G 2/3
Kairouan 60/61 K 8
Kaisergebirge 24/25 H 5
Kaiserslautern 24/25 C 3
Kaiserstuhl 24/25 C 4
Kaiserwald 24/25 H 2
Kaituma 116/117 E 2
Kajaani 54/55 F 3
Kakinada 88/89 D 5
Kalabrien 60/61 N 6
Kalahari 77/78 C 4
Kalaharibecken 68/69 G 9/10
Kalamata 64/65 E 7
Kalansho Sandwüste 74/75 F 3
Kalansho, Serir 74/75 F 3
Kalat 88/89 B 4
Kalatsch 64/65 O 1
Kalaus 64/65 O 3
Kaledonischer Kanal 56/57 E 3
Kalemie 77/78 C 2
Kalewala 54/55 G 2
Kalgoorlie 96/97 C 4
Kalifornisches Längstal 100/101 J 5/K 6
Kalimantan (Borneo) 92/93 D 3/4
Kaliningrad (Königsberg) 50/51 J 4
Kalisch (Kalisz) 50/51 I 6
Kalisz (Kalisch) 50/51 I 6
Kalix 54/55 E 2
Kalixälv 54/55 E 2
Kalkutta 88/89 D 4
Kallavesi 54/55 F 3
Kallies 22/23 K 2
Kallsee 54/55 C 3
Kalmar 54/55 D 4
Kalmarsund 54/55 D 4
Kalmit 11 C 4
Kalmückensteppe 64/65 PQ 2
Kalmykien 64/65 I 4
Kaluga 50/51 R 4
Kalyan 81/82 I 8
Kama 85-87 E 4
Kamaran-Inseln 74/75 H 4
Kama-Stausee 38/39 J 3
Kambalda 96/97 C 4
Kambodscha 92/93 C 2, 122/123 ST 6
Kamen-na-Obi 85-87 H 4
Kamensk-Schachtinski 64/65 N 1
Kamensk-Uralski 85-87 F 4
Kamenz 24/25 J 1
Kamerun 74/75 DE 5, 122/123 M 6
Kamerunberg 74/75 D 5
Kamina 77/78 C 2
Kamjanez Podilski 50/51 M 7
Kamloops 106/107 G 4
Kamp 24/25 K 4
Kampala 77/78 D 1
Kampanien 60/61 M 5
Kampen 22/23 A 3
Kamtschatka, Halbinsel 85-87 P 4
Kanada 102/103 K-P 4, 122/123 E-H 3
Kanadischer Archipel 128/129 C-F 2

Kanadischer Schild 100/101 L 3/O 4
Kanadische Seenplatte 102/103 M-P 4
Kanal, Der (Ärmelkanal) 56/57 F 7/G 6
Kanalinseln 56/57 FG 7, 34/35 D 4
Kananga 77/78 C 2
Kanarenbecken 124/125 JK 5
Kanarenstrom 128/129 K 5
Kanarische Inseln 74/75 B 3
Kanazawa 88/89 I 3
Kanchipuram 88/89 C 5
Kandahar 81/82 H 6
Kandalakscha 54/55 G 2
Kandalakschabucht 54/55 G 2
Kandanhar 88/89 B 3
Kandel 24/25 CD 4
Kandla 88/89 C 4
Kandy 88/89 D 6
Kanem 74/75 E 4
Kangeaninseln 92/93 D 4
Känguruhinsel 96/97 D 4
Kaniapiskau 106/107 M 4
Kanin, Halbinsel 38/39 I 2
Kankan 74/75 C 4
Kano 74/75 D 4
Kanpur 88/89 D 4
Kansas City 108/109 D 3
Kansk 85-87 I 4
Kantabrisches Gebirge 60/61 B-D 4
Kanton (Guangzhou) 88/89 G 4
Kanye 77/78 C 4
Kaokoveld 77/78 B 3
Kaolack 74/75 B 4
Kap Adare 119.2 B 24
Kap Agulhas (Nadelkap) 77/78 C 5
Kap Anamur 64/65 J 8
Kap Andreas 64/65 K 8
Kap Arkona 22/23 I 1
Kap Arnauti 64/65 IJ 8
Kap Barrow 106/107 D 2
Kap Bathurst 106/107 G 2
Kap Batterbee 119.2 C 12
Kap Bauld 106/107 N 4
Kapbecken 124/125 M 9
Kap Blanc 60/61 J 7
Kap Bon 60/61 K 7
Kap Branco 116/117 G 3
Kap Breton 106/107 N 5
Kap Bugaron 60/61 I 7
Kap Byron 96/97 F 3
Kap Ca Mau 92/93 C 3
Kap Canaveral 102/103 NO 7
Kap Chidley 106/107 M 3
Kap Cod 108/109 G 2
Kap Colbeck 119.2 B 27
Kap Comorin 81/82 I 9
Kap Conception 108/109 A 3
Kap Corrientes 77/78 D 4
Kap Corse 56/57 L 10
Kap Creus 60/61 G 4
Kap d'Ambre 77/78 E 3
Kap Dart 119.2 B 30
Kap Delgado 77/78 E 3
Kap der Guten Hoffnung 77/78 B 5
Kap Deschnew 85-87 RS 3
Kap d'Urville 92/93 F 4
Kap Farvel (Ùmánarssuaq) 106/107 N 4
Kap Finisterre 60/61 A 4
Kap Flattery 108/109 A 2
Kap Frio 77/78 B 3
Kap Gallinas 116/117 C 1
Kap Gata 60/61 D 7
Kap Guardafui 74/75 I 4
Kap Hague 56/57 G 7
Kap Hatteras 108/109 F 3
Kap Hoorn 118 B 5
Kap Howe 96/97 F 4
Kap İnce 64/65 K 4
Kap Kaliakra 64/65 H 4
Kap Kamenjak 60/61 LM 3
Kap Kanin 85-87 D 3
Kap Konin 81/82 F 3
Kapland 70/71 FG 11
Kap Leeuwin 96/97 B 4
Kap Lithinon 64/65 F 8
Kaplitz 24/25 J 4
Kap Lopatka 85-87 O 4/5
Kap Lopez 77/78 A 2

Kap Matapan (Kap Tänaron) 64/65 E 7
Kap Mendocino 108/109 A 2/3
Kap Morris Jesup 102/103 P-S 1
Kap Nao 60/61 F 6
Kap Nawarin 85-87 QR 3
Kap Negrais 81/82 K 8
Kap Norvegia 119.2 B 4/5
Kap Oljutorski 85-87 Q 4
Kap Ortegal 60/61 AB 4
Kappadokien 64/65 K 6
Kap Palmas 74/75 C 5
Kap Pariñas 116/117 B 3
Kap Passero 60/61 M 7
Kappeln 22/23 E 1
Kap Poinsett 119.2 C 18
Kap Prince of Wales 106/107 BC 3
Kap Race 106/107 N 5
Kap Reinga 96/97 H 4
Kap Sable 106/107 M 5
Kap Sainte Marie 77/78 E 4
Kap San Diego 118 B 5
Kap San Lucas 108/109 B 4
Kap San Maria di Leuca 60/61 NO 6
Kap São Roque 116/117 G 3
Kap São Vicente 60/61 A 7
Kap Schelanija 85-87 FG 2
Kapschwelle 124/125 M 10/N 9
Kap Selatan 92/93 D 4
Kap Sideros 64/65 G 8
Kap Spartel 60/61 BC 8
Kapstadt 77/78 B 5
Kap Sunion 64/65 EF 7
Kap Tänaron (Kap Matapan) 64/65 E 7
Kap Tarchankut 64/65 IJ 3
Kap Teulada 60/61 J 6
Kap Tres Forcas 60/61 D 8
Kap Tres Puntas 118 B 4
Kaptschagai-Stausee 85-87 GH 5
Kap Tscheljuskin 85-87 JK 2
Kap Tscheljuskin-Observatorium 119.1 B 23
Kapuas 92/93 D 4
Kapuskasing 106/107 K 5
Kap Vals 92/93 F 4
Kap Verde; Kap 74/75 B 4
Kap Verde; Staat 122/123 K 5
Kap-Verde-Becken 124/125 JK 6
Kap-Verde-Schwelle 124/125 JK 5
Kapverdische Inseln 128/129 JK 5
Kap Wilson 96/97 E 4
Kap Wrath 56/57 E 2
Kap York 96/97 E 2
Kap-York-Halbinsel 96/97 E 2
Kara-Bogas-Gol 85-87 E 5
Karabük 64/65 J 5
Karacadağ 64/65 MN 7
Karachi 88/89 B 4
Karagandi 85-87 G 5
Karaginski-Insel 85-87 P 4
Karakayastausee 64/65 LM 6
Karakorum 88/89 C 3
Karakum 85-87 EF 6
Karakumkanal 74/75 J 2
Karaman 64/65 J 7
Karamay 88/89 D 2
Karasberg 77/78 B 4
Karasee 85-87 F-H 2
Karasjok 54/55 F 2
Karastraße 85-87 EF 2
Karasu (Westlicher Euphrat) 64/65 M 6
Karatau 85-87 G 5
Karatschajewo-Tscherkessien 34/35 I 4
Karbala 74/75 H 2
Karelien; Landschaft 54/55 FG 3
Karelien; Autonomes Gebiet 34/35 H 2
Kargarali 85-87 G 5
Karibasee 77/78 C 3
Karibisches Meer 108/109 EF 5
Karima 74/75 G 4
Karimatastraße 92/93 C 4
Karisimbi 77/78 C 2
Karkinitbucht 64/65 J 3
Karlovy Vary (Karlsbad) 24/25 H 2

Karlsbad (Karlovy Vary)
24/25 H 2
Karlshafen, Bad 22/23 E 4
Karlshamn 54/55 C 4
Karlskoga 54/55 C 4
Karlskrona 54/55 D 4
Karlsruhe 24/25 D 4
Karlsruhe, Regierungsbezirk
10 C 4
Karlstad 54/55 C 4
Karlstadt 24/25 E 3
Karlstein 24/25 J 3
Karmøy 54/55 AB 4
Karnal 88/89 C 4
Karolinen 128/129 VW 6
Karolinenbecken 126/127 LM 6
Karpaten 50/51 H-K 7
Karpathos 64/65 G 8
Kars 64/65 O 5
Karschi 85-87 F 6
Karst 60/61 LM 3
Karthago 60/61 K 7
Karwendelgebirge 24/25 G 5
Kasachensteppe 85-87 D 4/E 3
Kasachische Schwelle
79/80 H 4/I 5
Kasachstan
85-87 E-G 5, 122/123 P-R 3
Kasai; Landschaft 77/78 C 2
Kasai; Fluss 77/78 C 2
Kasan 85-87 D 4
Kasbek 64/65 P 4
Kaschgar (Kashi) 88/89 C 3
Kaschira 50/51 S 4
Kaschmir 88/89 C 3
Kashan 74/75 I 2
Kashi (Kaschgar) 88/89 C 3
Kaskadenkette 108/109 A 2
Kaskinen (Kaskö) 54/55 E 3
Kaskö (Kaskinen) 54/55 E 3
Kaspische Senke 85-87 DE 5
Kaspisches Meer 85-87 E 6/D 5
Kassala 74/75 G 4
Kassel 24/25 E 1
Kassel, Regierungsbezirk 10 C 3
Kastamonu 64/65 J 5
Kastellorizon 64/65 H 7
Kastilisches Scheidegebirge
60/61 B-D 5
Katalonien 60/61 F 5/G 4
Katanga (Shaba) 77/78 C 2
Katar 74/75 I 3, 122/123 P 5
Katarakt (1.bis 6.) 74/75 FG 3/4
Katarapass 64/65 D 6
Katherine; Stadt in Australien
96/97 D 2
Katherine; Fluss 96/97 D 2
Kathiawar, Halbinsel 81/82 HI 7
Kathmandu 88/89 D 4
Katowice (Kattowitz) 50/51 I 6
Katsina 74/75 D 4
Kattarasenke 74/75 F 2/3
Kattegat 54/55 C 4
Kattowitz (Katowice) 50/51 I 6
Katz 24/25 C 2
Katzenbuckel 24/25 E 3
Kauai 126/127 P 5
Kauar 74/75 E 4
Kaufbeuren 24/25 F 5
Kaukasien 38/39 HI 4
Kaukasus 85-87 D 5
Kaukasus, Kleiner 64/65 OP 5
Kaunas 54/55 E 5
Kautokeino 54/55 E 2
Kavieng 92/93 H 4
Kawala 64/65 F 5
Kayes 74/75 B 4
Kayseri 64/65 K 6
Kaz Daği 64/65 G 6
Kebanstausee 64/65 M 6
Kebnekajse 54/55 D 2
Kecskemét 64/65 C 2
Kédainiai 54/55 E 4
Keele Peak 106/107 F 3
Keelingbecken 124/125 S 7
Keetmanshoop 77/78 B 4
Kefa 74/75 G 5
Kefallinia 64/65 CD 6
Kefermarkt 24/25 J 4
Keflavík 54/55 A 2
Kehl 24/25 C 4
Keilberg 24/25 I 2
Keitele 54/55 F 3
Kelang 92/93 C 3
Kelheim 24/25 G 4
Kelkit 64/65 L 5

Keller 24/25 DE 2
Kelloselkä 54/55 F 2
Kelowna 106/107 H 5
Kem; Fluss 54/55 G 2
Kem; Stadt in Russland
54/55 G 3
Kemano 106/107 G 4
Kemerowo 85-87 H 4
Kemi 54/55 E 2
Kemijärvi 54/55 F 2
Kemijoki 54/55 F 2
Kemisee 54/55 F 2
Kempten 24/25 F 5
Kenai 106/107 D 3
Kenia; Berg 77/78 D 1
Kenia; Staat
77/78 D 1, 122/123 O 6
Kénitra 60/61 B 8
Keno Hill 106/107 F 3
Kenona 108/109 D 2
Kenora 106/107 J 5
Kentau 85-87 F 5
Kerbala 38/39 I 5
Kerch 74/75 G 1
Keretsee 54/55 G 2
Kerguelen 128/129 Q 10
Kerguelenrücken
124/125 Q 10/R 11
Kerinci 92/93 C 4
Kerkenna-Inseln 60/61 KL 8
Kerkira (Korfu) 64/65 C 6
Kerkrade 22/23 B 5
Kermadecgraben 126/127 O 8/9
Kermadecinseln 96/97 HI 4
Kerman 74/75 I 2
Kertsch 64/65 L 3
Kerulen 88/89 G 2
Kestenga 54/55 G 2
Ketchikan 106/107 F 4
Kevelaer 22/23 B 4
Khabur 64/65 N 8
Khaburstausee 64/65 N 7
Khaiber-Pass 88/89 C 3
Khamis Mushayd 74/75 H 4
Kharagpur 88/89 D 4
Khartoum 74/75 G 4
Khartoum North 74/75 G 4
Khashm el Girba 74/75 G 4
Khourigba 74/75 C 2
Khulna 88/89 D 4
Khunjerabpass 88/89 C 3
Kiantasee 54/55 F 3
Kidal 74/75 D 4
Kiel 22/23 F 1
Kielce 50/51 J 6
Kieler Bucht 22/23 F 1
Kieler Förde 22/23 F 1
Kieta 94 F 2
Kiew (Kiew) 50/51 O 6
Kiewer Stausee 50/51 NO 6
Kigali 77/78 D 2
Kigoma 77/78 C 2
Kiiw (Kiew) 34/35 H 3
Kikwit 77/78 B 2
Kildininsel 54/55 GH 2
Kilija-Arm (Donau) 64/65 H 3
Kilimandscharo 77/78 D 2
Kilkenny 56/57 D 5
Killarney 56/57 C 5
Kilpisjärvi 54/55 E 2
Kilung 88/89 H 4
Kimberley; Stadt in Südafrika
77/78 C 4
Kimberley; Landschaft 96/97 C 2
Kimberley; Stadt in Kanada
106/107 H 5
Kimberleyplateau 94 C 3
Kinabalu 92/93 D 3
Kindia 74/75 B 5
Kindu 77/78 C 2
Kinginsel 96/97 E 4
Kingisepp 54/55 E 4
Kingston 108/109 F 5
King Sejong 119.2 C 1
Kingston upon Hull (Hull)
56/57 G 5
Kingstown 108/109 G 5
Kingsund 96/97 C 2
King William-Insel 106/107 J 3
Kinnairds Head 56/57 G 3
Kinnekule 54/55 C 4
Kinshasa 77/78 B 2
Kintyre, Halbinsel 56/57 E 4
Kinyeti 74/75 G 5
Kinzig; Fluss im Schwarzwald
24/25 D 4

Kinzig; Fluss in Hessen
24/25 E 2
Kirchdorf 24/25 J 5
Kirchheim 24/25 E 4
Kirchheimbolanden 24/25 CD 3
Kirensk 85-87 J 4
Kirgisistan
85-87 G 5, 122/123 QR 4
Kiribati 94 H 1/2
Kırıkkale 64/65 J 6
Kirischi 54/55 G 2
Kirkenes 54/55 G 2
Kirkuk 64/65 P 8
Kirkwall 56/57 F 2
Kirn 24/25 C 3
Kirowohrad 50/51 P 7
Kirowsk 54/55 G 2
Kirrikale 74/75 G 2
Kırşehir 64/65 K 6
Kiruna 54/55 B 4
Kisangani 77/78 C 1
Kısılırmak 64/65 K 5
Kisil Kala 74/75 J 2
Kislowdosk 64/65 O 4
Kismaayo 77/78 E 2
Kisseljewsk 85-87 H 4
Kissingen, Bad 24/25 F 2
Kisumu 77/78 D 1/2
Kita-Kyushu 88/89 I 3
Kithira 64/65 E 7
Kitimat 106/107 G 4
Kitinen 54/55 F 2
Kitwe 77/78 C 3
Kitzbühel 24/25 H 5
Kitzbüheler Alpen
11 DE 5, 24/25 H 5
Kitzingen 24/25 F 3
Kivalo 54/55 F 2
Kivisee 54/55 E 3
Kivu 77/78 C 2
Kivusee 77/78 C 2
Kladno 24/25 H 2
Kladrau 24/25 HI 3
Klagenfurt 60/61 M 2
Klaipeda (Memel) 54/55 E 4
Klarälv 54/55 C 3
Klattau 24/25 I 3
Klausenburg (Cluj-Napoca)
64/65 E 2
Kleinasiatische Halbinsel
38/39 H 4/5
Kleine Antillen 108/109 G 5
Kleinen, Bad 22/23 G 2
Kleiner Belt 54/55 B 4
Kleiner Hinggan 88/89 H 1/I 2
Kleiner Kaukasus 64/65 OP 5
Kleiner Minch 56/57 D 3
Kleine Sunda-Inseln 92/93 DE 4
Kleine Syrte 77/78 E 2
Klerksdorp 77/78 C 4
Kleve 22/23 B 4
Klin 50/51 R 3
Klingenthal 24/25 H 2
Klinzy 50/51 P 5
Kljutschewskaja Sopka
85-87 OP 4
Klötze 22/23 G 3
Klützow 22/23 K 2
Knittelfeld 24/25 J 5
Knossos 64/65 F 8
Knoxküste 119.2 C 17
Knoxville 108/109 E 3
Knud-Rasmussen-Land
106/107 M 2/O 1
Knüll 24/25 E 2
Kobdo 81/82 K 5
Kobe 88/89 I 3
København (Kopenhagen)
54/55 C 4
Koblenz 24/25 C 2
Koblenz, Regierungsbezirk
10 B 4
Kochelsee 24/25 G 5
Kocher 24/25 E 3
Kochi; Stadt in Indien
88/89 C 5
Kochi; Stadt in Japan 88/89 I 3
Kodiak; Stadt in den USA
106/107 D 4
Kodiak; Insel 106/107 D 4
Kodok 74/75 G 5
Kohima 88/89 E 4
Kohlfurt 22/23 K 4
Kohtla-Järve 54/55 F 4
Koitere 54/55 G 3
Kokand 85-87 G 5

Kokemäenjoki 54/55 E 3
Kokenau 92/93 F 4
Kokkola (Gamlakarleby)
54/55 E 3
Kokořín 24/25 J 2
Kokosinsel; zu Costa Rica
116/117 B 2
Kokosinseln; zu Australien
128/129 S 7
Kokosschwelle 126/127 TU 6
Kokschetau 85-87 F 4
Kola 54/55 G 2
Kola, Halbinsel
85-87 C 3, 54/55 GH 2
Kolari 54/55 E 2
Kolbatz 22/23 J 2
Kolbeinsey 54/55 B 1
Kolberg (Kołobrzeg) 22/23 K 1
Kolchisebene 64/65 N 4/5
Kolding 54/55 B 4
Kolgujewinsel 85-87 D 2/3
Kolhapur 88/89 C 5
Koli 54/55 F 3
Kolín 24/25 K 2
Kolkata 88/89 D 5
Köln 22/23 B 5
Köln, Regierungsbezirk 10 B 3
Kołobrzeg (Kolberg) 22/23 K 1
Kolomna 50/51 S 4
Kolpaschewo 85-87 H 4
Kolyma 85-87 O 3
Kolymagebirge 85-87 OP 3
Komi 34/35 J 2
Kommandeurinseln 85-87 P 4
Komoren; Staat
77/78 E 3, 122/123 OP 7
Komoren; Inseln 128/129 OP 7
Komotau 24/25 I 2
Kompassberg 77/78 C 5
Kompong Som 92/93 C 2
Komsomolsk 85-87 M 4
Konakowo 50/51 R 3
Kondinskoje 85-87 F 4
Konduz 85-87 F 6
Koněprusy, Höhle von 24/25 IJ 3
Kongo 77/78 B 2
Kongo (Lualaba) 77/78 C 2
Kongobecken 68/69 F 7/G 8
Kongo, Demokratische Repu-
blik (Zaire)
77/78 BC 2, 122/123 N 7
Kongo, Republik
77/78 B 1/2, 122/123 M 7/N 6
Kongsberg 54/55 B 4
Kongsvinger 54/55 C 3
Kongur; See 81/82 I 6
Kongur; Berg 88/89 C 3
König-Christian-IX.-Land
106/107 P 3
König-Christian-X.-Land
106/107 PQ 2
König-Frederik-VI.-Land
106/107 O 3
Königgrätz (Hradec Králové)
50/51 G 6
Königin-Charlotte-Inseln
106/107 F 4
Königin-Charlotte-Straße
106/107 G 4
Königin-Elisabeth-Inseln
106/107 G 2/K 1
Königin-Mary-Küste 119.2 C 16
Königin-Maud-Land
119.2 B 6-10
Königsberg (Kaliningrad);
Stadt in Russland 50/51 J 4
Königsberg; Stadt in Polen
22/23 J 3
Königshofen, Bad 24/25 F 2
Königssee 24/25 I 5
Königswinter 24/25 C 2
Königs Wusterhausen 22/23 I 3
Könkämäälv 54/55 E 2
Konoscha 85-87 D 3
Konotop 50/51 P 6
Konschakowski Kamen
38/39 JK 3
Konstanz 24/25 E 5
Konya 64/65 J 7
Konz 24/25 B 3
Kopeisk 85-87 F 4
Kopenhagen (København)
54/55 C 4
Koper 60/61 L 3

Kopet-Dag 74/75 I 2
Korahe 74/75 H 5
Korallensee 96/97 FG 2
Koratplateau 79/80 L 8
Korbach 24/25 D 1
Korčula 60/61 N 4
Kordilleren (Anden) 113 B 2-7,
116/117 C 2/D 4, 118 A 4/B 1
Kordofan 74/75 FG 4
Korea, Halbinsel 124/125 U 4
Korea, Nord 81/82 O 5/6
Koreastraße 124/125 U 4
Korea, Süd 81/82 NO 6
Korf 85-87 P 3
Korfu (Kerkira) 64/65 C 6
Korhogo 74/75 C 5
Korinth 64/65 E 7
Korjakengebirge 85-87 PQ 3
Korla 88/89 D 2
Körlin 22/23 K 1
Köröglugebirge 64/65 I-K 5
Koromandelküste 81/82 J 8
Koror 92/93 F 3
Körös 64/65 D 2
Korosten 50/51 N 6
Korsika 56/57 KL 10
Korsør 54/55 C 4
Kos 64/65 G 7
Košice 50/51 J 7
Köslin (Koszalin) 50/51 H 4
Kosovo 64/65 D 4
Kossou-Stausee 74/75 C 5
Kostamukscha 54/55 G 3
Kostanai 85-87 F 4
Kosti 74/75 G 4
Kostiantiniwka 64/65 L 1
Kostroma 85-87 D 4
Koszalin (Köslin) 50/51 H 4
Kota 88/89 C 4
Kota Baharu 92/93 C 3
Kota Kinabalu 92/93 D 3
Kotelnikowo 64/65 O 2
Kotelny-Insel 85-87 MN 2
Köthen 22/23 G 4
Kotka 54/55 F 3
Kotlas 85-87 D 3
Kotor 64/65 C 4
Kotzebue 106/107 C 3
Kötzting 24/25 H 3
Koudougou 74/75 C 4
Koulikoro 74/75 C 4
Kourou 116/117 E 2
Kouvola 54/55 F 3
Kowda 54/55 G 2
Kowdor 54/55 G 2
Kowrow 85-87 D 4
Kozan 64/65 K 7
Kragujevac 64/65 D 3
Kraichgau 24/25 DE 3
Krakatau 92/93 C 4
Krakau (Kraków) 50/51 IJ 6
Krak des Chevaliers 64/65 KL 8
Krakow; Stadt in Mecklenburg-
Vorpommern 22/23 H 2
Kraków (Krakau); Stadt in Polen
50/51 IJ 6
Krakower See 22/23 H 2
Kra, Landenge von 88/89 E 5/6
Kralupy 24/25 J 2
Kramatorsk 64/65 L 1
Kramfors 54/55 D 3
Krasni Lutsch 64/65 M 1
Krasnodar 64/65 M 3
Krasnohrad 50/51 Q 7
Krasnojarsk 85-87 I 4
Krasnojarsker Stausee 85-87 I 4
Krasnowodsk 38/39 J 4
Krefeld 22/23 B 4
Kreiensen 22/23 E 4
Krementschuk 50/51 P 7
Krementschuker Stausee
50/51 P 7
Kremsmünster 24/25 J 4
Krenkel-Observatorium
119.1 A 28
Kreta 64/65 F 8
Kreuzberg 24/25 EF 2
Kreuznach, Bad 24/25 C 3
Kreuzpass 64/65 P 4
Kreuztal 22/23 C 5
Kribi 74/75 DE 5
Kriebstein 24/25 I 1
Krimgebirge 64/65 JK 3
Krim, Halbinsel 64/65 J 3

Krim-Republik 34/35 H 4
Krimsk 64/65 L 3
Krishna 88/89 C 5
Kristiansand 54/55 B 4
Kristianstad 54/55 C 4
Kristiansund 54/55 B 3
Kritschow 50/51 O 5
Kriwi Rih 50/51 P 8
Krk 60/61 M 3
Kroatien 60/61 M-O 3, 34/35 F 4
Kronach 24/25 G 2
Kronstadt (Brașov); Stadt in
  Rumänien 64/65 F 3
Kronstadt; Stadt in Russland
  54/55 F 3
Kropotkin 64/65 N 3
Krüger-Nationalpark 77/78 D 4
Krugersdorp 77/78 C 4
Krumau 24/25 J 4
Krumbach 24/25 F 4
Krung Thep (Bangkok)
  92/93 C 2
Krusau 22/23 E 1
Ksar-el-Kebir 60/61 C 8
Kuala Lumpur 92/93 C 3
Kuala Terengganu 92/93 C 3
Kuango 77/78 B 2
Kuantan 92/93 C 3
Kuba; Staat
  108/109 EF 4, 122/123 G 5
Kuba; Insel 128/129 G 5
Kuban 64/65 LM 3
Kubansteppe 64/65 M 2/3
Kubany 24/25 I 3
Kuching 92/93 D 3
Kues, Bernkastel- 24/25 C 3
Kühlungsborn 22/23 G 1
Kuhrudgebirge 74/75 I 2/3
Kuito 77/78 B 3
Kuitoseen 54/55 G 3
Kullen 54/55 C 4
Kulmbach 24/25 G 2
Kulundasteppe 85-87 GH 4
Kuma 64/65 P 3
Kumairi 64/65 O 5
Kumamoto 88/89 I 3
Kumasi 74/75 C 5
Kummerower See 22/23 HI 2
Kunashir 85-87 N 5
Kundil-Bazar 88/89 E 4
Kunghirot 85-87 E 5
Kungrad 88/89 A 2
Kunlun Shan 88/89 C-E 3
Kunming 88/89 F 4
Künzelsau 24/25 E 3
Kuonduz 88/89 B 3
Kuopio 54/55 F 3
Kupang 92/93 E 5
Kura 64/65 P 5
Kurdistan 64/65 N 6/P 7
Kuressaare 54/55 E 4
Kurgan 85-87 F 4
Kuria-Muria-Inseln 74/75 I 4
Kurilen 85-87 NO 5
Kurilen-Kamtschatka-Graben
  126/127 M 4/N 3
Kurisches Haff 54/55 E 4
Kurland 54/55 E 4
Kurnool 88/89 C 5
Kuro-Shio 128/129 U 5/W 4
Kursk 50/51 R 6
Kusbass 85-87 D 5
Kuschka 85-87 F 6
Kusel 24/25 C 3
Kushiro 88/89 J 2
Kuskokwim 106/107 CD 3
Kuskokwimberge 106/107 D 3
Kusmurin 85-87 F 4
Kuş-See 64/65 G 5
Küstengebirge 106/107 F 3/G 4
Küstenkanal 22/23 C 3
Küstenkette 108/109 A 2/3
Küstrin 22/23 J 3
Kütahya 64/65 H 6
Kutaissi 64/65 O 4
Kutná Hora 24/25 K 3
Kutum 74/75 F 4
Kuujjuaq 106/107 M 4
Kuujjuarapik 106/107 L 4
Kuusamo 54/55 F 2
Kuwait; Staat
  74/75 H 3, 122/123 P 5
Kuwait; Stadt 74/75 H 3
Kvænangen 54/55 E 1
Kvaløy (bei Hammerfest)
  54/55 E 1

Kvaløy (bei Tromsø) 54/55 D 2
Kwa 77/78 B 2
Kwangju 88/89 H 2/3
Kwanza 77/78 B 2/3
Kwazulu-Natal 77/78 CD 4
Kweijang (Guiyang) 88/89 F 4
Kwilu 77/78 B 2
Kyffhäuser 22/23 G 4
Kykladen 64/65 F 7
Kyll 24/25 B 2
Kyogasee 77/78 D 1
Kyoto 88/89 I 3
Kyritz 22/23 H 3
Kysyl 85-87 I
Kysylkum 85-87 F 5
Kysylorda 85-87 F 5
Kyushu 88/89 H 3
Kyushu-Palau-Rücken
  126/127 K 6/L 5

L

Laage 22/23 H 2
Laatzen 22/23 E 3
Laba 64/65 N 3
Labé 74/75 B 4
Labes 22/23 K 2
Laboe 22/23 F 1
Labradorbecken 124/125 IJ 3
Labrador City 106/107 M 4
Labrador, Halbinsel
  106/107 LM 4
Labradorsee 106/107 N 3/4
Labradorstrom 128/129 I 3
Lac Allard 106/107 M 4
La Ceiba 108/109 E 5
Lachlan 96/97 E 4
Läckö 54/55 C 4
La Coruña 60/61 A 4
Ladogasee 54/55 G 3
Lae 94 E 2
Læsø 54/55 C 4
Lagan 54/55 C 4
Lage 22/23 D 4
Lågen 54/55 BC 3
Laghouat 74/75 D 2
Lagos 74/75 D 5
Lagow 22/23 K 3
La Guaira 116/117 D 1
La Habana (Havanna)
  108/109 E 4
Lahn 24/25 C 2
Lahore 88/89 C 3
Lahr 24/25 C 4
Lahti 54/55 F 3
Lainsitz 24/25 J 4
Laisvall 54/55 D 2
Lakagígar 54/55 B 2
Lake Charles 108/109 D 3
Lake District 56/57 F 4
Lake Harbour 106/107 M 3
Lake of the Woods 106/107 J 5
Lakkadiven (Lakshadweep-
  inseln) 88/89 C 5
Lakkadivensee 81/82 I 9
Laksefjord 54/55 F 1
Lakselv 54/55 F 1
Lakshadweepinseln (Lakkadi-
  ven) 88/89 C 5
La Libertad 116/117 B 3
La Mancha 60/61 D 6
Lambaréné 77/78 B 2
Lambasa 94 H 3
Lambertgletscher
  119.2 B 13/14
Lamia 64/65 E 6
Lamotrek-Atoll 92/93 G 3
Lampang 92/93 B 2
Lampedusa 60/61 L 8
Lampertheim 24/25 D 3
Lancang Jiang (Mekong)
  88/89 E 4
Lancaster 56/57 F 4
Lancastersund 106/107 K 2
Landau; Stadt in Rheinland-
  Pfalz 24/25 D 3
Landau; Stadt in Bayern
  24/25 H 4
Landenge von Kra 92/93 B 2/3

Landenge von Tehuantepec
  100/101 M 8
Landes 56/57 G 9
Land Hadeln 22/23 D 2
Land Kehdingen 22/23 E 2
Landsberg (Gorzow Wielko-
  polski); Stadt in Polen
  22/23 K 3
Landsberg; Stadt in Bayern
  24/25 F 4
Landsberger Heide 22/23 JK 3
Land's End 56/57 DE 6
Landshut 24/25 H 4
Landskrona 54/55 C 4
Landstuhl 24/25 C 3
Langeland 12 D 1, 22/23 F 1
Langelandsbelt 22/23 F 1
Langen 24/25 D 3
Langenberg 22/23 D 4
Langenburg 24/25 EF 3
Langensalza, Bad 24/25 F 1
Langeoog 22/23 C 2
Langjökull 54/55 AB 2
Langøy 54/55 CD 2
Langres, Plateau de 56/57 J 8
Languedoc 56/57 I 10/J 9
Lanín 118 A 3
Lansing 108/109 E 6
Lanzarote 74/75 B 3
Lanzhou 88/89 F 3
Laoag 92/93 E 2
Lao Cai 92/93 C 1
Laoha He 88/89 H 2
La Oroya 116/117 C 4
La Palma 74/75 B 3
La Paz; Stadt in Mexiko
  108/109 B 4
La Paz; Stadt in Bolivien
  116/117 D 4
La Plata 118 C 3
La Plata-Tiefland 112 C 5/D 6
Lappasee 54/55 E 3
Lappeenranta 54/55 F 3
Lappland 54/55 D-F 2
Laptewsee 85-87 K-M 2
Laptewstraße 85-87 MN 2
L'Aquila 60/61 L 4
Laredo 108/109 D 4
La Rioja 118 B 2
Larisa 64/65 E 6
Larnaca 64/65 J 8
Larne 56/57 E 4
La Rochelle 56/57 G 8
La Romana 108/109 G 5
La Ronge 106/107 I 4
Larsen-Schelfeis 119.2 C 36
Larvik 54/55 C 4
La Sagra 60/61 D 7
Lascaux, Grotte von 56/57 H 9
La Serena 118 A 2
Las Heras 118 B 4
Lashio 88/89 E 4
Las Marismas 60/61 B 7
Las Palmas 74/75 B 3
La Spezia 60/61 J 3
Las Plumas 118 B 4
Lastovo 60/61 N 4
Las Vegas 108/109 B 3
Latium 60/61 K 4/L 5
Látrabjarg 54/55 A 1
Lattakia 64/65 K 8
Lauban 22/23 K 4
Lauchhammer 22/23 I 4
Lauenburg 22/23 F 2
Lauenstein 24/25 G 2
Lauf 24/25 G 3
Laufen; Stadt in Bayern
  24/25 H 5
Lauffen; Stadt in Baden-Würt-
  temberg 24/25 E 3
Laun 24/25 I 2
Laupheim 24/25 E 4
Lausanne 50/51 C 8
Lausche 24/25 J 2
Lausitzer Gebirge 24/25 J 2
Laut 92/93 D 4
Lauta 22/23 J 4
Lauterbach 24/25 E 2
Lauterberg, Bad 22/23 F 4
Lautoka 96/97 H 2
Lawrence 108/109 F 2
Lebach 24/25 B 3
Lecce 60/61 O 5

Lech 12 D 4
Lechfeld 24/25 F 4
Lechtaler Alpen 24/25 F 5
Le Creusot 56/57 J 8
Leda 22/23 C 2
Leeds 56/57 G 5
Leer 22/23 C 2
Leeuwarden 22/23 A 2
Lefkas 64/65 D 6
Lefkosia (Nikosia) 64/65 J 8
Legaspi 92/93 E 2
Legnica (Liegnitz) 50/51 H 6
Le Havre 56/57 H 7
Lehde 22/23 J 4
Lehnin 22/23 H 3
Lehrte 22/23 E 3
Leicester 56/57 G 5
Leigh Creek 96/97 D 4
Leikanger 54/55 B 3
Leine 22/23 E 3
Leipzig 24/25 H 1
Leipzig, Regierungsbezirk
  10 E 3
Leira 54/55 B 3
Leirvik 54/55 B 4
Leisnig 24/25 H 1
Leitmeritz 24/25 J 2
Le Mans 56/57 H 7/8
Lemberg (Lwiw); Stadt in der
  Ukraine 50/51 KL 7
Lemberg; Berg 24/25 D 4
Lemgo 22/23 D 3
Lena 85-87 L 3
Lenabecken 79/80 M-O 3
Lendery 54/55 G 3
Lengerich 22/23 C 3
Lenggries 24/25 G 5
Leninogorsk 85-87 H 4
Leninsk-Kusnezki 85-87 H 4
Lenne 22/23 D 4
Lennestadt 22/23 D 4
Lens 56/57 I 6
Lensk 85-87 K 3
Lenzburg 24/25 D 5
Leoben 24/25 K 5
León; Stadt in Spanien
  60/61 C 4
León; Landschaft 60/61 B 5/C 4
León; Stadt in Mexiko
  108/109 C 4
León; Stadt in Nicaragua
  108/109 E 5
Leonora 96/97 C 3
Lepel 50/51 N 4
Leptis Magna 74/75 E 2
Le Puy 56/57 I 9
Lérida 60/61 F 5
Lerwick 56/57 G 1
Lesbos 64/65 F 6
Leshan 88/89 F 4
Lesotho 77/78 C 4, 122/123 O 8
Lethbridge 106/107 H 5
Lethi-Inseln 92/93 E 4
Letica 116/117 CD 3
Letschin 22/23 J 3
Lettland 54/55 EF 4, 34/35 G 3
Leuchtenberg 24/25 H 3
Leuchtenburg 24/25 G 2
Leutkirch 24/25 F 5
Levanger 54/55 C 3
Leverkusen 22/23 BC 4
Lewis 56/57 D 2
Lexington 108/109 E 3
Leyte 92/93 E 2
Lgow 50/51 Q 6
Lhasa 88/89 E 4
Lianyungang 88/89 G 3
Liaodong, Golf von 88/89 H 2/3
Liaoyuan 88/89 H 2
Libanon 74/75 G 2, 122/123 O 4
Libau (Liepāja) 54/55 E 4
Liberec (Reichenberg) 12 F 3
Liberia 74/75 BC 5, 122/123 L 6
Libreville 77/78 A 1
Libyen 74/75 EF 3, 68/69 MN 5
Libysches Becken 68/69 G 5
Libysche Wüste 74/75 F 3
Lichinga 77/78 D 3
Lichtenfels 24/25 G 2
Lichtenstein 24/25 E 4
Lida 50/51 L 5
Liebenwerda, Bad 22/23 I 4
Liechtenstein
  11 CD 5, 34/35 EF 4
Liège (Lüttich) 56/57 J 6
Liegnitz (Legnica) 50/51 H 6

Lieksa 54/55 G 3
Liepāja (Libau) 54/55 E 4
Liestal 24/25 C 5
Liezen 24/25 J 5
Ligurisches Meer 60/61 J 4
Lihouriff 96/97 F 2
Likasi 77/78 C 3
Lille 56/57 I 6
Lili Marleen 119.2 B 23
Lillehammer 54/55 C 3
Lilongwe 77/78 D 3
Lima 116/117 C 4
Limassol 64/65 J 8
Limburg; Landschaft
  22/23 A 5/B 4
Limburg; Stadt in Hessen
  24/25 D 2
Limerick 56/57 C 5
Limfjord 54/55 B 4
Limmat 24/25 D 5
Limnos 64/65 F 6
Limoges 56/57 H 9
Limón 108/109 E 5
Limpopo 77/78 D 4
Limpopo-Sambesi-Tiefland
  68/69 H 9/10
Limposenke 68/69 GH 10
Linares 60/61 D 6
Lincoln 108/109 D 2
Lindau 24/25 E 5
Linden 116/117 E 2
Lindenberg 24/25 E 5
Linderhof 24/25 F 5
Lindesnes 54/55 B 4
Lindi 77/78 D 2
Line-Inseln 126/127 O 6/P 7
Lingen 22/23 C 3
Lingga-Inseln 92/93 C 4
Linguère 74/75 B 4
Linköping 54/55 D 4
Linyi 88/89 G 3
Linz 24/25 J 4
Liparische Inseln 60/61 M 6
Lipezk 85-87 C 4
Lippe 22/23 B 4
Lippehne 22/23 J 3
Lippen 24/25 J 4
Lippener Stausee 24/25 J 4
Lippspringe, Bad 22/23 D 4
Lippstadt 22/23 D 4
Lisboa (Lissabon) 60/61 A 6
Lissabon (Lisboa) 60/61 A 6
List 22/23 D 1
Litauen 54/55 EF 4, 34/35 G 3
Lithgow 96/97 E 4
Little Andaman 88/89 E 5
Little Rock 108/109 D 3
Litvinov 24/25 I 2
Liuzhou 88/89 F 4
Liverpool 56/57 F 5
Livingstonefälle 77/78 B 2
Livland 54/55 EF 4
Livorno 60/61 K 4
Livramento 118 C 3
Ljachowinseln 85-87 N 2
Ljuberzy 50/51 RS 4
Ljubljana 60/61 M 2
Ljudinowo 50/51 Q 5
Ljungan 54/55 D 3
Ljusnan 54/55 D 3
Llano Estacado 108/109 C 3
Llanos 128/129 P 6
Llanos de Mamoré 116/117 D 4
Llanos de Orinoco 113 BC 2
Löbau 24/25 J 1
Lobenstein 24/25 G 2
Lobito 77/78 B 3
Lobositz 24/25 J 2
Loccum 22/23 E 3
Loch Ness 56/57 E 3
Löcknitz 22/23 G 2
Łódź 50/51 I 6
Lofoten 54/55 C 2
Logone 74/75 E 5
Logroño 60/61 D 4
Lohme 22/23 I 1
Löhne 22/23 D 3
Lohr 24/25 E 2/3
Loire 56/57 G 8
Loja 116/117 C 3
Lokka-Stausee 54/55 F 2
Lolland 12 D 1
Lomami 77/78 C 2
Lombardei 60/61 JK 3
Lomblen 92/93 E 4
Lombok 92/93 D 4

Lomé 74/75 D 5
Lomont 24/25 B 5
Lomonosow 54/55 F 4
London; Stadt in Kanada
106/107 K 5
London; Stadt in Großbritanni-
en 56/57 G 6
Londonderry 56/57 D 4
Londrina 116/117 E 5
Longinsel 108/109 F 4
Longreach 96/97 E 3
Longview 108/109 A 2
Longwy 24/25 A 3
Long Xuyen 92/93 C 2
Longyearbyen 102/103 X 2
Löningen 22/23 C 3
Lop Nur 88/89 E 2
Lorca 60/61 E 7
Lord-Howe-Insel 96/97 F 4
Lord-Howe-Schwelle
126/127 M 8/N 9
Loreley 24/25 C 2
Lorient 56/57 F 8
Lörrach 24/25 C 5
Los Alamos 108/109 C 3
Los Ángeles; Stadt in Chile
118 A 3
Los Angeles; Stadt in den USA
108/109 B 3
Lošinj 60/61 M 3
Los Mochis 108/109 C 4
Lot 56/57 H 9
Lothringen
56/57 JK 7, 24/25 AB 4
Lothringische Hochfläche 11 B 4
Lotta 54/55 F 2
Loubomo 77/78 B 2
Louchi 54/55 G 2
Lough Corrib 56/57 C 5
Lough Derg 56/57 C 5
Lough Erne 56/57 D 4
Lough Foyle 56/57 D 4
Lough Mask 56/57 C 5
Lough Neagh 56/57 D 4
Lough Ree 56/57 C 5
Louisiade-Archipel 96/97 F 2
Louisville 108/109 E 3
Lourdes 56/57 H 10
Lowat 54/55 G 4
Löwenberg 22/23 K 4
Lowosero 54/55 G 2
Lowsee 54/55 H 2
Loyauté-Inseln 94 G 4
Lualaba (Kongo) 77/78 C 2
Luanda 77/78 B 2
Luang Prabang 92/93 C 2
Luangwa 77/78 D 3
Luanshya 77/78 C 3
Luapula 77/78 C 3
Lubango 77/78 B 3
Lübbecke 22/23 D 3
Lübben 22/23 I 4
Lübbenau 22/23 I 4
Lubbock 108/109 C 3
Lübeck 22/23 F 2
Lübecker Bucht 22/23 G 1
Lübeck-Travemünde 22/23 F 2
Lublin 50/51 K 6
Lubmin 22/23 I 1
Lubni 50/51 P 6/7
Lubumbashi 77/78 C 3
Lübz 22/23 H 2
Lüchow 22/23 G 3
Luckau 22/23 I 4
Lucknow 88/89 D 4
Lüda (Dalian) 88/89 H 3
Lüdenscheid 22/23 C 4
Lüderitz 77/78 B 4
Ludhiana 88/89 C 3
Lüdinghausen 22/23 C 4
Ludogorie 64/65 G 4
Ludvika 54/55 D 3
Ludwigsburg 24/25 E 4
Ludwigsfelde 22/23 I 3
Ludwigshafen 24/25 D 3
Ludwigslust 22/23 G 2
Luena 77/78 B 3
Luga; Fluss 54/55 F 4
Luga; Stadt in Russland
50/51 N 2
Lugo 60/61 B 4
Luhansk 64/65 M 1
Luhe 22/23 F 2
Luirojoki 54/55 F 2
Lukuga 77/78 C 2
Luleå 54/55 E 2

Luleälv 54/55 E 2
Lund 54/55 C 4
Lunda 77/78 BC 2
Lundaschwelle 77/78 C 3
Lüneburg 22/23 F 2
Lüneburger Heide 22/23 EF 1/2
Lüneburg, Regierungsbezirk
10 CD 2
Lünen 22/23 C 4
Lunéville 24/25 B 4
Lure 24/25 B 5
Lusaka 77/78 C 3
Lusambo 77/78 C 2
Luschnitz 24/25 J 3
Lusen 24/25 I 4
Lütetsburg 22/23 C 2
Luton 56/57 G 6
Lüttich (Liège) 56/57 J 6
Lut, Wüste 74/75 I 2
Lützow-Holm-Bucht
119.2 C 10/11
Luvua 77/78 C 2
Luxembourg (Luxemburg);
Stadt 24/25 B 3
Luxemburg; Staat
24/25 AB 3, 34/35 E 4
Luxemburg (Luxembourg);
Stadt 24/25 B 3
Luxeuil-les-Bains 24/25 B 5
Luxor 74/75 G 3
Luzern 50/51 D 8
Luzhou 88/89 F 4
Luzk 50/51 L 6
Luzon 92/93 DE 2
Luzonstraße 92/93 E 2
Lwiw (Lemberg) 50/51 KL 7
Lycksele 54/55 D 3
Lyngen 54/55 E 2
Lynn Lake 106/107 I 4
Lyon 56/57 J 9
Lysekil 54/55 C 4

M

Mäander (Büyük Menderes)
64/65 GH 7
Maanselkä 54/55 F 2/3
Maanshan 88/89 G 3
Maarianhamina (Mariehamn)
54/55 E 3
Maas 38/39 E 3
Maaseik 24/25 A 1
Maastricht 24/25 A 2
Macao (Aomen) 79/80 M 7
Macapá 116/117 E 2
Maccu Picchu 116/117 C 4
Macdonnellkette 96/97 D 3
Maceió 116/117 G 3
Machala 116/117 C 3
Machatschkala 85-87 D 5
Machilipatnam 88/89 D 5
Mackay 96/97 E 3
Mackaysee 96/97 C 3
Mackenzie 106/107 G 3
Mackenziegebirge 106/107 FG 3
Macon 108/109 E 3
Macquarie-Inseln 128/129 W 10
Macquarieschwelle
124/125 W 10
Macumba 96/97 D 3
Madagaskar; Staat
77/78 EF 4, 122/123 OP 8
Madagaskar; Insel
128/129 OP 8
Madagaskarbecken
124/125 PQ 8
Madagaskarrücken
124/125 O 9/P 8
Madang 94 E 2
Madeira; Insel 74/75 B 2
Madeira; Fluss 116/117 D 3
Mädelegabel 24/25 F 5
Madison 108/109 E 2
Madras (Chennai) 88/89 CD 5
Madre de Dios 116/117 D 4
Madrid 60/61 D 5
Madura 92/93 D 4
Madurai 88/89 C 6

Madüsee 22/23 JK 2
Maebashi 88/89 I 3
Mafia 77/78 DE 2
Mafikeng 77/78 C 4
Magadan 85-87 O 4
Magdalena 116/117 C 1/2
Magdaleninseln 106/107 M 5
Magdeburg 22/23 G 3
Magdeburger Börde 22/23 G 3
Magdeburg, Regierungsbezirk
10 DE 2
Magellanstraße 118 A 5
Magerøy 54/55 F 1
Maghreb 38/39 DE 5
Magnetischer Pol (Antarktis)
119.2 C 20
Magnetischer Pol (Arktis)
106/107 IJ 2
Magnitogorsk 85-87 E 4
Magwe 88/89 E 4
Mahajanga 77/78 E 3
Mahalapye 77/78 C 4
Mahanadi 88/89 D 4
Mahón 60/61 H 6
Mähren 50/51 H 7
Maiduguri 74/75 E 4
Maifeld 24/25 C 2
Maikop 64/65 N 3
Mailand (Milano) 60/61 J 3
Maimana 74/75 J 2
Mainau 24/25 E 5
Mainburg 24/25 G 4
Mai-Ndombe-See 70/71 FG 8
Main-Donau-Kanal 24/25 G 3
Mainland, Orkney-Inseln
56/57 EF 2
Mainland, Shetland-Inseln
56/57 G 1
Main, Roter 24/25 G 2/3
Main, Weißer 24/25 G 2
Mainz 24/25 D 2/3
Maitland 96/97 F 4
Maitri 119.2 BC 8
Maja 85-87 M 4
Makarikarisalzpfanne 77/78 C 4
Makassar (Ujung Pandang)
92/93 D 4
Makassarstraße 92/93 D 4
Makedonien 64/65 DE 5
Makijiwka 64/65 M 1
Makkah (Mekka) 74/75 G 3
Makran 74/75 IJ 3
Maku 64/65 P 6
Makurdi 74/75 D 5
Malabarküste 81/82 I 8/9
Malabo 77/78 A 1
Málaga 60/61 C 7
Malaita 96/97 G 1
Malakal 74/75 G 5
Malakka, Halbinsel 92/93 BC 3
Malakkastraße 92/93 BC 3
Malang 92/93 D 4
Malanje 77/78 B 2
Malargüe 118 B 3
Mälarsee 54/55 D 4
Malaspinagletscher 106/107 E 4
Malatya 64/65 M 6
Malawi 77/78 D 3, 122/123 O 7
Malawisee (Njassa) 77/78 D 3
Malaysia
92/93 CD 3, 122/123 ST 6
Malchin 22/23 H 2
Malchiner See 22/23 H 2
Malchow 22/23 H 2
Malden 126/127 P 7
Male 88/89 C 6
Malediven; Staat 88/89 C 6,
122/123 Q 6
Malediven; Inseln 128/129 Q 6
Maledivenrücken 124/125 Q 6
Malegaon 88/89 CE
Malekula 94 G 3
Malepo-Insel 100/101 N 9
Mali 74/75 CD 4, 122/123 LM 5
Malin Head 56/57 D 4
Mal Karmakuly 85-87 E 2
Mallorca 60/61 GH 6
Malmédy 24/25 B 2
Malmö 54/55 C 4
Malpelo-Insel 116/117 B 2
Malta; Staat
60/61 LM 8, 34/35 F 5
Malta; Insel 124/125 MN 4
Malung 54/55 C 3

Mamberamo 92/93 F 4
Mamelodi 77/78 C 4
Mamoré 116/117 D 4
Mamoré, Llanos de 116/117 D 4
Man; Stadt in Côte d'Ivoire
74/75 C 5
Man; Autonomes Gebiet
56/57 E 4, 34/35 D 3
Manado 92/93 E 3
Managua 108/109 E 5
Manakara 77/78 E 4
Manama 74/75 I 3
Manantiales 118 B 5
Manaus 116/117 DE 3
Manchester; Stadt in den USA
108/109 F 2
Manchester; Stadt in Großbri-
tannien 56/57 F 5
Mandal 54/55 B 4
Mandalay 88/89 E 4
Mandara-Gebirge 74/75 E 4/5
Man Dinh 88/89 F 4
Mandschurei 88/89 H 2
Mandschurisches Becken
79/80 MN 5
Mangalore 88/89 C 5
Manicoré 116/117 D 3
Manila 92/93 E 2
Manisa 64/65 G 6
Manitoba 106/107 IJ 4
Manitobasee 106/107 IJ 4
Manîtsoq (Sukkertoppen)
106/107 N 3
Manizales 116/117 C 2
Mannheim 24/25 D 3
Manning 106/107 H 4
Manono 77/78 C 2
Manselinsel 106/107 K 3
Mansfeld 22/23 G 4
Mantazas 108/109 E 4
Mantes 56/57 H 7
Manus 92/93 G 4
Manytsch 85-87 D 5
Manytsch-Gudilo-See 64/65 O 2
Manytschniederung
64/65 N 2/P 3
Manzanillo; Stadt in Mexiko
108/109 C 5
Manzanillo; Stadt auf Kuba
108/109 F 4
Manzhouli 88/89 G 2
Maoming 88/89 G 4
Maputo 77/78 D 4
Maqteïr 74/75 B 3
Marabá 116/117 F 3
Maracaíbo 116/117 C 1
Maracaibosee; Bucht
116/117 C 2
Maracay 116/117 D 1
Maradi 74/75 D 4
Marais Poitevin 56/57 G 8
Marajó 116/117 F 3
Maramba 77/78 C 3
Marambio 119.2 C 1
Marañón 116/117 C 3
Marble Bar 96/97 B 3
Marca 77/78 E 1
March 50/51 H 7
Marcha 85-87 K 3
Marcusinsel 128/129 W 5
Marcus-Necker-Rücken
126/127 M-O 5
Mardan 88/89 C 2
Mar del Plata 118 C 3
Mardin 64/65 N 7
Margarita 108/109 G 5
Maria Laach 24/25 C 2
Marianen 92/93 G 2
Marianengraben 126/127 L 5/6
Maria Taferl 24/25 JK 4
Maribo 22/23 G 1
Maribor 60/61 M 2
Marie-Byrd-Land 119.2 B 31
Mariehamn (Maarianhamina)
54/55 D 3
Marienbad 24/25 H 3
Marienberg 24/25 H 3
Marienborn 22/23 G 3
Marienburg 50/51 I 5
Mariestad 54/55 C 4
Marij El 34/35 I 3
Marília 116/117 EF 5
Maringá 116/117 E 5
Mariscal Estigarribia 118 B 2
Mariupol 64/65 L 2

Mariza 64/65 FG 5
Markirch 24/25 C 4
Markneukirchen 24/25 H 2
Marksburg 24/25 C 2
Marktheidenfeld 24/25 E 3
Marktoberdorf 24/25 F 5
Marktredwitz 24/25 H 2/3
Marl 22/23 C 4
Marmagao 88/89 C 5
Marmarameer 64/65 GH 5
Marmaris 64/65 H 7
Marne; Fluss 56/57 I 7
Marne; Stadt in Schleswig-Hol-
stein 22/23 E 2
Marokkanische Meseta
36/37 D 5
Marokko 74/75 C 2, 122/123 L 4
Maros 64/65 D 2
Maroua 74/75 E 4
Marquesasinseln
126/127 QR 7
Marquesasstufe 126/127 RS 7
Marquette 108/109 E 2
Marra, Djebel 74/75 F 4
Marrakech 74/75 C 2
Marree 96/97 D 3
Marsabit 77/78 D 1
Marsala 60/61 L 7
Marsberg 22/23 D 4
Marseille 56/57 J 10
Marsfjäll 54/55 D 2
Marshallinseln 126/127 MN 6
Marstal 22/23 F 1
Martinique 108/109 GH 5
Martin Vaz 116/117 GH 5
Mary 85-87 F 6
Maryborough 96/97 F 3
Mary Kathleen 96/97 D 3
Masan 88/89 H 3
Masbate 92/93 E 2
Mascara 60/61 F 8
Maseru 77/78 C 4
Mashhad (Meschhed) 74/75 I 2
Mashonahochland 68/69 GH 9
Mashonaland 77/78 CD 3
Masindi 77/78 D 1
Masira-Insel 74/75 IJ 3
Masjed Soleyman 74/75 H 2
Maskarenen 70/71 J 9/10
Maskarenenbecken
124/125 P 7/8
Maskarenenrücken
124/125 P 8/Q 7
Maskat 74/75 I 3
Masowien 50/51 I 5/J 6
Massaisteppe 77/78 D 2
Massina; Landschaft 74/75 C 4
Massina; Fluss 70/71 D 6
Masuren 50/51 J 5/K 4
Matabeleland 77/78 C 3
Matadi 77/78 B 2
Matagalpa 108/109 E 5
Matamoros 108/109 D 4
Matarani 116/117 C 4
Matíaz de Gálvez 116/117 B 1
Mato Grosso 116/117 E 4
Mato Grosso, Hochland von
116/117 E 4
Matrah 74/75 I 3
Matsu 88/89 H 4
Matsuyama 88/89 I 3
Matterhorn 50/51 C 8/9
Maturín 116/117 D 2
Maués 116/117 E 3
Maui 126/127 P 5
Maulbronn 24/25 D 4
Maun 77/78 C 3/4
Mauretanien 74/75 BC 4,
122/123 KL 5
Mauritius; Staat
70/71 J 9, 122/123 PQ 8
Mauritius; Insel 128/129 P 8
Mawson 119.2 C 13
Mayen 24/25 C 2
Maymaneh 88/89 B 3
Mayo 106/107 F 3
Mayotte 77/78 E 3
Mazapil 108/109 C 4
Mazar-e Sharif 88/89 B 3
Mazatlán 108/109 C 4
Mazedonien
64/65 DE 5, 34/35 G 4
Mbabane 77/78 D 4
M'Bakaou-Stausee 74/75 E 5
Mbandaka 77/78 B 2
Mbeya 77/78 D 2

Mbinda 77/78 B 2
Mbomou 74/75 F 5
Mbuji-Mayi 77/78 C 2
McDonaldinseln 124/125 Q 10
M'Clintockkanal 106/107 I 2
M'Clure-Straße 106/107 GH 2
McMurdo 119.2 B 24/25
McRobertson-Land
  119.2 BC 12/13
Mead-Stausee 108/109 B 3
Mechernich 24/25 B 2
Mecklenburg 22/23 G-I 2
Mecklenburgische Schweiz
  12 E 2
Mecklenburgische Seenplatte
  12 DE 2
Mecklenburg-Vorpommern
  22/23 HI 1/2, 10 DE 2
Medan 92/93 B 3
Médéa 60/61 G 7
Medellín 116/117 C 2
Medford 108/109 A 2
Medicine Hat 106/107 H 4
Medina (Al Madinah) 74/75 G 3
Medjerda 60/61 J 7
Medweschjegorsk 54/55 G 3
Meekatharra 96/97 B 3
Meerane 24/25 H 2
Meersburg 24/25 E 5
Meerut 88/89 C 4
Mehlis, Zella- 24/25 F 2
Meiningen 24/25 F 2
Meißen 24/25 I 1
Meißner 24/25 E 1
Meitingen 24/25 F 4
Mekele 74/75 G 4
Mekka (Makkah) 74/75 G 3
Meknès 74/75 C 2
Mekong (Lancang Jiang)
  88/89 E 4
Mekongebene 79/80 L 8
Melaka 92/93 C 3
Melanesien 94 E 2/H 3
Melbourne 96/97 E 4
Meldorf 22/23 E 1
Melibocus 24/25 D 3
Melilla 60/61 D 8
Melitopol 50/51 Q 8
Melle 22/23 D 3
Mellrichstadt 24/25 F 2
Mellum 22/23 D 2
Mělník 24/25 J 2
Melsungen 24/25 E 1
Melun 56/57 I 7
Melville, Halbinsel 106/107 K 3
Melville-Insel 96/97 D 2
Melvillesund 102/103 KL 2
Memel (Klaipeda); Stadt in
  Litauen 54/55 E 4
Memel; Fluss 54/55 E 4/5
Memmingen 24/25 F 5
Memphis 108/109 E 3
Menam 92/93 C 2
Menden 22/23 C 4
Mendocinostufe 126/127 PQ 4
Mendoza 118 B 3
Mengzi 88/89 F 4
Menongue 77/78 B 3
Menorca 60/61 GH 6
Mentawai-Inseln 92/93 B 4
Menzel-Bourguiba 60/61 J 7
Meppel 22/23 B 3
Meppen 22/23 C 3
Merauke 92/93 G 4
Mergentheim, Bad 24/25 E 3
Mergui 88/89 E 5
Mergui-Archipel 92/93 B 2
Merida; Stadt in Venezuela
  116/117 C 2
Mérida; Stadt in Mexiko
  108/109 E 4
Merritt 106/107 G 4
Merseburg 22/23 GH 4
Mersin 64/65 K 7
Meru 77/78 D 2
Merzig 24/25 B 3
Mesar-i-Sherif 74/75 J 2
Meschede 22/23 D 4
Meschhed 81/82 G 6
Mesen; Fluss 85-87 D 3
Mesen; Stadt in Russland
  85-87 D 3
Meseritz 22/23 K 3
Mesopotamien
  74/75 H 2, 64/65 M 7/O 8
Mespelbrunn 24/25 E 3

Messina; Stadt in Italien
  60/61 M 6
Messina; Stadt in Südafrika
  77/78 C 4
Mestlin 22/23 G 2
Meta 116/117 D 2
Meteora-Klöster 64/65 DE 6
Meteorkrater, Kanada
  106/107 L 3
Meteorkrater, Russland
  85-87 IJ 4
Metz 24/25 B 3
Meurthe 24/25 B 4
Mexicali 108/109 B 3
Mexiko; Staat
  108/109 C 4/D 5, 122/123 EF 5
Mexiko; Stadt 108/109 D 5
Mexiko, Hochland von
  124/125 E 4/F 5
Meymaneh 85-87 F 6
Miami 108/109 E 4
Miass 85-87 F 4
Michigansee 108/109 E 2
Michikamausee 106/107 M 4
Michipicoten 106/107 K 5
Middlesborough 56/57 G 4
Midway-Inseln 126/127 O 5
Midžor 64/65 E 4
Mies; Fluss 24/25 H 3
Mies; Stadt in der Tsche-
  chischen Republik 24/25 H 3
Miesbach 24/25 G 5
Mikkeli 54/55 F 3
Mikolajiw 50/51 P 8
Mikonos 64/65 F 7
Mikronesien; Staat
  92/93 G 2, 122/123 VW 6
Mikronesien; Inseln
  126/127 L-N 6
Milano (Mailand) 60/61 J 3
Milde 22/23 G 3
Mildura 96/97 E 4
Milesvsko 24/25 J 3
Milet 64/65 G 7
Milford Haven 56/57 E 6
Milne-Edwards-Tiefe 112 AB 3
Milos 64/65 F 7
Miltenberg 24/25 E 3
Milwaukee 108/109 E 2
Mina al Ahmadi 74/75 H 3
Minas de Riotinto 60/61 B 7
Minatitlán 108/109 D 5
Mindanao 92/93 E 3
Mindelheim 24/25 F 4
Minden 22/23 D 3
Mindoro 92/93 E 2
Minho (Miño) 60/61 A 4/5
Minneapolis 108/109 D 2
Miño 60/61 A 4/5
Minsk 50/51 M 5
Minsker Höhe 50/51 MN 4
Mintosee 106/107 L 4
Minussinsk 85-87 I 4
Miquelon 106/107 N 5
Mirecourt 24/25 B 4
Mirhorod 50/51 P 7
Mirimlagune 118 C 3
Mirny 85-87 K 3
Mirnyj 119.2 C 16
Mirnystausee 85-87 K 3
Misdroy 22/23 J 2
Miskolc 64/65 D 1
Misool 92/93 F 4
Misratah 74/75 E 2
Mississippi 108/109 DE 3
Missoula 108/109 B 2
Missouri 108/109 D 2/3
Mistassinisee 106/107 L 4
Mitischtschi 50/51 R 4
Mitsiwa 74/75 G 4
Mittelamerikanischer Graben
  124/125 F 5/G 6
Mittelberg 24/25 F 5
Mittelfranken, Regierungsbezirk
  10 D 4
Mittellandkanal 22/23 D 3
Mittelmeer 74/75 D-F 2,
  60/61 E-L 7, 64/65 C-I 8
Mittelrussische Platte
  36/37 H 3/4
Mittelsibirisches Bergland
  85-87 I-K 3
Mittenwald 24/25 G 5
Mittersill 24/25 H 5
Mitterteich 24/25 H 3
Mittlerer Atlas 74/75 C 2

Mittlerer Taurus 64/65 J 7/L 6
Mittlerer Westen 102/103 MN 5
Mittweida 24/25 H 2
Mitú 116/117 C 2
Miyazaki 88/89 I 3
Mizen Head 56/57 BC 6
Mjøsensee 54/55 C 3
Mladá Boleslav (Jungbunzlau)
  24/25 J 2
Mlanje 77/78 D 3
Mława 50/51 J 5
Mljet 60/61 N 4
Moa 92/93 E 4
Moanda 77/78 B 2
Mobile 108/109 E 3
Moco 77/78 B 3
Modena 60/61 K 3
Moder 24/25 C 4
Moers 22/23 B 4
Mogadischu 77/78 E 1
Mogilew 50/51 O 5
Mohe 88/89 H 1
Mohéli (Mwali) 77/78 E 3
Mohiliw-Podilski 50/51 M 7
Möhne 22/23 D 4
Mohrin 22/23 J 3
Mo i Rana 54/55 C 2
Mojavewüste 108/109 B 3
Moldau; Staat
  64/65 GH 2, 34/35 GH 4
Moldau; Landschaft 64/65 G 2
Moldau; Fluss 24/25 J 2
Moldauische Platte 36/37 G 4
Molde 54/55 B 3
Moldoveanul 64/65 F 3
Mollendo 116/117 C 4
Mölln 22/23 F 2
Molodeschnaja 119.2 C 11
Molodetschno 50/51 M 4
Mologa 50/51 QR 2
Molsheim 24/25 C 4
Molukken 92/93 E 4
Molukkensee 92/93 E 3/4
Momagebirge 85-87 N 3
Mombasa 77/78 D 2
Mombetsu 88/89 J 2
Møn 22/23 H 1
Monaco 56/57 K 10, 34/35 E 4
Mona Passage 116/117 D 1
Moncayo 60/61 DE 5
Mönchengladbach 22/23 B 4
Mönchgut 22/23 I 1
Monclova 108/109 C 4
Moncton 106/107 M 5
Mondsee 24/25 I 5
Mongalla 74/75 G 5
Mongo 74/75 E 4
Mongolei
  88/89 E-G 2, 122/123 ST 3
Mongolischer Altai 88/89 DE 2
Mongolisches Becken
  79/80 K-M 5
Mongu 77/78 C 3
Monrovia 74/75 B 5
Monschau 24/25 B 2
Møns Klint 22/23 H 1
Montabaur 24/25 C 2
Montaña 116/117 C 3/4
Montauban 56/57 H 9
Montbéliard 24/25 B 5
Montblanc 60/61 I 3
Mont Dore 56/57 I 9
Monte Amiata 60/61 K 4
Monte Cassino 60/61 LM 5
Monte Cimone 60/61 K 3
Monte Cinto 56/57 L 10
Montecristo 60/61 JK 4
Monte Gargano 60/61 MN 5
Montego Bay 108/109 F 5
Montenegro 38/39 FG 4
Monte Pollino 60/61 MN 5
Montería 116/117 C 2
Monterrey 108/109 C 4
Montes Claros 116/117 F 4
Montevideo 118 C 3
Monte Viso 60/61 I 3
Montgomery 108/109 E 3
Mont-Gréboun 74/75 D 3
Monti del Gennargentu 60/61 J 5
Montigny 24/25 B 3
Montluçon 56/57 I 8
Mont Pelée 108/109 G 5
Montpellier; Stadt in den USA
  108/109 F 2
Montpellier; Stadt in Frankreich
  56/57 I 10

Montreal 106/107 L 5
Mont-Saint Michel 56/57 G 7
Montschegorsk 54/55 G 2
Montserrat; Kirche, Kloster
  60/61 F 5
Montserrat; Insel 108/109 G 5
Montserrat; Autonomes Gebiet
  122/123 H 5
Mont Ventoux 56/57 J 9
Monywa 92/93 B 1
Moody Point 119.2 C 1
Moonie 96/97 E 3
Moosburg 24/25 G 4
Moose Jaw 106/107 I 4
Moosonee 106/107 K 4
Mopti 74/75 C 4
Mora 54/55 C 3
Moradabad 88/89 C 4
Morava 64/65 D 3/4
Moray Firth 56/57 F 3
Mordwinien 34/35 I 3
Morelia 108/109 C 5
Morioka 88/89 J 3
Moritzburg 24/25 I 1
Mörön 88/89 EF 2
Morondava 77/78 E 4
Moroni 77/78 E 3
Morosowsk 64/65 N 1
Mors 54/55 B 4
Morvan 56/57 IJ 8
Morwell 96/97 E 4
Mosambik; Stadt 77/78 E 3
Mosambik; Staat
  77/78 D 4, 122/123 O 8
Mosbach 24/25 E 3
Moschaisk 50/51 Q/R 4
Mosdok 64/65 P 4
Mosel 24/25 B 3
Mosjøen 54/55 C 2
Moskau (Moskwa) 50/51 R 4
Moskenstraumen 54/55 C 2
Moskwa; Fluss 50/51 R 4
Moskwa (Moskau); Stadt in
  Russland 50/51 R 4
Moss 54/55 C 4
Mosselbaai 77/78 C 5
Mossoró 116/117 G 3
Mossul (Al Mawsil) 64/65 O 7
Most (Brüx) 24/25 I 2
Mostaganem 60/61 F 8
Mostar 64/65 A 4
Mosyr 50/51 N 5
Motala 54/55 CD 4
Mould Bay 119.1 B 9/10
Moulmein 88/89 E 5
Moundou 74/75 E 5
Mount Baker 108/109 A 2
Mount Bruce 96/97 B 3
Mount Cook (Aoraki)
  96/97 GH 5
Mount Egmont 96/97 H 4
Mount Elbert 108/109 C 3
Mount Erebus 119.2 B 23/24
Mount Everest 88/89 D 4
Mount Fairweather
  106/107 F 3/4
Mount Forel 106/107 P 3
Mount Hagen 92/93 G 4
Mount Hawkes 119.2 A
Mount Isa 96/97 D 3
Mount Jackson 119.2 B 36
Mount Katmai 106/107 D 4
Mount Kirkpatrick 119.2 A
Mount Logan 106/107 EF 3
Mount McKinley 106/107 DE 3
Mount Menzies 119.2 B 12/13
Mount Mitchell 108/109 E 3
Mount Morgan 96/97 F 3
Mount Newman 96/97 B 3
Mount Olympus 106/107 G 5
Mount Rainier 100/101 J 5
Mount Roosevelt 106/107 G 4
Mount Sabine 119.2 B 23
Mount Saint Elias 106/107 E 3
Mount Saint Helens
  108/109 A 2
Mount Shasta 108/109 A 2
Mount Sidley 119.2 B 30
Mount Victoria 92/93 G 4
Mount Whitney 108/109 B 3
Mount Woodroffe 96/97 D 3
Mount Ziel 96/97 D 3
Moura 96/97 E 3
Mourdisenke 74/75 F 4

Moyeuvre-Grande 24/25 B 3
Moyobamba 116/117 C 3
Mpanda 77/78 D 2
Mpumalanga 77/78 CD 4
Msta 50/51 OP 2
Mtwara 77/78 E 3
Muang Khon Kaen 92/93 C 2
Mücheln 22/23 G 4
Muchingagebirge 77/78 D 3
Mudanjiang 88/89 H 2
Müden 22/23 F 3
Mugodschariberge 36/37 J 4
Mühlacker 24/25 D 4
Mühldorf 24/25 H 4
Mühlhausen 24/25 F 1
Mühlviertel 24/25 J 4
Muhu 54/55 E 4
Muinak 85-87 E 5
Mujunkum 85-87 FG 5
Mulde 22/23 H 4
Mulhacén 60/61 D 7
Mülhausen (Mulhouse)
  24/25 C 5
Mulhouse (Mülhausen)
  56/57 K 8
Mull 56/57 D 3
Müllheim 24/25 C 5
Multan 88/89 C 3
Muluja 60/61 D 8
Mumbai (Bombay) 88/89 C 5
Münchberg 24/25 G 2
München 24/25 G 4
Münden 22/23 E 4
Mungbere 77/78 C 1
Munioschwelle 68/69 EF 6
Münsingen 24/25 E 4
Munster 22/23 F 3
Münster; Stadt in Nordrhein-
  Westfalen 22/23 C 4
Münster; Stadt in Frankreich
  24/25 C 4
Münsterland 22/23 B-D 4
Münster, Regierungsbezirk
  10 B 3
Münzenberg 24/25 D 2
Muonio 54/55 E 2
Muonioälv 54/55 E 2
Mur 60/61 M 2
Murat (Östlicher Euphrat)
  64/65 NO 6
Murat-Daği 64/65 H 6
Murchison 96/97 B 3
Murchisonfälle 77/78 D 1
Murcia; Stadt in Spanien
  60/61 E 6/7
Murcia; Landschaft 60/61 E 6/7
Murdochville 106/107 M 5
Mureş 64/65 E 3
Murg 24/25 D 4
Müritz 22/23 H 2
Müritz, Graal- 22/23 H 1
Murmanküste 54/55 H 2
Murmansk 54/55 G 2
Murnau 24/25 G 5
Murom 85-87 D 4
Muroran 88/89 J 2
Murray 96/97 E 4
Murray-Darling-Becken 94 DE 5
Murraystufe 126/127 P 5/Q 4
Murrhardt 24/25 E 4
Mururoa 126/127 Q 8
Murzuq, Edeyin 74/75 E 3
Murzuq 74/75 E 3
Murzuqbecken 68/69 F 5
Mus 64/65 N 6
Musgravekette 96/97 D 3
Muskegon 108/109 E 2
Mussala 64/65 E 4
Mut 74/75 F 3
Mutare 77/78 D 3
Mwali (Mohéli) 77/78 E 3
Mwanza 77/78 D 2
Mwerusee 77/78 CD 2
Myanmar (Birma) 81/82 K 7
Myitkyina 88/89 E 4
Mykenä 64/65 E 7
Mýrdalsjökull 54/55 B 2
Mysore 88/89 C 5
Mývatn 54/55 B 1
Mzensk 50/51 R 5
Mzuzu 77/78 D 3

N

Naab 24/25 G 3
Naantali 54/55 E 3
Nabereschnyje Tschelny
 85-87 E 4
Nacala 77/78 E 3
Nachitschewan 34/35 I 5
Nachodka 85-87 M 5
Nadelkap (Kap Agulhas)
 77/78 C 5
Nadijran-Oasen 74/75 H 4
Nadwoizy 54/55 G 3
Nagano 88/89 I 3
Nagappattinam 88/89 C 5
Nagasaki 88/89 H 3
Nagold 24/25 D 4
Nagoya 88/89 I 3
Nagpur 88/89 C 4
Naha 88/89 H 4
Nahe 24/25 C 3
Naila 24/25 G 2
Nain 106/107 M 4
Nairobi 77/78 D 2
Nakhon Ratchasima 92/93 C 2
Nakhon Sawan 92/93 BC 2
Nakhon Si Thammarat
 92/93 B 3
Nakskov 22/23 G 1
Nakuru 77/78 D 2
Naltschik 64/65 O 4
Namaland 77/78 B 4
Namangan 85-87 G 5
Namcha Barwa 81/82 K 6
Nam Co 88/89 E 3
Nam Dinh 92/93 C 1
Namib 77/78 B 3/4
Namibe 77/78 B 3
Namibia
 77/78 B 4, 122/123 MN 8
Nampo 88/89 H 3
Nampula 77/78 D 3
Namsos 54/55 C 3
Nanchang 88/89 G 4
Nanchong 88/89 F 3
Nancy 24/25 B 4
Nanda Devi 88/89 CD 3/4
Nandred 88/89 C 5
Nanga Parbat 88/89 C 3
Nanjing (Nanking) 88/89 G 3
Nanking (Nanjing) 88/89 G 3
Nanning 88/89 F 4
Nanping 88/89 G 4
Nan Shan 88/89 EF 3
Nantes 56/57 E 8
Nantong 88/89 H 3
Nanyang 88/89 G 3
Napier 96/97 H 4
Napo 116/117 C 3
Napoli (Neapel) 60/61 M 5
Narew 50/51 K 5
Narjan-Mar 85-87 E 3
Närke 54/55 CD 4
Narmada 88/89 C 4
Narodnaja 85-87 EF 3
Naro-Forminsk 50/51 R 4
Narssaq 106/107 O 3
Narva; Fluss 54/55 F 4
Narva; Stadt in Estland
 54/55 F 4
Narva-Stausee 54/55 F 4
Narvik 54/55 D 2
Narym 85-87 H 4
Nascarücken 126/127 U 8
Nashville 108/109 E 3
Nasik 88/89 C 4
Näsisee 54/55 E 3
Nassau 108/109 F 4
Nassersee 74/75 G 3
Nässjö 50/51 G 3
Natal; Stadt in Brasilien
 116/117 G 3
Natal; Landschaft 77/78 CD 4
Natalbecken 124/125 O 8/9
Natalschwelle 124/125 O 9
Natchez 108/109 D 3
Nationalpark am W 74/75 D 4
Nauen 22/23 H 3
Naugard 22/23 K 2
Nauheim, Bad 24/25 D 2
Naumburg 22/23 G 4
Nauru; Staat 94 G 2
Nauru; Insel 126/127 N 7
Navarra 60/61 DE 4
Nawoi 85-87 F 5

Naxos 64/65 F 7
Nazran 64/65 P 4
Nazwa 74/75 I 3
Ndélé 74/75 F 5
N'Djamena 74/75 E 4
Ndjolé 77/78 B 2
Ndola 77/78 C 3
Ndzwani (Anjouan) 77/78 E 3
Nea 54/55 C 3
Neapel (Napoli) 60/61 M 5
Nearinseln 124/125 X 3
Nebit-Dag 85-87 E 6
Neblina 116/117 D 2
Neckar 24/25 D 3
Necochea 118 C 3
Nedjd 74/75 H 3
Nefusa, Djebel 74/75 E 2
Negombo 88/89 C 6
Negros 92/93 E 3
Neijiang 88/89 F 4
Neiße 22/23 J 4
Neiva 116/117 C 2
Nellore 88/89 CD 5
Nelson; Stadt in Neuseeland
 96/97 H 5
Nelson; Fluss 106/107 J 4
Nelspruit 77/78 D 4
Néma 74/75 C 4
Nemuro 88/89 J 2
Nen Jiang 85-87 L 5
Nenjiang 88/89 H 2
Nen Jiang 88/89 H 2
Nepal 88/89 D 4, 122/123 R 5
Neratovice 24/25 J 2
Neresheim 24/25 F 4
Neretva 60/61 N 4
Neris 54/55 E 4/5
Nerjungri 85-87 L 4
Nertschinsk 85-87 K 4
Neskaupstaður 54/55 C 1
Nettillingsee 106/107 LM 3
Netze 50/51 H 5
Netzebruch 22/23 K 3
Netzeheide 22/23 K 3
Neubrandenburg 22/23 I 2
Neubraunschweig 106/107 M 5
Neubritannien 94 EF 2
Neuburg 24/25 G 4
Neudamm 22/23 J 3
Neue Hebriden 94 GH 3
Neuengland 102/103 OP 5
Neuerburg 24/25 B 2
Neufundland; Insel
 106/107 N 5/6
Neufundland; Provinz
 106/107 M 4/N 5
Neufundlandbank 124/125 I 3
Neufundlandbecken
 124/125 IJ 4
Neuguinea 92/93 FG 4
Neuhaus; Stadt in Thüringen
 24/25 G 2
Neuhaus; Stadt in der Tsche-
 chischen Republik 24/25 J 3
Neuirland 94 F 2
Neukaledonien; Insel 94 G 4
Neukaledonien; Autonomes
 Gebiet 122/123 WX 8
Neukastilien 60/61 C 6/D 5
Neumark 22/23 K 2/3
Neumarkt (Tîrgu Mureş); Stadt
 in Rumänien 64/65 F 2
Neumarkt; Stadt in Bayern
 24/25 G 3
Neumünster 22/23 EF 1
Neunkirchen 24/25 C 3
Neuquén 118 B 3
Neuruppin 22/23 H 3
Neusalz (Nowa Sól) 22/23 K 4
Neuschottland 106/107 M 5
Neuschottlandbecken
 124/125 I 4
Neuschottland, Halbinsel
 106/107 M 5
Neuschwabenland 119.2 B 6-8
Neuschwanstein 24/25 F 5
Neuseeland; Staat
 96/97 G 5/H 4, 122/123 WX 9
Neuseeland; Insel 128/129 X 9
Neuseeländische Alpen
 96/97 GH 5
Neusibirische Inseln
 85-87 MN 2
Neusiedler See 50/51 H 8
Neuss 22/23 B 4

Neustadt am Rübenberge
 22/23 E 3
Neustadt an der Aisch 24/25 F 3
Neustadt an der Donau
 24/25 G 4
Neustadt an der Dosse 22/23 H 3
Neustadt an der Saale, Bad
 24/25 F 2
Neustadt an der Waldnaab
 24/25 H 3
Neustadt an der Weinstraße
 24/25 D 3
Neustadt bei Coburg 24/25 G 2
Neustadt-Glewe 22/23 G 2
Neustadt im Schwarzwald,
 Titisee- 24/25 D 5
Neustadt in Holstein 22/23 F 1
Neustadt in Thüringen
 24/25 G 2
Neustrelitz 22/23 I 2
Neusüdwales 96/97 E 4
Neu-Ulm 24/25 F 4
Neuves Maisons 24/25 B 4
Neuwerk 22/23 D 2
Neuwied 24/25 C 2
Nevado del Ruiz 116/117 C 2
Nevinnomysk 64/65 N 3
Newà 54/55 G 4
Newark 108/109 F 2
New Bedford 108/109 F 2
Newcastle; Stadt in Südafrika
 77/78 CD 4
Newcastle; Stadt in Australien
 96/97 F 4
Newcastle upon Tyne 56/57 G 4
New Delhi 88/89 C 4
New Georgia 96/97 F 1
New Halfa 74/75 G 4
New Haven 108/109 F 2
New Hazelton 106/107 G 4
New Orleans 108/109 D 3
Newport 56/57 F 6
Newport News 108/109 F 3
New York 108/109 F 2
Ngamisee 77/78 C 4
Ngaoundéré 74/75 E 5
Ngiva 77/78 B 3
Ngunza 77/78 B 3
Nguru 74/75 E 4
Niagarafälle 102/103 O 5
Niagara Falls 108/109 F 2
Niamey 74/75 D 4
Nias 92/93 B 3
Nicaragua
 108/109 E 5, 122/123 G 6
Nicaraguasee 108/109 E 5
Nice (Nizza) 56/57 K 10
Nidda 24/25 E 2
Nideck 24/25 C 4
Nieblum 22/23 D 1
Niebüll 22/23 D 1
Nied 24/25 B 3
Niederbayern 12 DE 4
Niederbayern, Regierungsbe-
 zirk 10 DE 4
Niederbronn, Bad 24/25 C 4
Niedere Tauern
 11 EF 5, 24/25 IJ 5
Niederguinea 70/71 E 8/F 9
Niederguineaschwelle
 68/69 F 7/8
Niederkalifornien, Halbinsel
 108/109 B 4
Niederlande
 56/57 J 5/K 6, 34/35 E 3
Niederländische Antillen
 108/109 G 5, 122/123 H 6
Niederlausitz 22/23 IJ 4
Niedersachsen
 22/23 C-F 3, 10 B-D 2
Nienburg 22/23 E 3
Niers 22/23 B 4
Niesky 24/25 J 1
Niğde 64/65 K 7
Niger; Staat
 74/75 DE 4, 122/123 M 5
Niger; Fluss 74/75 D 5
Nigerbecken 124/125 LM 5
Nigeria 74/75 DE 5, 122/123 M 6
Niigata 88/89 I 3
Nijmegen (Nimwegen)
 22/23 A 4
Nikel 54/55 G 2
Nikobaren 88/89 E 6

Nikolajewsk 85-87 N 4
Nikopol 50/51 Q 8
Nikosia (Lefkosia) 64/65 J 8
Nil 74/75 G 3
Nil, Blauer 74/75 G 4
Nil, Weißer 74/75 G 4
Nimba 74/75 C 5
Nîmes 56/57 J 10
Nimrud 64/65 O 7
Nimwegen (Nijmegen)
 22/23 A 4
Ningbo 88/89 H 4
Ninive 64/65 O 7
Nipigonsee 106/107 JK 5
Niš 64/65 D 4
Nischin 50/51 O 6
Nischneangarsk 85-87 J 4
Nischnekolymsk 85-87 P 3
Nischneudinsk 85-87 I 4
Nischnewartowski 85-87 G 3
Nischni Nowgorod 36/39 I 3
Nischni Nowgoroder Stausee
 85-87 D 4
Nischni Tagil 85-87 E 4
Nistru 50/51 N 8
Niterói 116/117 F 5
Niue 126/127 O 8
Niwa 54/55 G 2
Nizza (Nice) 56/57 K 10
Njassa (Malawisee) 77/78 D 3
Njazidja (Grande Comore)
 77/78 E 3
Njemen 50/51 L 5
Njuksee 54/55 G 3
Nkongsamba 74/75 E 5
Noatak 106/107 C 3
Nogaisteppe 64/65 PQ 3
Nogaltal 74/75 H 5
Noginsk 50/51 S 4
Noirmoutier 56/57 F 8
Nokia 54/55 E 3
Nome 106/107 C 3
Nong Khai 92/93 C 2
Noranda 106/107 L 5
Nordamerika 128/129 E-H 3
Nordamerikanisches Becken
 124/125 H 4/5
Nord-Äquatorialstrom
 128/129 HI 5
Nordatlantischer Rücken
 124/125 J 2/K 6
Norddeich, Norden- 22/23 C 2
Norddeutsches Tiefland 11 B-E 2
Norden 22/23 C 2
Nordenham 22/23 D 2
Norden-Norddeich 22/23 C 2
Norderney 22/23 C 2
Norderstedt 22/23 EF 2
Nordfjord 54/55 A 3
Nordfriesische Inseln 22/23 D 1
Nordfriesland 22/23 DE 1
Nordhausen 22/23 F 4
Nordhorn 22/23 C 3
Nordinsel, Neuseeland
 96/97 HI 4
Nordirland 56/57 DE 4
Nordkanal 56/57 DE 4
Nordkap, Neuseeland 94 H 5
Nordkap, Norwegen 54/55 F 1
Nordkinn 54/55 F 1
Nordkirchen 22/23 C 4
Nordkorea
 88/89 H 2/I 3, 122/123 U 4
Nordkvark 54/55 E 3
Nördliche Dwina 85-87 D 3
Nördliche Marianen
 92/93 G 2, 122/123 V 5
Nördliche Sporaden 64/65 EF 6
Nördliches Somalibecken
 124/125 PQ 6
Nördlingen 24/25 F 4
Nordmeseta 36/37 D 4
Nordminch 56/57 D 3/E 2
Nordossetien 34/35 I 4
Nordostpazifisches Becken
 126/127 O 4/R 7
Nordostpazifik 12 A 2
Nord-Ostsee-Kanal 22/23 E 1
Nordpol 102/103 1
Nordpolarmeer 119.1 A/B 16
Nordrhein-Westfalen
 22/23 B-D 4, 10 BC 3
Nordrussischer Landrücken
 36/37 I 3/J 2
Nordsee 56/57 H-K 3
Nordsibirisches Tiefland

79/80 J-L 2
Nordterritorium 96/97 CD 2
Nordwestaustralisches Becken
 124/125 ST 8
Nordwestkap 96/97 B 3
Nordwestpazifisches Becken
 126/127 L 4/M 5
Nordwest-Territorien
 106/107 H-L 3
Nordwik 85-87 K 2
Norfolk 108/109 F 3
Norfolkinsel 96/97 G 3
Norilsk 85-87 H 3
Normandie 56/57 GH 7
Normanton 96/97 E 2
Norman Wells 106/107 G 3
Norra Storfjäll 54/55 D 2
Norrbotten 54/55 E 2
Norrköping 54/55 D 4
Norrland 54/55 CD 3
Norrtälje 54/55 D 4
Norsk 85-87 L 4
Northampton 56/57 G 5
North Battleford 106/107 I 4
Northeim 22/23 EF 4
Northern Cape 77/78 BC 4/5
Northern Province 77/78 C 4
North Platte; Stadt in den USA
 108/109 C 2
North Platte; Fluss 108/109 C 2
North Saskatchewan
 106/107 HI 4
North Uist 56/57 C 3
Northwest 77/78 C 4
Nortonsund 106/107 C 3
Nortorf 22/23 E 1
Norwegen
 54/55 B 3-D 2, 34/35 EF 2
Norwich 56/57 H 5
Nosy Be 77/78 E 3
Nosy Boraha 77/78 F 3
Nota 54/55 F 2
Notodden 54/55 B 4
Notsee 54/55 G 2
Nottaway 106/107 L 4
Nottingham 56/57 G 5
Nouâdhibou 70/71 C 5
Nouakchott 74/75 B 4
Nouméa 94 G 4
Nova Iguaçu 116/117 F 5
Novi Sad 64/65 C 3
Novo Hamburgo 118 C 2
Nowaja Semlja 85-87 EF 2
Nowa Sól (Neusalz) 22/23 K 4
Nowgorod 50/51 O 2
Nowohrad Wolinski 50/51 M 6
Nowokusnezk 85-87 H 4
Nowolasarewskaja 119.2 BC 8/9
Nowomoskowsk 50/51 S 4/5
Noworossisk 64/65 L 3
Nowosibirsk 85-87 H 4
Nowotscherkassk 64/65 N 2
Nowy Port 85-87 G 3
Nubaberge 74/75 FG 4
Nubien 74/75 FG 4
Nubische Wüste 74/75 G 3/4
Nueltinsee 106/107 IJ 3
Nueva Rosita 108/109 C 4
Nuevitas 108/109 F 4
Nuevo Laredo 108/109 D 4
Nu Jiang (Saluën) 88/89 E 3
Nukus 85-87 E 5
Nullarborebene 96/97 CD 4
Numedal 54/55 B 3/4
Nunivak 106/107 C 4
Nürburg 24/25 C 2
Nürburgring 24/25 B 2
Nurmes 54/55 F 3
Nürnberg 24/25 G 3
Nürtingen 24/25 E 4
Nuuk (Godthåb) 102/103 Q 3
Nyala 74/75 F 4
Nyíregyháza 50/51 J 8
Ny Ålesund 119.1 B 32
Nyiregyháza 64/65 D 2
Nyiru 77/78 D 1
Nykøbing; Stadt in Schweden
 22/23 G 1
Nyköping; Stadt in Dänemark
 54/55 D 4
Nymburk 24/25 K 2
Nynäshamn 54/55 D 4
Nzwani 70/71 I 9

O

Oahe-Stausee 108/109 C 2
Oahu 126/127 P 5
Oakland 108/109 A 3
Oasen von Guérara 74/75 D 3
Oasen von Tidikelt 74/75 D 3
Oasen von Tohat 74/75 C 3
Oaxaca 108/109 D 5
Ob 85-87 F 3
Obbusen 85-87 G 2/3
Oberammergau 24/25 G 5
Oberbayern 12 DE 5
Oberbayern, Regierungsbezirk
10 D 4
Oberer See 108/109 E 2
Oberfranken, Regierungsbezirk
10 D 3
Oberguinea 70/71 C-E 7
Oberguineaschwelle
68/69 C 6/E 7
Oberhausen 22/23 B 4
Oberhof 24/25 F 2
Oberkochen 24/25 F 4
Oberlausitz 22/23 I-K 4
Obernburg 24/25 E 3
Oberndorf 24/25 D 4
Obernilbecken 68/69 H 6/7
Oberösterreich 24/25 IJ 4
Oberpfälzer Wald 24/25 H 3
Oberpfalz, Regierungsbezirk
10 DE 4
Oberrheinisches Tiefland
11 BC 4
Obersauer See 24/25 A 3
Oberschwaben 12 C 5/D 4
Oberstdorf 24/25 F 5
Oberstein, Idar- 24/25 C 3
Oberviechtach 24/25 H 3
Obi 92/93 E 4
Óbidos 116/117 E 3
Obihiro 88/89 J 2
Obra 22/23 K 3
Obregón 108/109 C 4
Ocean Falls 106/107 G 4
Oceaninsel (Banaba) 94 GH 2
Oceanside 108/109 A 3
Ocha 85-87 N 4
Ochotsk 85-87 N 4
Ochotskisches Meer 85-87 NO 4
Ochsenfurt 24/25 F 3
Oda 74/75 G 3
Odda 54/55 B 3
Odense 54/55 C 4
Odenwald 24/25 DE 3
Oder 22/23 F 4
Oderbruch 22/23 J 3
Oder-Havel-Kanal 22/23 I 3
Oder-Spree-Kanal 22/23 J 3
Odesa; Stadt in der Ukraine
50/51 O 8
Odessa; Stadt in den USA
108/109 C 3
Odilienberg 24/25 C 4
Oebisfelde 22/23 FG 3
Oekusi (Dili) 92/93 E 4
Oelde 22/23 D 4
Oelsnitz 24/25 H 2
Oeno 126/127 R 8
Oettingen 24/25 F 4
Oeynhausen, Bad 22/23 D 3
Offenbach 24/25 D 2
Offenburg 24/25 C 4
Ofotfjord 54/55 D 2
Ogaden 74/75 H 5
Ogbomosho 74/75 D 5
Ogden 108/109 B 2
Ognon 24/25 B 5
Ohio 108/109 E 3
Ohre 22/23 G 3
Ohridsee 64/65 D 5
Öhringen 24/25 E 3
Oimjakon 85-87 N 3
Oise 56/57 I 7
Oita 88/89 I 3
Ojos del Salado 118 B 2
Oka, Fluss zur Angara 85-87 J 4
Oka, Fluss zur Wolga 50/51 R 4
Okara 88/89 C 3
Okavango 77/78 C 3
Okavangobecken 77/78 C 3
Okavangodelta 70/71 G 9/10
Okayama 88/89 I 3
Okeechobee-See 108/109 E 4

Oker 22/23 F 3
Okinawa-Inseln 88/89 H 4
Oklahoma City 108/109 D 3
Oku 74/75 E 5
Ólafsfjörður 54/55 B 1
Öland 38/39 F 3
Olbernhau 24/25 I 2
Olbia 60/61 J 5
Oldenburg; Stadt in Schleswig-
Holstein 22/23 F 1
Oldenburg; Stadt in Nieder-
sachsen 22/23 D 2
Oldenzaal 22/23 B 3
Oldesloe, Bad 22/23 F 2
Olekma 85-87 L 4
Oleksandria 50/51 P 7
Olenjok; Fluss 85-87 L 2
Olenjok; Stadt in Russland
85-87 K 3
Olenogorsk 54/55 G 2
Oléron 56/57 G 9
Olfen 24/25 C 5
Olinda 116/117 G 3
Oljokminsk 85-87 L 3
Olmütz (Olomouc) 50/51 H 7
Olomouc (Olmütz) 50/51 H 7
Olonez 54/55 G 3
Olpe 22/23 C 4
Olsztyn (Allenstein) 50/51 J 5
Olt 85-87 F 3
Olymp 64/65 E 5
Olympia; Ruinenstätte
64/65 D 7
Olympia; Stadt in den USA
108/109 A 2
Omaha 108/109 D 2
Oman 74/75 I 3, 122/123 P 5
Omatako 77/78 B 4
Omdurman 74/75 G 4
Omo 74/75 G 5
Omolon 85-87 P 3
Omsk 85-87 G 4
Öndör-Chan 85-87 K 5
Ondsee 54/55 G 3
Onegasee 85-87 C 3
Onitsha 74/75 D 5
Onon 85-87 K 4
Ontario 106/107 JK 4
Ontariosee 108/109 F 2
Oodnadatta 96/97 D 3
Oostende (Ostende) 56/57 I 6
Opole (Oppeln) 50/51 HI 6
Opotschka 50/51 N 3
Oppeln (Opole) 50/51 HI 6
Oppenheim 24/25 D 3
Oradea 64/65 D 2
Öræfajökull 54/55 B 2
Oran 60/61 E 8
Orange 96/97 E 4
Oranienburg 22/23 I 3
Oranje 77/78 B 4
Orb, Bad 24/25 E 2
Orcadas 119.2 C 2
Ord 96/97 D 2
Ordos 81/82 LM 6
Ordosplateau 88/89 F 3
Ordu 64/65 L 5
Örebro 54/55 D 4
Orel 50/51 Q/R 5
Orenburg 85-87 E 4
Orense 60/61 B 4
Oreschowo Zujewo 50/51 S 4
Öresund 54/55 C 4
Orhon 88/89 F 2
Orinoco 116/117 D 2
Orinocosenke 112 C 2
Orinocotiefland 112 BC 2
Orivesi 54/55 FG 3
Orkanger 54/55 B 3
Orkla 54/55 B 3
Orkney-Inseln 56/57 FG 2
Orlando 108/109 E 4
Orléanais 56/57 HI 8
Orléans 56/57 H 8
Orlicker Talsperre 24/25 J 3
Orne 24/25 B 5
Ornes 54/55 C 2
Örnsköldsvik 54/55 D 3
Orol 50/51 Q 7
Orscha 50/51 O 4
Orsk 85-87 E 4
Ørsta 54/55 B 3
Ortler 38/39 F 4
Örtze 22/23 EF 3
Oruro 116/117 D 4
Orust 54/55 C 4

Osaka 88/89 I 3
Osch 85-87 G 5
Oschatz 24/25 I 1
Oschersleben 22/23 G 3
Ösel (Saaremaa) 54/55 E 4
Oshawa 106/107 L 5
Oshkosh 108/109 E 2
Oshogbo 74/75 D 5
Osijek 60/61 O 3
Osipowitschi 50/51 N 5
Oskarshamn 54/55 D 4
Öskemen 85-87 H 4
Oslo 54/55 C 4
Oslofjord 54/55 C 4
Osmaniye 64/65 L 7
Osnabrück 22/23 D 3
Osorno 118 A 4
Ostafrikanische Schwelle
68/69 H 7/8
Ostanatolien 64/65 N-06
Ostaustralstrom 128/129 W 8/9
Ostchinesisches Meer
88/89 H 3/4
Oste 22/23 E 2
Ostende (Oostende) 56/57 I 6
Osterburg 22/23 G 3
Østerdal 54/55 C 3
Österdalälv 54/55 C 3
Osterholz-Scharmbeck
22/23 D 2
Osterinsel 128/129 E 8
Osterode 22/23 F 4
Österreich 10 EF 5, 34/35 F 4
Östersund 54/55 C 3
Osterwieck 22/23 F 4
Osteuropäisches Flachland
36/37 H 2/3
Ostfriesische Inseln 22/23 BC 2
Ostfriesland 22/23 C 2
Ostghats 88/89 CD 5
Ostkap (Neuseeland) 96/97 HI 4
Ostkarpaten 64/65 F 2/G 3
Östlicher Euphrat (Murat)
64/65 NO 6
Östlicher Großer Erg
74/75 D 2/3
Östlicher Indischer Rücken
124/125 R 9-7
Östlicher Taurus 64/65 L 7/O 6
Östliches Andenvorland
112 B 3/C 4
Östliche Sierra Madre
108/109 DC 4
Ostoder 22/23 J 2
Ostpatagonien 113 C 7/8
Ostpazifischer Rücken
126/127 S 9/T 6
Ostpreußen 50/51 I 5/K 4
Ostrau (Ostrava) 50/51 I 7
Ostrava (Ostrau) 50/51 I 7
Ostrow 50/51 N 3
Ostsajan 85-87 IJ 4
Ostsee 54/55 D 3
Ostsibirische See 85-87 O-Q 2
Ostsibirisches Gebirgsland
79/80 O-Q 3
Osumi-Inseln 88/89 I 3/4
Otaru 85-87 N 5
Oteren 54/55 D 2
Otra 54/55 B 4
Otranto 60/61 O 5
Otschamtschire 64/65 N 4
Otta 54/55 B 3
Ottawa; Stadt in Kanada
106/107 L 5
Ottawa; Fluss 106/107 L 5
Otterndorf 22/23 D 2
Ottobeuren 24/25 F 5
Ouaddaï 70/71 FG 6
Ouagadougou 74/75 C 4
Ouaran 74/75 BC 3
Ouargla 74/75 D 2
Oubangui 77/78 B 1
Oudalan 74/75 C 4
Ouessant 56/57 E 7
Ouesso 74/75 E 5
Ouham 74/75 E 5
Oujda 60/61 E 8
Oulu 54/55 F 2
Oulujoki 54/55 F 3
Oulusee 54/55 F 3
Ounasjoki 54/55 F 2
Ounastunturi 54/55 E 2
Outokumpu 54/55 F 3
Ovamboland 77/78 B 3

Overijssel 22/23 B 3
Oviedo 60/61 C 4
Owando 77/78 B 2
Oxelösund 54/55 D 4
Oxford 56/57 G 6
Oya-Shio 128/129 V 4/W 3
Oyo 74/75 D 5
Ozarkbergland 108/109 D 3

P

Paar 24/25 G 4
Pachuca 108/109 D 4
Padang 92/93 C 4
Paderborn 22/23 D 4
Paducah 108/109 E 3
Paestum 60/61 M 5
Pag 60/61 M 3
Pagalu (Annobón) 77/78 A 2
Pagan 92/93 G 2
Pagnirtung 106/107 M 3
Pagny 24/25 B 4
Päijänne 54/55 F 3
Paine 118 A 5
Paita 116/117 B 3
Pajala 54/55 E 2
Pakistan 88/89 B 4, 122/123 Q 5
Pakokku 88/89 E 4
Pakse 92/93 C 2
Palana 85-87 OP 4
Palanga 54/55 E 4
Palangkaraya 92/93 D 4
Palau 92/93 F 3
Palau-Inseln 92/93 F 3
Palawan 92/93 D 2/3
Paldiski 54/55 E 4
Palembang 92/93 C 4
Palencia 60/61 C 4
Palermo 60/61 L 6
Pallastunturi 54/55 E 2
Palma de Mallorca 60/61 G 6
Palmer; Forschungsstation
119.2 C 36
Palmerarchipel 119.2 C 36
Palmerland 119.2 BC 36
Palmerston North 96/97 H 5
Palmyra 64/65 M 8
Palmyra-Insel 126/127 P 6
Palu 92/93 D 4
Pamir 88/89 C 3
Pâmiut (Frederikshåb)
106/107 O 3
Pampa 118 B 3
Pamplona 60/61 E 4
Pamukkale 64/65 H 7
Panaji 88/89 C 5
Panama; Stadt 108/109 F 6
Panama; Staat
108/109 EF 6, 122/123 G 6
Panamakanal 108/109 E 5/F 6
Panay 92/93 E 2
Panevėzys 54/55 E 4
Panmunjom 88/89 H 2/3
Panshan 88/89 H 2
Pantanal 116/117 E 4
Pantelleria 60/61 L 7
Papeete 126/127 Q 8
Papenburg 22/23 C 2
Paphos 64/65 J 8
Papua-Neuguinea
94 EF 2, 122/123 VW 7
Paracelinseln 122/123 T 5
Paradies 22/23 K 3
Paraguay; Staat
118 BC 2, 122/123 HI 8
Paraguay; Fluss 113 D 5
Parakou 74/75 D 5
Paramaribo 116/117 E 2
Paramonga 116/117 C 4
Paramuschir 85-87 O 4/5
Paraná; Stadt in Argentinien
118 B 3
Paraná; Fluss 118 C 3

Pariser Becken 36/37 E 4
Parma 60/61 K 3
Parnaíba; Stadt in Brasilien
116/117 F 3
Parnaíba; Fluss 116/117 F 3
Parnass 64/65 E 6
Pärnu (Pernau) 54/55 E 4
Parry-Inseln 106/107 HI 2
Partenkirchen, Garmisch-
24/25 G 5
Partisansk (Sutschan)
85-87 M 5
Pasewalk 22/23 IJ 2
Pasni 88/89 B 4
Passau 24/25 I 4
Passo Fundo 118 C 2
Pass von Reinosa 60/61 D 4
Pasto 116/117 C 2
Pasvikelv 54/55 F 2
Patagonien 128/129 H 9/10
Patagonisches Tafelland
112 B 8/C 6
Patiala 88/89 C 3
Patkaigebirge 88/89 E 4
Patna 88/89 D 4
Patoslagune 118 CD 3
Patrai (Patras) 64/65 D 6
Patras (Patrai) 64/65 D 6
Pattani 92/93 C 3
Pau 56/57 G 10
Paulistana 116/117 F 3
Paulo-Afonso-Fälle
116/117 FG 3
Pawlodar 85-87 G 4
Pawlohrad 50/51 Q 7
Pawlowkaer Stausee 85-87 E 4
Paysandú 118 C 3
Paz de Río 116/117 C 2
Pazifisch-Antarktisches Becken
126/127 P-S 11
Pazifischer Ozean
126/127 M 5/R 9
Peace River; Stadt in Kanada
106/107 H 4
Peace River; Fluss 106/107 H 4
Pearyland 102/103 ST 1
Peawanuck 106/107 K 4
Pečky 24/25 K 2
Pecos 108/109 C 3
Pécs 64/65 C 2
Peene 22/23 I 2
Peenemünde 22/23 I 1
Pegnitz; Fluss 24/25 G 3
Pegnitz; Stadt in Bayern
24/25 G 3
Pegu 88/89 E 5
Peine 22/23 F 3
Peipussee 54/55 F 4
Peitz 22/23 J 4
Pekanbaru 92/93 C 3
Peking (Beijing) 88/89 G 3
Pelagische Inseln 60/61 L 8
Pelhřimov 24/25 K 3
Pelješac 60/61 N 4
Pellworm 22/23 D 1
Peloponnes, Halbinsel
64/65 DE 7
Pelotas 118 C 3
Pematangsiantar 92/93 B 3
Pemba; Stadt in Mosambik
77/78 E 3
Peñalara 60/61 CD 5
Peñarroya 60/61 E 5
Penner 88/89 C 5
Pennines 56/57 F 4/G 5
Pensa 85-87 D 4
Pensacola 108/109 E 3
Pentland Firth 56/57 F 2
Penzance 56/57 E 6
Peoria 108/109 E 2
Pereira 116/117 C 2
Perenmetral Norte 116/117 D 3
Perleberg 22/23 G 2
Perm 85-87 E 4
Pernau (Pärnu) 54/55 E 4
Perpignan 56/57 I 10
Persante 22/23 K 1
Persepolis 74/75 I 3
Persischer Golf
(Arabischer Golf) 74/75 I 3
Perth 96/97 B 4

161

Peru 116/117 C 3, 122/123 GH 7
Perubecken 126/127 TU 8
Perugia 60/61 L 4
Perugraben 126/127 U 7
Perwomaisk 50/51 O 7
Perwouralsk 85-87 E 4
Pescara 60/61 M 4
Peshawar 88/89 C 3
Peter-I.-Insel 119.2 C 33
Petersberg 22/23 GH 4
Petra 74/75 G 2
Petrodworez 54/55 F 4
Petrokrepost 54/55 G 4
Petropawlowsk-Kamtschatski
   85-87 O 4
Petrópolis 116/117 F 5
Petroșani 64/65 E 3
Petrosawodsk 85-87 C 3
Petrowsk-Sabaikalski 88/89 F 1
Petsamo (Petschenga)
   54/55 G 2
Petschenga (Petsamo)
   54/55 G 2
Petschora; Stadt in Russland
   85-87 E 3
Petschora; Fluss 85-87 E 3
Pewek 85-87 Q 3
Pfaffenhofen 24/25 G 4
Pfahl 24/25 H 3
Pfalz 24/25 C 2
Pfälzerwald 24/25 CD 3
Pfänder 12 C 5
Pfarrkirchen 24/25 H 4
Pforzheim 24/25 D 4
Pfraumberg 24/25 H 3
Pfronten 24/25 F 5
Pfullendorf 24/25 E 5
Phaistos 64/65 F 8
Phan Rang 92/93 C 2
Philadelphia 108/109 F 2/3
Philippinen; Staat
   92/93 E 2/3, 122/123 U 5/6
Philippinen; Inseln
   128/129 U 5/6
Philippinenbecken
   126/127 K 5/6
Philippinengraben 126/127 K 6
Philippsburg 24/25 D 3
Phnom Penh 92/93 C 2
Phoenix 108/109 B 3
Phönixinseln 126/127 O 7
Phuket 92/93 B 3
Piacenza 60/61 J 3
Piatra Neamț 64/65 G 2
Pica 118 B 2
Pic du Midi d'Ossau 60/61 EF 4
Pico 74/75 A 2
Pico Bolívar 116/117 C 2
Pico da Bandeira 116/117 F 5
Pico de Aneto 60/61 F 4
Pico de Itambé 116/117 F 4
Pico de Orizaba 102/103 M 8
Pico de Teide 74/75 B 3
Picos de Europa 60/61 C 4
Piedmont 100/101 NO 6
Piedras Negras 108/109 C 4
Piekberg 11 E 1
Pieksämäki 54/55 F 3
Pielinen 54/55 F 3
Pierre 108/109 C 2
Pietarsaari (Jakobstad)
   54/55 E 3
Pietermaritzburg 77/78 D 4
Pietersburg 77/78 C 4
Pietrosul 64/65 F 2
Pihtipudas 54/55 F 3
Pik Kommunismus 85-87 G 6
Pik Pobeda 88/89 CD 2
Pilbara 96/97 B 3
Pilcomayo 118 B 2
Pilica 50/51 J 6
Pilsen (Plzeň) 24/25 I 3
Pilsting 24/25 H 4
Pina 50/51 L 5
Pinang 81/82 KL 9
Pinar del Rio 108/109 E 4
Pinatubo 92/93 D 2
Pindingshan 88/89 H 2
Pindos 64/65 D 5/6
Pine Point 106/107 H 3
Pingxiang 88/89 G 4
Pinneberg 22/23 E 2
Pinsk 50/51 M 5
Piracicaba 116/117 F 5
Pirapora 116/117 F 4
Pirmasens 24/25 C 3

Pirna 24/25 I 2
Pisa; Stadt in Italien 60/61 K 4
Pisa; Berg 54/55 F 3
Pisco 116/117 C 4
Písek 24/25 J 3
Pitcairninsel 126/127 R 8
Piteå 54/55 E 2
Piteälv 54/55 E 2
Pitești 64/65 F 3
Piton des Neiges 68/69 J 10
Pitsanulok 92/93 C 2
Pittsburgh 108/109 EF 2
Pityusen 60/61 FG 6
Piura 116/117 B 3
Pjasee 54/55 G 2
Pjasina 85-87 I 2
Pjatigorsk 64/65 O 3
Pjöngjang 88/89 H 3
Plane 22/23 H 3
Plateau de Langres 56/57 J 8
Plateau von Djado 74/75 E 3
Plateau von Erdi 74/75 F 4
Plateau von Tademaït 74/75 D 3
Platte 108/109 D 2
Platte, North 108/109 C 2
Plattensee (Balaton)
   64/65 BC 2
Platte, South 108/109 C 2
Plattling 24/25 H 4
Plau 22/23 H 2
Plauen 24/25 H 2
Plauer See 22/23 H 2
Pleskau 85-87 B 4
Pleskauer See 54/55 F 4
Plettenberg 22/23 C 4
Pleven 64/65 F 4
Płock 50/51 I 5
Plöckenbach 50/51 F 8
Plöckenstein 24/25 I 4
Plojești 64/65 FG 3
Plön 22/23 F 1
Plöne 22/23 J 2
Plönesee 22/23 JK 2
Plovdiv 64/65 F 4
Plymouth 56/57 E 6
Plzeň (Pilsen) 24/25 I 3
Po 60/61 K 3
Pobeda; Berg 85-87 N 3
Pobeda; Insel 119.2 C 16
Poděbrady 24/25 K 2
Podgorica 38/39 F 4
Podolien 50/51 MN 7
Podolsk 50/51 R 4
Poebene 36/37 EF 4
Poel 22/23 G 1
Pohjanmaa 54/55 E 3-F 2
Pohnpei 122/123 W 6
Point Barrow 119.1 B 13/C 14
Pointe du Raz 56/57 E 7
Pointe-Noire 77/78 B 2
Poitiers 56/57 H 8
Pojangsee 92/93 D 1
Polatli 64/65 J 6
Polen 10 F 2, 34/35 FG 3
Pölitz 22/23 J 2
Polozk 50/51 N 4
Poltawa 50/51 Q 7
Polynesien 126/127 O 5/P 8
Pommern
   50/51 F 5/H 4, 22/23 I-K 2
Pommersche Bucht 22/23 J 1
Pommersfelden 24/25 F 3
Pompeji; Ruinenstätte
   60/61 M 5
Pompey; Stadt in Frankreich
   24/25 B 4
Poñalara 56/57 EF 11
Ponape 128/129 W 6
Ponca City 108/109 D 3
Ponce 108/109 G 5
Pondicherry 88/89 C 5
Pond Inlet 106/107 L 2
Ponoj 54/55 H 2
Ponta Delgada 74/75 A 2
Ponta Grossa 116/117 E 5
Pont-à-Mousson 24/25 B 4
Ponta Porã 116/117 E 5
Pontevedra 60/61 A 3
Pontianak 92/93 C 4
Pontinische Inseln 60/61 L 5
Pontisches Gebirge
   64/65 J-N 5
Poona (Pune) 88/89 C 5
Poopósee 116/117 D 4
Popayán 116/117 C 2
Popocatépetl 108/109 D 5

Popondetta 92/93 G 4
Poppberg 24/25 G 3
Porbandar 88/89 B 4
Porcupine 106/107 E 3
Pori 54/55 E 3
Porog Bolschoj 54/55 GH 2
Porrentruy 24/25 C 5
Porsangerfjord 54/55 F 1
Porsuk 64/65 I 6
Port Alberni 106/107 G 5
Port Augusta 96/97 D 4
Port-au-Prince 108/109 F 5
Porta Westfalica 22/23 D 3
Port Blair 88/89 E 5
Port Cartier 106/107 M 4
Port Elizabeth 77/78 C 5
Port-Gentil 77/78 A 2
Port Harcourt 74/75 D 5
Port Hedland 96/97 B 3
Port Kembla 96/97 E 4
Portland; Stadt in Oregon, USA
   108/109 A 2
Portland; Stadt in Maine, USA
   108/109 F 2
Port Lincoln 96/97 D 4
Port Louis 70/71 J 10
Port Moresby 94 E 2
Port Nollotho 77/78 B 4
Porto 60/61 A 5
Porto Alegre 118 C 3
Port-of-Spain 108/109 G 5
Porto Novo 74/75 D 5
Porto-Primavera-Stausee
   116/117 E 5
Pôrto Santana 116/117 E 3
Pôrto Velho 116/117 D 3
Portovesme 60/61 I 6
Portoviejo 116/117 B 3
Port Pirie 96/97 D 4
Port Radium 119.1 C 9
Port Said 74/75 G 2
Portsmouth 56/57 G 6
Port Stanley 118 C 5
Port Sudan 74/75 G 4
Porttipahta-Stausee 54/55 F 2
Portugal
   60/61 A 7/B 5, 34/35 C 5/D 4
Port Vila 94 G 3
Port Wladimir 54/55 G 2
Porvoo (Borgå) 54/55 F 3
Posadas 118 C 2
Posen (Poznań) 50/51 H 5
Pößneck 24/25 G 2
Postawy 50/51 M 4
Potenza 60/61 M 5
Poti 64/65 N 4
Potosí 116/117 D 4
Potrerillos 118 B 2
Potschefstroom 77/78 C 4
Potsdam 22/23 I 3
Powell River 106/107 G 5
Powell-Stausee
   108/109 BC 3
Poyang Hu 88/89 G 4
Poza Rica de Hidalgo
   108/109 D 4
Poznań (Posen) 50/51 H 5
Prachatitz 24/25 IJ 3
Praha (Prag); Stadt in der Tsche-
   chischen Republik 38/39 F 3
Praha; Berg 24/25 I 3
Praia 122/123 K 5/6
Prärien 102/103 K 4/L 6
Prato 60/61 K 4
Predeal 64/65 F 3
Predlitz 24/25 I 5
Preetz 22/23 F 1
Pregel 50/51 JK 4
Premnitz 22/23 H 3
Prenzlau 22/23 I 2
Prerow 22/23 H 1
Prespasee 64/65 D 5
Preßburg (Bratislava)
   50/51 H 7
Přeštice 24/25 I 3
Pretoria 77/78 C 4
Prewesa 64/65 D 6
Přibram 24/25 IJ 3
Prignitz 22/23 GH 2
Prikumsk 64/65 P 3
Prince Albert 106/107 I 4
Prince-Albert, Halbinsel
   106/107 H 2
Prince-Charles-Insel
   106/107 L 3

Prince-Charles-Mountains
   119.2 BC 13
Prince George 106/107 G 4
Prince of Wales-Insel
   106/107 IJ 2
Prince-Patrick-Insel
   106/107 GH 2
Prince Rupert 106/107 F 4
Prince-William-Sund
   106/107 E 3/4
Príncipe 77/78 A 1
Príncipe da Beira 116/117 D 4
Prinz-Eduard-Insel; Insel in Ka-
   nada 108/109 G 2
Prinz-Eduard-Insel; Provinz
   106/107 M 5
Prinz-Eduard-Inseln; Inseln süd-
   lich von Afrika 128/129 O 10
Prinzessin-Astrid-Küste
   119.2 B 7/8
Prinzessin-Martha-Küste
   119.2 B 5-7
Prinzessin-Ragnhild-Küste
   119.2 B 9/10
Priosersk 54/55 G 3
Pripjet 50/51 MN 5/6
Pripjetniederung 50/51 L-N 5
Priština 64/65 D 4
Pritzwalk 22/23 H 2
Probstzella 24/25 G 2
Prokopjewsk 85-87 H 4
Prome 88/89 E 5
Provence 56/57 J 10/K 9
Providence; Insel 77/78 F 2
Providence; Stadt in den USA
   108/109 F 2
Providencia 108/109 EF 5
Prowidenija 85-87 R 3
Prüm 24/25 B 2
Prunn 24/25 G 4
Pruth 64/65 F 1
Pskow (Pleskau) 50/51 N 3
Psol 50/51 Q 6
Ptitsch 50/51 N 5
Pucallpa 116/117 C 3
Pudasjärvi 54/55 F 2
Puebla 108/109 D 5
Pueblo 108/109 C 3
Puerto Aisén 118 A 4
Puerto Armuelles 116/117 B 2
Puerto Baquerizo 116/117 B 3
Puerto Barrios 108/109 E 5
Puerto Cabello 116/117 D 1
Puerto Cabezas 108/109 E 5
Puerto Cortés 108/109 E 5
Puerto Deseado 118 B 4
Puertollano 60/61 C 6
Puerto Madryn 118 B 4
Puerto Maldonado
   116/117 D 4
Puerto Montt 118 A 4
Puerto Natales 118 A 5
Puerto Princesa 92/93 D 3
Puerto Rico; Autonome Region
   108/109 G 5
Puerto Rico; Insel 102/103 P 8
Puerto-Rico-Graben
   124/125 H 5
Pula 60/61 L 3
Puncak Jaya 92/93 F 4
Pune (Poona) 88/89 C 5
Punjab 88/89 C 3
Puno 116/117 C 4
Punta Alta 118 B 3
Punta Arenas 118 A 5
Puntarenas 108/109 E 5
Punto Fijo 116/117 C 1
Pur 85-87 G 3
Pürglitz 24/25 IJ 2
Purus 116/117 D 3
Pusan 88/89 H 3
Puschkin 54/55 G 4
Pußta 64/65 D 2
Putbus 22/23 I 1
Putoranagebirge 85-87 I 3
Puttgarden 22/23 G 1
Putumayo 116/117 C 3
Puulasee 54/55 F 3
Pyhäjärvi 54/55 E 3
Pyhätunturi 54/55 F 2
Pyrenäen 60/61 E-G 4
Pyritz 22/23 J 2
Pyrmont, Bad 22/23 E 4

Q

Qaidambecken 88/89 E 3
Qalembang 79/80 L 10
Qânâq (Thule) 106/107 M 2
Qaqortoq (Julianehåb)
   106/107 O 3
Qardho 74/75 H 5
Qasigiánguit (Christianshåb)
   106/107 N 3
Qazwin 74/75 IH 2
Qena 74/75 G 3
Qeqertarssuaq (Godhavn)
   106/107 N 3
Qingdao (Tsingtau) 88/89 H 3
Qinghai Hu 88/89 E 3
Qinhuangdao 88/89 G 2/3
Qin Ling 88/89 FG 3
Qom 74/75 I 2
Qon 36/37 J 5
Quaddaï 74/75 EF 4
Quakenbrück 22/23 C 3
Quanzhou (Tschüantschou)
   88/89 G 4
Quebec; Stadt in Kanada
   106/107 L 5
Quebec; Provinz 106/107 LM 4
Quedlinburg 22/23 G 4
Queensland 96/97 DE 3
Queenstown; Stadt in Südafrika
   77/78 C 5
Queenstown; Stadt in Australien
   96/97 E 5
Queenstown; Stadt in Neusee-
   land 96/97 G 5
Queis 22/23 K 4
Quelimane 77/78 D 3
Quemoy 88/89 G 4
Queque 77/78 C 3
Querétaro 108/109 C 4
Querfurt 22/23 G 4
Quesso 77/78 B 1
Quetta 88/89 B 3
Quezaltenango 108/109 D 5
Quezon City 92/93 E 2
Quilpie 96/97 E 3
Quimper 56/57 E 8
Qui Nhon 92/93 C 2
Quito 116/117 C 3

R

Raahe 54/55 E 3
Raalte 22/23 B 3
Rabat 74/75 C 2
Rabaul 94 F 2
Rabenstein 22/23 H 3
Raby 24/25 I 3
Racht 74/75 H 2
Racine 108/109 E 2
Radbusa 24/25 H 3
Radeberg 24/25 I 1
Radebeul 24/25 I 1
Radium Hill 96/97 E 4
Radolfzell 24/25 D 5
Radom 50/51 J 6
Rafaela 118 B 3
Ragusa 60/61 M 7
Rain 24/25 F 4
Raipur 88/89 D 4
Rajahmundry 88/89 D 5
Rajastan 88/89 C 4
Rajkot 88/89 C 4
Rajshahi 88/89 D 4
Rakovnik 24/25 I 2
Rakvere 54/55 F 4
Raleigh 108/109 F 3
Rambervillers 24/25 B 4
Ramu 92/93 G 4
Rana 54/55 C 2
Rancagua 118 A 3
Ranchi 88/89 D 4
Randers 54/55 C 4
Randow 22/23 J 2
Randsfjord 54/55 C 3
Rangiora 126/127 PQ 7/8

Rangpur 88/89 D 4
Rangun (Yangon) 92/93 B 2
Rapa-Insel 126/127 Q 8
Rapid City 108/109 C 2
Rappbode-Stausee 22/23 F 4
Ras al Hadd 74/75 J 3
Ras Dashan 74/75 G 4
Ras Fartak 74/75 I 4
Rashid 74/75 G 2
Rasht 79/80 F 6
Ras Madraka 74/75 I 4
Ras Mohammed 74/75 G 3
Rastatt 24/25 D 4
Ras Xaafuun 74/75 I 4
Rathenow 22/23 H 3
Ratzeburg 22/23 F 2
Ratzeburger See 22/23 FG 2
Raudnitz 24/25 J 2
Rauher Kulm 24/25 G 3
Rauma 54/55 E 3
Ravenna 60/61 L 3
Ravensburg 24/25 E 5
Rawalpindi 88/89 C 3
Rawson 118 B 4
Ré 56/57 G 8
Rebiana, Erg 74/75 F 3
Recherche-Archipel 96/97 C 4
Recife 116/117 G 3
Recklinghausen 22/23 C 4
Recknitz 22/23 H 1
Red Deer 106/107 H 4
Red Lake 106/107 J 4
Red River 108/109 D 3
Rega 22/23 K 2
Regen; Fluss 24/25 H 3
Regen; Stadt in Bayern 24/25 I 4
Regensburg 24/25 H 3/4
Reggane 74/75 C 3
Reggio di Calabria 60/61 M 6
Reggio nell'Emilia 60/61 K 3
Regina 106/107 I 4
Registan 74/75 J 2
Regnitz 24/25 F 3
Rehau 24/25 H 2
Rehobot 77/78 B 4
Reichenau; Stadt in Polen
    22/23 J 5
Reichenau; Insel 24/25 DE 5
Reichenau; Stadt in Sachsen
    24/25 J 2
Reichenbach 24/25 H 2
Reichenberg (Liberec)
    24/25 K 2
Reichenhall, Bad 24/25 H 5
Reichenstein 24/25 I 3
Reichenweier 24/25 C 4
Reichstett 24/25 C 4
Reims 56/57 J 7
Reinosa, Pass von 60/61 D 4
Reit im Winkl 24/25 H 5
Remagen 24/25 C 2
Remiremont 24/25 B 4
Rems 24/25 E 4
Remscheid 22/23 C 4
Rendsburg 22/23 E 1
Rennes 56/57 G 7
Reno 108/109 B 3
Rentiersee 106/107 I 4
Reppen 22/23 J 3
Republik China (Taiwan)
    88/89 H 4, 122/123 U 5
Republik Kongo
    77/78 B 1/2, 122/123 M 7/N 6
Republik Korea (Südkorea)
    88/89 HI 3, 122/123 U 4
Repulse Bay 106/107 K 3
Rerik 22/23 G 1
Resht 81/82 F 6
Resistencia 118 C 2
Reșița 64/65 D 3
Resolute; Stadt in Kanada
    106/107 J 2
Resolute; Forschungsstation
    119.1 B 6/7
Resolutioninsel 106/107 M 3
Retschiza 50/51 O 5
Réunion 70/71 J 10
Reutlingen 24/25 E 4
Revilla-Gigedo-Inseln
    108/109 B 5
Reykjanes 54/55 A 2
Reykjavík 54/55 A 2
Reynosa 108/109 D 4
Rezayeh (Urumieh) 74/75 H 2

Rezayehsee (Urumiehsee)
    74/75 H 2
Rēzekne 50/51 M 3
Rheda-Wiedenbrück 22/23 D 4
Rheden 22/23 B 3
Rhein 10 B 3
Rheinbach 24/25 B 2
Rheine 22/23 C 3
Rheinfall 24/25 D 5
Rheinhessen 12 C 4
Rheinhessen-Pfalz, Regierungs-
    bezirk 10 BC 4
Rheinland-Pfalz
    24/25 B 2/C 3, 10 B 3/4
Rhein-Marne-Kanal 24/25 B 4
Rhein-Rhône-Kanal 24/25 BC 5
Rheinsberg 22/23 H 2
Rhein-Seiten-Kanal 24/25 C 5
Rheinstein 24/25 C 3
Rhin 22/23 H 2
Rhin-Kanal 22/23 H 3
Rhinluch 22/23 H 3
Rhodopen 64/65 EF 5
Rhodos; Insel 64/65 H 7
Rhodos; Stadt 64/65 H 7
Rhön 24/25 E 2/F 2
Rhondda 56/57 F 6
Rhône 56/57 J 9
Rhum 56/57 D 3
Rhume 22/23 F 4
Riad (Ar Riyad) 74/75 H 3
Rías Altas 60/61 A 4
Rías Bajas 60/61 A 4
Riau-Inseln 92/93 C 3
Ribeirão Prêto 116/117 F 5
Riberalta 116/117 D 4
Rîbnița 64/65 H 2
Ribnitz-Damgarten 22/23 H 1
Richards Bay 77/78 D 4
Richmond 108/109 F 3
Ried 24/25 I 4
Riedlingen 24/25 E 4
Ries 24/25 F 4
Riesa 24/25 I 1
Rifstangi 54/55 B 1
Riga 54/55 E 4
Rigaischer Meerbusen 54/55 E 4
Riiser-Larsen, Halbinsel
    119.2 C 10
Rijeka 60/61 M 3
Rila 64/65 E 4/5
Rilakloster 64/65 E 4
Rimini 60/61 L 3
Ringvassøy 54/55 D 2
Rinteln 22/23 E 3
Riobamba 116/117 C 3
Rio Branco; Stadt in Brasilien
    116/117 D 3
Rio Branco; Fluss 116/117 D 2
Rio Branco Senke 112 CD 2
Rio Bravo del Norte 108/109 C 4
Río Cuarto 118 B 3
Rio de Janeiro 116/117 F 5
Río de la Plata 118 C 3
Río Gallegos 118 B 5
Rio Grande; Stadt in Argentinien
    118 B 5
Rio Grande; Stadt in Brasilien
    112 C 6
Rio Grande; Fluss in Bolivien
    116/117 D 4
Rio Grande Fluss zum Paraná
    118 D 2
Rio-Grande-Schwelle
    124/125 J 8/K 9
Rio Grande; Fluss zum Golf von
    Mexiko 108/109 D 4
Rio Negro 122/123 H 7
Río Negro; Fluss in Argentinien
    118 B 3/4
Rio Negro; Fluss zum Amazonas
    116/117 D 3
Río Negro-Stausee 118 C 3
Rioni 64/65 O 4
Río Turbio 118 A 5
Risør 54/55 B 4
Riß 24/25 E 4
Riverina 96/97 E 4
Riwne 50/51 M 6
Rize 64/65 N 5
Rjasan 85-87 C 4
Rjukan 54/55 B 4
Roanne 56/57 J 8
Roanoke; Fluss 108/109 F 3
Roanoke; Stadt in den USA
    108/109 F 3

Röbel 22/23 H 2
Robinson-Crusoe-Insel 113 B 6
Rocas 116/117 G 3
Rochester 108/109 F 2
Rochlitz 24/25 H 1
Rockall 56/57 A 3
Rockhampton 96/97 F 3
Rock of Cashel 56/57 D 5
Rock Springs 108/109 C 2
Rocky Mountains
    102/103 J 3/L 6, 106/107 G 4/I 5,
    108/109 B 2/C 3
Rødby Havn 22/23 G 1
Rodolfo Marsh 119.2 C 1
Rodrigues 128/129 Q 8
Roer 24/25 AB 1
Roermond 22/23 AB 4
Rohr 24/25 G 4
Rohrbach 24/25 I 4
Rokycany 24/25 I 3
Rom (Roma) 60/61 L 5
Roma (Rom); Stadt in Italien
    60/61 L 5
Roma; Stadt in Australien
    96/97 E 3
Romanshorn 24/25 E 5
Rona 56/57 E 2
Ronas Hill 56/57 G 1
Ronchamp 24/25 B 5
Rondane 54/55 BC 3
Rondeslottet 54/55 BC 3
Rønne 54/55 C 4
Rönnskär 54/55 E 3
Rooseveltinsel 119.2 B 25/26
Roper 96/97 D 2
Roraima 116/117 D 2
Røros 54/55 C 3
Rosario; Stadt in Argentinien
    118 B 3
Rosário; Stadt in Brasilien
    116/117 F 3
Roseau 108/109 G 5
Rosenberg 22/23 G 2
Rosenberger Teich 24/25 JK 3
Rosenberg, Sulzbach- 24/25 G 3
Rosenheim 24/25 H 5
Roslawl 50/51 P 5
Rosslare 56/57 D 5
Roßlau 22/23 H 4
Rossmeer 119.2 B 26-24
Rosso 74/75 B 4
Ross-Schelfeis 119.2 A
Røssvatn 54/55 C 2
Røst 54/55 C 2
Rostock 22/23 H 1
Rostock-Warnemünde
    22/23 H 1
Rostow 64/65 M 2
Roswell 108/109 C 3
Rota 92/93 G 2
Rotenburg; Stadt in Nieder-
    sachsen 22/23 E 2
Rotenburg; Stadt in Hessen
    24/25 E 1/2
Roter Main 24/25 G 2/3
Rotes Becken 88/89 F 3/4
Rotes Kliff 22/23 D 1
Rotes Meer 74/75 G 3/H 4
Rothaargebirge 12 C 3
Rothenburg ob der Tauber
    24/25 F 3
Rothera 119.2 C 35
Roti 92/93 E 5
Rott 24/25 H 5
Rottenburg; Stadt in Baden-
    Württemberg 24/25 D 4
Rottenburg; Stadt in Bayern
    24/25 H 4
Rotterdam 56/57 J 6
Rottweil 24/25 D 4
Rotuma 94 H 3
Roubaix 56/57 I 6
Rouen 56/57 H 7
Rourkela 88/89 D 4
Rovaniemi 54/55 F 2
Rovuma 77/78 D 3
Rschew 50/51 O 3
Ruancanafälle 77/78 B 3
Ruanda 77/78 CD 2, 122/123 N 7
Rubzowsk 85-87 H 4
Rudelsburg 24/25 G 1
Ruden 22/23 I 1
Rüdersdorf 22/23 I 3
Rüdesheim 24/25 C 3
Rudkøbing 22/23 F 1
Rudny 85-87 F 4

Rudolfsee (Turkanasee)
    77/78 D 1
Rudolfsenke 68/69 H 7
Rudolstadt 24/25 G 2
Rufiji 77/78 D 2
Rügen 22/23 I 1
Ruhla 22/23 F 5
Ruhner Berge 22/23 G 2
Ruhr 22/23 C 4
Ruki 77/78 B 2
Rukwasee 77/78 D 2
Rum Jungle 96/97 D 2
Rungwe 77/78 D 2
Ruppiner Kanal 22/23 HI 3
Rur 24/25 B 2
Ruse 64/65 F/G 4
Russe 74/75 F 1
Rüsselsheim 24/25 D 3
Russland
    50/51 O-R 3, 122/123 Q-U 2
Rustawi 64/65 P 5
Ruwenzori 77/78 C 1
Rybinsk 50/51 S 2
Rybinsker Stausee
    85-87 C 4, 50/51 RS 2
Ryukyugraben 124/125 U 5
Ryukyu-Inseln 88/89 H 4
Rzeszów 50/51 J 6

S

Saalach 24/25 H 5
Saalburg 24/25 D 2
Saale 12 D 3
Saalfeld 24/25 G 2
Saalfelden 24/25 H 5
Saar 24/25 B 3
Saarbrücken 24/25 BC 3
Saarburg 24/25 B 3
Saaremaa (Ösel) 54/55 E 4
Saargemünd (Sarrequemines)
    24/25 C 3
Saariselkä 54/55 F 2
Saar-Kohlen-Kanal 24/25 B 3/4
Saarland 24/25 BC 3, 10 B 4
Saarlouis 24/25 B 3
Saar-Nahe-Bergland 11 B 4
Saaz 24/25 I 2
Saba 74/75 H 4
Sababurg 22/23 E 4
Sabadell 60/61 G 5
Sabha 74/75 E 3
Sable-Insel 106/107 GH 2
Sabrinaküste 119.2 C 18/19
Sachalin 85-87 N 5
Sachsen 24/25 HI 2, 10 E 3
Sachsen-Anhalt
    22/23 G 3, 10 D 2/3
Sächsische Schweiz 12 EF 3
Säckingen, Bad 24/25 C 5
Sacramento; Stadt in den USA
    108/109 A 3
Sacramento; Fluss
    108/109 A 2/3
Sadah 74/75 H 4
Safi 74/75 C 2
Safonowo 50/51 P 4
Sagan (Zagań) 22/23 K 4
Sagar 88/89 C 4
Sahara; Staat
    74/75 B 3, 122/123 KL 5
Sahara; Landschaft 74/75 B-F 3
Sahara-Atlas 74/75 CD 2
Saharanpur 88/89 C 3/4
Sahel 60/61 K 8
Sahidan 79/80 H 7
Saïda 60/61 F 8
Saidpur 88/89 D 4
Saigon (Ho Chi Minh) 92/93 C 2
Saimaakanal 54/55 F 3
Saimaasee 54/55 F 3
Sainshand 88/89 FG 2
Saint Avold 24/25 B 3
Saint-Brieuc 56/57 F 7
Saint Christoph und Nevis
    116/117 D 1, 122/123 H 5
Saint David's Head 56/57 E 6

Saint Denis 70/71 J 10
Saint-Dié 24/25 B 4
Saint-Eliasberge 106/107 EF 3
Saint-Étienne 56/57 J 9
Saint George's 108/109 G 5
Saint Hélier 56/57 F 7
Saint-Hippolyte 24/25 B 5
Saint John; Stadt in Neubraun-
    schweig, Kanada 106/107 M 5
Saint John's; Stadt in Neufund-
    land, Kanada 106/107 N 5
Saint John's; Stadt in Antigua
    u. Barbuda 108/109 G 5
Saint Joseph 108/109 D 3
Saint Kilda 56/57 C 3
Saint-Louis; Stadt im Senegal
    74/75 B 4
Saint Louis; Stadt in den USA
    108/109 D 3
Saint Lucia
    108/109 GH 5, 122/123 H 6
Saint-Martin 108/109 G 5
Saint-Michel 24/25 C 4
Saint-Nazaire 56/57 F 8
Saint Paul; Stadt in den USA
    108/109 D 2
Saint Paul; Insel 128/129 QR 9
Saint Petersburg 108/109 E 4
Saint Pierre; Insel der Seschel-
    len 77/78 EF 2
Saint-Pierre; Insel vor Neufund-
    land 106/107 N 5
Saint-Quentin 56/57 I 7
Saint Vincent und die
    Grenadinen
    108/109 GH 5, 122/123 HI 6
Saipan 92/93 G 2
Saissansee 85-87 H 5
Sajama 116/117 D 4
Sajan 81/82 K 4
Sakakawea-Stausee
    108/109 C 2
Sakamensk 85-87 J 4
Sakarya 64/65 I 6
Sakinthos 64/65 D 7
Sakishima-Inseln 88/89 H 4
Sala 54/55 D 4
Salado 118 B 2
Salala 74/75 I 4
Salamanca; Stadt in Spanien
    60/61 C 5
Salamanca; Stadt in Mexiko
    108/109 C 4
Salangen 54/55 D 2
Salar de Atacama 118 B 2
Salar de Atacama 116/117 C 5
Salar de Uyuni 118 B 2
Salawat 85-87 E 4
Sala y Gómez 128/129 EF 8
Sala-y-Gómez-Rücken
    126/127 T 8
Saldanha 77/78 B 5
Saldenburg 24/25 I 4
Salechard 85-87 F 3
Salem; Stadt in den USA
    108/109 A 2
Salem; Stadt in Indien
    88/89 C 5
Salerno 60/61 M 5
Salihli 64/65 H 6
Salina Cruz 108/109 D 5
Salinas Grandes 118 B 2/3
Salla 54/55 F 2
Salluit 106/107 L 3
Salmi 54/55 G 3
Salmünster, Bad Soden-
    24/25 E 2
Salomonen
    96/97 FG 1, 122/123 W 7
Salomoninseln 94 F 2/G 3
Saloniki 64/65 E 5
Salpausselkä 54/55 F 3
Salsk 64/65 N 2
Salta; Stadt in Argentinien
    118 B 2
Salta; Landschaft 54/55 CD 2
Saltfjord 54/55 C 2
Saltillo 108/109 C 4
Salt Lake City 108/109 B 2
Salto 118 C 3
Saltonsee 108/109 B 3
Saluën (Nu Jiang) 88/89 E 3
Salum 74/75 F 2
Salvador 116/117 G 4
Salza 24/25 J 5
Salzach 12 E 4/5

Salzburg; Stadt in Österreich 24/25 I 5
Salzburg; Bundesland 24/25 HI 5
Salzburger Alpen 24/25 HI 5
Salzdetfurth, Bad 22/23 F 3
Salzgitter 22/23 F 3
Salzkammergut 24/25 I 5
Salzschlirf, Bad 24/25 E 2
Salzuflen, Bad 22/23 D 3
Salzungen, Bad 24/25 F 2
Salzwedel 22/23 G 3
Samar 92/93 E 2
Samara 85-87 E 4
Samaraer Stausee 38/39 IJ 3
Samarai 92/93 H 5
Samarinda 92/93 D 4
Samarkand 85-87 F 6
Samarra 64/65 O 8
Sambesi 77/78 D 3
Sambesisenke 68/69 GH 9
Sambia 77/78 CD 3, 122/123 N 7
Samchok 88/89 H 3
Samoa-Inseln 126/127 O 7
Samos 64/65 G 7
Samothraki 64/65 FG 5
Samsø 54/55 C 4
Samsun 64/65 L 5
San; Stadt in Mali 74/75 C 4
San; Fluss 50/51 K 6
Sanaa 74/75 H 4
Sanae 119.2 C 6
Sanaga 74/75 E 5
San Ambrosio 113 B 5
San Andrés 108/109 E 5
San Angelo 108/109 C 3
San Antonio; Stadt in den USA 108/109 D 4
San Antonio; Stadt in Argentinien 118 A 4
San Bernardino 108/109 B 3
San Carlos 92/93 E 2
San Carlos de Bariloche 118 A 4
San Cristobal 94 G 3
San Cristóbal; Stadt in Venezuela 116/117 C 2
San Cristóbal; Insel 116/117 B 3
Sandakan 92/93 D 3
Sanday 56/57 FG 2
Sande 22/23 CD 2
San Diego 108/109 B 3
Sandnes 54/55 B 4
Sandnessjøen 54/55 C 2
Sandviken 54/55 D 3
San Felipe 108/109 B 3
San Félix 113 A 5
San Fernando 92/93 E 2
San Fernando de Apure 116/117 D 2
San Francisco 108/109 A 3
Sanga 77/78 B 1
Sangar 85-87 L 3
Sangerhausen 22/23 G 4
Sangihe-Inseln 92/93 E 3
Sangli 88/89 C 5
San Ignacio 116/117 E 4
San Jorge 74/75 A 2
San Jorge-Golf 118 B 4
San José; Stadt in Guatemala 108/109 D 5
San José; Stadt in den USA 108/109 A 3
San José; Stadt in Costa Rica 108/109 E 5/6
San Juan; Stadt in den USA 108/109 G 5
San Juan; Fluss 108/109 C 3
San Juan; Stadt in Argentinien 118 B 3
Sankt Blasien 24/25 D 5
Sankt Christopher und Nevis 108/109 G 5, 122/123 H 5
Sankt Florian 24/25 J 4
Sankt Gallen 24/25 E 5
Sankt Georgs-Arm (Donau) 64/65 H 3
Sankt-Georgs-Kanal 56/57 D 6/E 5
Sankt Goar 24/25 C 2
Sankt Gotthard 60/61 J 2
Sankt Helena; Autonomes Gebiet 70/71 D 9
Sankt Helena; Insel 128/129 L 8
Sankt Ingbert 24/25 C 3
Sankt Joachimsthal 24/25 H 2
Sankt Johann 24/25 I 5

Sankt-Lorenz-Golf 106/107 M 5
Sankt-Lorenz-Insel 106/107 B 3
Sankt-Lorenz-Strom 106/107 M 5
Sankt-Matthäus-Insel 106/107 B 3
Sankt-Peter-Ording 22/23 D 1
Sankt Petersburg 54/55 G 4
Sankt Vith 24/25 B 2
Sankt Wendel 24/25 C 3
Sankuru 77/78 C 2
San Lorenzo; Stadt in Ecuador 116/117 C 2
San Lorenzo; Stadt in Argentinien 118 B 3
San Luis 118 B 3
San Luis Potosí 108/109 C 4
San Marino 60/61 L 4, 34/35 F 4
San Martin 119.2 C 36
San Matías-Golf 118 B 4
Sanmenxia Stausee 88/89 FG 3
San Miguel 74/75 A 2
Sanna 122/123 O 5
San Nicolás; Stadt in Peru 116/117 C 4
San Nicolás; Stadt in Argentinien 118 B 3
San Pedro Sula 108/109 E 5
San Pietro 60/61 IJ 6
San Rafael 118 B 4
San Remo 60/61 I 4
San Salvador; Insel 108/109 F 4
San Salvador; Stadt in El Salvador 108/109 D 5
Sansanding 74/75 C 4
San Sebastián 60/61 E 4
Sansibar 77/78 D 2
Sanssouci 22/23 H 3
Santa Ana 108/109 E 5
Santa Barbara 108/109 B 3
Santa Clara 108/109 F 4
Santa Cruz; Stadt in Spanien 74/75 B 3
Santa Cruz; Stadt in Bolivien 116/117 D 4
Santa Cruz; Insel 116/117 AB 3
Santa Cruz; Stadt in Argentinien 118 B 4
Santa-Cruz-Inseln 94 G 3
Santa Fe; Stadt in den USA 108/109 C 3
Santa Fe; Stadt in Argentinien 118 B 3
Santa Isabel 96/97 FG 1
Santa Maria; Insel 74/75 A 2
Santa Maria; Stadt in Brasilien 118 C 2
Santa Marta 116/117 C 1
Santander 60/61 D 4
Santarém; Stadt in Portugal 60/61 A 6
Santarém; Stadt in Brasilien 116/117 E 3
Santa Rosa; Stadt in den USA 106/107 A 3
Santa Rosa; Stadt in Argentinien 118 B 3
Santa Rosa; Stadt in Brasilien 118 C 2
Santa Rosalía 108/109 B 4
Santiago 108/109 F 5
Santiago de Chile 113 B 6
Santiago de Compostella 60/61 A 4
Santiago de Cuba 108/109 F 4
Santiago del Estero 118 B 2
Säntis 12 C 5
Santo Domingo 108/109 FG 5
Santorin (Thira) 64/65 F 7
Santos 116/117 F 5
San Valentin 118 A 4
São Francisco 116/117 F 4
São Francisco-Becken 112 E 4
São Luís 116/117 F 3
São Manuel 116/117 E 3
São Miguel 70/71 B 4
Saône 24/25 A 4
São Paulo; Stadt in Brasilien 116/117 F 5
São Paulo; Insel 128/129 JK 7
São Paulo de Olivença 116/117 D 3
São Tomé; Insel 77/78 A 1
São Tomé; Stadt 77/78 A 1
São Tomé und Príncipe 77/78 A 1, 122/123 M 6/7

Saoura, Wadi 74/75 C 3
Sapele 74/75 D 5
Sapoljarny 54/55 G 2
Saporischja 50/51 Q 8
Sapporo 88/89 J 2
Saraburi 92/93 C 2
Sarajevo 64/65 C 4
Saransk 85-87 D 4
Saratow 85-87 D 4
Saratower Stausee 85-87 D 4
Sardinien 60/61 JK 5
Sard Kuh 74/75 HI 2
Sarektjåkko 54/55 D 2
Sargassosee 124/125 H 5
Sarh 74/75 E 5
Sariyarstausee 64/65 IJ 5
Sarmiento 118 B 4
Sarny 50/51 M 6
Sarpasse 64/65 P 2
Sarralbe 24/25 C 4
Sarrebourg 24/25 C 4
Sarreguemines (Saargemünd) 24/25 C 3
Sarre-Union 24/25 C 4
Sarstedt 22/23 E 3
Saskatchewan; Fluss 102/103 L 4
Saskatchewan; Provinz 106/107 I 4
Saskatchewan, North 106/107 HI 4
Saskatchewan, South 106/107 HI 4
Saskatoon 106/107 I 4
Sassandra 74/75 C 5
Sassari 60/61 J 5
Saßnitz 22/23 I 1
Satakunta 54/55 E 3
Satpuragebirge 88/89 C 4
Satu Mare 64/65 E 2
Sauda 54/55 B 4
Sauðárkrókur 54/55 B 1
Saudi-Arabien 74-75 HI 3, 122/123 OP 5
Sauer 24/25 B 3
Sauerland 22/23 CD 4
Saulgau 24/25 E 4
Sault Sainte-Marie 106/107 K 5
Saurimo 77/78 C 2
Savannah; Stadt in den USA 108/109 E 3
Savannah; Fluss 108/109 E 3
Savannakhet 92/93 C 2
Save 50/51 G 8
Savo 54/55 F 3
Savonlinna 54/55 F 3
Sawu-Inseln 92/93 E 5
Sayhut 74/75 I 4
Saynshand 85-87 J 5
Sayun 74/75 H 4
Sazawa; Kirche 24/25 JK 3
Sazawa; Fluss 24/25 J 3
Scafell Pike 56/57 F 4
Schaalsee 22/23 FG 2
Schachty 64/65 N 2
Schaffhausen 24/25 D 5
Schaich Uthman 74/75 H 4
Schammar, Djebel 74/75 H 3
Schandau, Bad 24/25 J 2
Schangakasali 85-87 F 5
Schanghai 81/82 N 6
Schanplateau 79/80 K 7
Schantarinseln 85-87 M 4
Schärding 24/25 I 4
Schargebirge 64/65 D 4
Scharhörn 22/23 D 2
Schari 74/75 E 4
Scharmbeck, Osterholz- 22/23 D 2
Scharmützelsee 22/23 J 3
Schaschubai 79/80 I 5
Schaulen (Šiauliaj) 54/55 E 4
Schefferville 106/107 M 4
Scheibbs 24/25 K 4
Schelde 56/57 I 6
Schelesnogorsk-Ilimiski 85-87 J 4
Schelichowgolf 85-87 O 3/4
Scheliff 60/61 F 7
Schenyang 128/129 U 4
Schiermonnikoog 22/23 AB 2
Schihkiatschwang (Shijiazhuang) 88/89 G 3
Schilka 85-87 K 4
Schipkapass 64/65 F 4
Schiras (Shiraz) 85-87 E 7

Schirmeck 24/25 C 4
Schisak 85-87 F 5
Schitomir 50/51 N 6
Schiukwan (Shaoguan) 88/89 G 4
Schivelbein 22/23 K 2
Schlackenwerth 24/25 H 2
Schladming 24/25 I 5
Schlangeninsel 64/65 I 3
Schlei 22/23 E 1
Schleiden 24/25 B 2
Schleiz 24/25 G 2
Schlesien 50/51 G-I 6, 22/23 K 4
Schleswig 22/23 E 1
Schleswig-Holstein 22/23 E 1/F 2, 10 CD 1/2
Schlettstadt 24/25 C 4
Schlitz 24/25 E 2
Schlobin 50/51 NO 5
Schluchsee 24/25 D 5
Schlüchtern 24/25 E 2
Schmalkalden 24/25 F 2
Schmidta-Observatorium 119.1 C 15
Schnackenburg 22/23 G 2
Schneeberg; Berg 24/25 G 2
Schneeberg; Stadt in Sachsen 24/25 H 2
Schneekoppe 22/23 K 5
Schneifel 24/25 B 2
Schneverdingen 22/23 E 2
Schönberg 22/23 F 2
Schönbuch 11 C 4
Schönebeck 22/23 G 3
Schonen 54/55 C 4
Schongau 24/25 F 5
Schöningen 22/23 F 3
Schöninger 24/25 J 4
Schöntal 24/25 E 3
Schoonebeek 22/23 B 3
Schopfheim 24/25 C 5
Schorfheide 22/23 I 3
Schorndorf 24/25 E 4
Schott Djerid 74/75 D 2
Schottische Hochlande 36/37 D 3
Schottland 56/57 EF 3
Schott Melghir 74/75 D 2
Schowa 119.2 C 11
Schramberg 24/25 D 4
Schrobenhausen 24/25 G 4
Schtschara 50/51 L 5
Schtschutschinsk 85-87 G 4
Schussen 24/25 E 5
Schüttenhofen 24/25 I 3
Schüttorf 22/23 C 3
Schwaan 22/23 H 2
Schwabach 24/25 G 3
Schwaben, Regierungsbezirk 10 D 4
Schwäbische Alb 24/25 D 5/F 4
Schwäbischer Wald 12 C 4
Schwäbisch Gmünd 24/25 E 4
Schwäbisch Hall 24/25 E 3
Schwabmünchen 24/25 F 4
Schwalbach, Bad 24/25 D 2
Schwalm; Landschaft 24/25 E 2
Schwalm; Fluss 24/25 E 2
Schwalmstadt 24/25 E 2
Schwandorf 24/25 H 3
Schwansen 22/23 E 1
Schwartau, Bad 22/23 F 2
Schwarze Elster 22/23 I 4
Schwarzenberg 24/25 H 2
Schwarze Pumpe 22/23 J 4
Schwarzer Volta 74/75 C 4/5
Schwarzes Meer 64/65 I-L 4
Schwarzkoppe 24/25 HI 3
Schwarzmeersteppen 64/65 H-L 2
Schwarzwald 24/25 C 4/D 5
Schwaz 24/25 G 5
Schweden 54/55 C 3/D 2, 34/35 F 2
Schwedt 22/23 J 2
Schweinfurt 24/25 F 2
Schweiz 10 BC 5, 34/35 E 4
Schweizer Jura 24/25 CD 5
Schwenningen, Villingen- 24/25 D 4
Schwerin; Stadt in Mecklenburg-Vorpommern 22/23 G 2
Schwerin; Stadt in Polen 22/23 K 3
Schweriner See 22/23 G 2
Schwetzingen 24/25 D 3

Schwiebus 22/23 K 3
Schwielochsee 22/23 IJ 3
Scilly-Inseln 56/57 D 7
Scoresbysund (Ittoqqortoormiit) 106/107 Q 2
Scott 119.2 B 25
Scottinsel 128/129 Y 11
Scranton 108/109 F 2
Seattle 108/109 A 2
Sebnitz 24/25 J 2
Sebu 60/61 B 8
Sechura 116/117 B 3
Seckau 24/25 J 5
Seeb 74/75 I 3
Seefeld 24/25 G 5
Seeland 54/55 C 4
Seelow 22/23 J 3
Seeon 24/25 H 5
Seesen 22/23 F 4
Seevetal 22/23 EF 2
Sefid-Kuh 88/89 B 3
Segeberg, Bad 22/23 F 2
Segescha 85-87 C 3
Ségou 74/75 C 4
Segre 60/61 F 4/5
Segsee 54/55 G 3
Segura 60/61 D 6
Seille 24/25 B 4
Seinäjoki 54/55 E 3
Seine 56/57 H 7
Seistan, Becken von 79/80 H 6
Seja; Stadt in Russland 85-87 L 4
Seja; Fluss 85-87 L 4
Sejastausee 85-87 L 4
Sejm 50/51 P 6
Sekondi-Takoradi 74/75 C 5
Selb 24/25 H 2
Selebi Phikwe 77/78 C 4
Selemdscha 85-87 M 4
Selenga 88/89 F 2
Selenograd 50/51 R 4
Selenter See 22/23 F 1
Selfoss 54/55 A 2
Selima 74/75 F 3
Sellin 22/23 I 1
Selvagens-Inseln 74/75 B 2
Selvas 116/117 C-E 3
Semarang 92/93 D 4
Semeru 94 B 2
Semey 85-87 H 4
Semil 24/25 K 2
Sendai 88/89 J 3
Senegal; Fluss 74/75 B 4
Senegal; Staat 74/75 B 4, 122/123 KL 5
Senegambien, Tiefland von 68/69 C 6
Senftenberg 22/23 IJ 4
Sengsengebirge 24/25 J 5
Senja 54/55 D 2
Senkaku-Inseln 88/89 H 4
Sennar 74/75 G 4
Sennen 24/25 K 2
Seoul 128/129 U 4
Sepik 92/93 G 4
Sept-Îles 106/107 M 4
Seram 92/93 E 4
Seramsee 92/93 EF 4
Serengeti-Nationalpark 77/78 D 2
Sereth 50/51 M 8
Sergijew Posad 85-87 C 4
Sergijewsk 50/51 S 3
Serginy 85-87 F 3
Serir Kalansho 74/75 F 3
Serir Tibesti 74/75 E 3
Serow 85-87 F 4
Serowe 77/78 C 4
Serpuchow 50/51 R 4
Serra do Navio 116/117 E 2
Seschellen; Staat 77/78 EF 2, 122/123 P 7
Seschellen; Inseln 128/129 PQ 7
Sète 60/61 G 4
Setesdal 54/55 B 4
Sétif 60/61 H 7
Setúbal 60/61 A 6
Severn 56/57 F 5
Sevilla 60/61 C 7
Seward 106/107 E 3
Seward, Halbinsel 106/107 C 3
Sewarnaja Semlja 81/82 H-K 2
Sewastopol 64/65 J 4
Sewansee 38/39 I 4
Sewernaja Semlja 85-87 F-I 2
Sewerodwinsk 85-87 C 3

Seweromorsk 54/55 G 2
Seydişehir 64/65 I 7
Seyðisfjörður 54/55 C 1
Seyhan 64/65 K 7
Seylac 74/75 H 4
Sezimovo Úst 24/25 J 3
Sfax 60/61 K 8
's-Gravenhage (Den Haag)
  56/57 J 5
Shaba (Katanga) 77/78 C 2
Shackleton-Schelfeis
  119.2 C 16/17
Shahajahanpur 88/89 C 4
Shandong, Halbinsel
  88/89 GH 3
Shanghai 88/89 H 3
Shannon 56/57 BC 5
Shanplateau 88/89 E 4
Shantou 88/89 G 4
Shaoguan (Schiukwan)
  88/89 G 4
Shaoxing 88/89 H 3/4
Shaoyang 88/89 G 4
Shari 70/71 F 6/7
Sharkbucht 96/97 B 3
Shashi 88/89 G 3
Shebshigebirge 74/75 E 5
Sheffield 56/57 G 5
Shelikofstraße 106/107 D 4
Shenyang 88/89 H 2
Shenzhen 88/89 G 5
Sherbrooke 106/107 L 5
Sheridan 108/109 C 2
Shetlandinseln 56/57 FG 1
Shihezi 88/89 D 2
Shijiazhuang (Schihkiat-
  schwang) 88/89 G 3
Shikoku 88/89 I 3
Shillong 88/89 E 4
Shimoga 88/89 C 5
Shiraz 74/75 I 3
Shire 77/78 D 3
Shkodër 64/65 C 4
Shoa 74/75 G 5
Shreveport 108/109 D 3
Shuangyashan 85-87 M 5
Shuicheng 88/89 F 4
Shungayshan 88/89 I 2
Sialcot 88/89 C 3
Šiauliai (Schaulen) 54/55 E 4
Siberut 92/93 BC 4
Sibirien 85-87 G-M 3
Sibiu (Hermannstadt)
  50/51 L 9
Sibu 92/93 D 3
Sichote-Alin 85-87 M 5
Sichuan 88/89 F 3
Sidi-Bel-Abbès 60/61 E 8
Sidi-Ifni 74/75 BC 3
Siebenbürgen 64/65 EF 2
Sieg 24/25 C 2
Siegburg 22/23 C 5
Siegen 22/23 D 5
Siena 60/61 K 4
Sierra da Estrêla 60/61 AB 5
Sierra de Cuenca 60/61 D 5/E 6
Sierra de Guadalupe 60/61 C 6
Sierra de Ronda 60/61 C 7
Sierra Leone
  74/75 B 5, 122/123 KL 6
Sierra-Leone-Schwelle
  124/125 K 6
Sierra Madre, Östliche
  108/109 CD 4
Sierra Madre, Südliche
  108/109 CD 5
Sierra Madre, Westliche
  108/109 C 4
Sierra Morena 60/61 B-D 6
Sierra Nevada 60/61 D 7
Siglufjörður 54/55 B 1
Sigmaringen 24/25 E 4
Signalberg 24/25 H 3
Signal de Vaudemont
  24/25 AB 4
Signy 119.2 C 2
Sigtuna 54/55 D 4
Siirt 64/65 N 7
Sikasso 74/75 C 4
Silifke 64/65 J 7
Siliguri 88/89 D 4
Siljansee 54/55 CD 3
Sima 85-87 J 4
Simanggang 92/93 D 3
Simbabwe; Staat
  77/78 CD 3, 122/123 NO 8

Simbabwe; Ruinenstätte
  77/78 D 4
Simbach 24/25 I 4
Simbirsk 85-87 D 4
Simeulue 92/93 B 3
Simferopol 64/65 K 3
Simi 64/65 G 7
Simla 88/89 C 3
Simmern 24/25 C 3
Simplon 50/51 CD 8
Simpsonwüste 96/97 D 3
Simrishamn 54/55 C 4
Sinai 74/75 G 3
Sinai, Halbinsel 68/69 H 5
Sincelejo 116/117 C 2
Sind 81/82 H 7
Sindelfingen 24/25 DE 4
Sines 60/61 A 7
Singapur
  92/93 C 3, 122/123 ST 6
Singen 24/25 D 5
Sinjucha 50/51 O 7
Sinn 24/25 E 2
Sinsheim 24/25 D 3
Sinuiju 88/89 H 3/4
Sioux City 108/109 D 2
Sioux Falls 108/109 D 2
Siping 88/89 H 2
Sira 54/55 B 4
Siracusa (Syrakus) 60/61 M 7
Siret 64/65 G 2
Sisimiut (Holsteinsborg)
  106/107 N 3
Sithonia, Halbinsel 64/65 E 5
Sitia 64/65 G 8
Sitka 106/107 F 4
Sittwe (Akyab) 88/89 E 4
Sıvas 64/65 L 6
Siwa 74/75 F 3
Sizilien 60/61 LM 7
Skagafjord 54/55 B 1
Skagen 54/55 C 4
Skagerrak 54/55 BC 4
Skagway 106/107 F 4
Skandinavien 128/129 MN 2
Skandinavische Halbinsel
  38/39 EF 2
Skandinavisches Gebirge
  36/37 E 3/F 2
Skellefteå 54/55 E 3
Skellefteälv 54/55 D 2
Skien 54/55 B 4
Skikda 60/61 I 7
Skiros 64/65 F 6
Sklavenfluss 106/107 H 3/4
Skokloster 54/55 D 4
Skopelos 64/65 E 6
Skopje 64/65 D 4/5
Skövde 54/55 C 4
Skoworodino 85-87 L 4
Skye 56/57 D 3
Slaný 24/25 J 2
Slaper Talsperre 24/25 J 3
Slatoust 85-87 E 4
Slea Head 56/57 B 5
Sligo 54/55 C 4
Sliven 64/65 G 4
Sljudjanka 85-87 J 4
Slochteren 22/23 B 2
Slowakische Republik
  50/51 I 7, 34/35 FG 4
Slowakisches Erzgebirge
  50/51 IJ 7
Slowenien; Staat
  50/51 FG 8, 34/35 F 4
Słubice (Frankfurt) 22/23 J 3
Słupsk (Stolp) 50/51 H 4
Sluzk 50/51 M 5
Småland 54/55 CD 4
Smeinogorsk 85-87 H 4
Smithsund 106/107 L 2
Smøla 54/55 B 3
Smolensk 50/51 P 4
Smolikas 64/65 D 5
Sneek 22/23 A 2
Snæfell 54/55 B 2
Snæfellsjökull 54/55 A 2
Snake 108/109 B 2
Snareshstart 94 GH 6
Snøhetta 54/55 B 3
Snowden 56/57 EF 5
Soběslav 24/25 J 3
Sobradinho-Stausee 116/117 F 3
Sobral 116/117 F 3

Sochaux 24/25 B 5
Sochondo 85-87 K 4/5
Sodankylä; Stadt in Finnland
  54/55 F 2
Sodankylä; Forschungsstation
  119.1 C 31
Söderhamn 54/55 D 3
Södertälje 54/55 D 4
Soest 22/23 D 4
Soeste 22/23 C 2/3
Sofia (Sofija) 64/65 E 4
Sofija (Sofia) 64/65 E 4
Sognefjord 54/55 AB 3
Sohag 74/75 G 3
Sohle 22/23 D 4
Sokodé 74/75 D 5
Sokosti 54/55 F 2
Sokoto 74/75 D 4
Sokotra 74/75 I 4
Solapur 88/89 C 5
Soldin 22/23 J 3
Soligorsk 50/51 M 5
Sol-Ilezk 85-87 E 4
Solikamsk 85-87 E 4
Solingen 22/23 C 4
Sollefteå 54/55 D 3
Solling 22/23 E 4
Solnhofen 24/25 F 4
Sologne 56/57 HI 8
Solothurn 22/23 E 3
Solway Firth 56/57 EF 4
Somalia 70/71 I 7, 122/123 OP 6
Somalibecken 126/127 FG 6
Somalibecken, Nördliches
  124/125 PQ 6
Somalibecken, Südliches
  124/125 P 7
Somali-Halbinsel 68/69 I 7/J 6
Somersetinsel 106/107 J 2
Someş 64/65 E 2
Somme 56/57 I 7
Sömmerda 24/25 G 1
Sommerfeld 22/23 J 4
Sonderburg 22/23 E 1
Sondershausen 24/25 F 1
Songda 88/89 F 4
Songhua Hu 88/89 H 2
Songhua Jiang 88/89 H 2
Songkhla 92/93 C 3
Songkoi 88/89 F 4
Sonneberg 24/25 G 2
Sonthofen 24/25 F 5
Soonwald 11 B 4
Sopung-Stausee 88/89 H 2
Sorau (Zary) 22/23 K 4
Soria 60/61 D 5
Sørkjosen 54/55 E 2
Sorocaba 116/117 F 5
Sorol- Atoll 92/93 G 3
Sorong 92/93 F 4
Sørøy 54/55 E 1
Sørøysund 54/55 E 1
Sør Rondane 119.2 B 9
Sorsele 54/55 D 2
Sortawala 54/55 G 3
Sörup 22/23 E 1
Sosna 50/51 R 5
Sosnowice (Sosnowitz) 50/51 I 6
Sosnowitz (Sosnowice) 50/51 I 6
Sotschi 64/65 M 4
Soufrière 116/117 D 1
Souk-Ahras 60/61 I 7
Sousse 60/61 K 8
Southampton 56/57 G 6
Southamptoninsel 106/107 K 3
Southend-on-Sea 56/57 H 6
Southern Uplands 56/57 EF 4
South Platte 108/109 C 2
South Saskatchewan
  106/107 HI 4
South Uist 56/57 D 3
Soweto 77/78 C 4
Sowjetsk (Tilsit) 50/51 J 4
Sowjetskaja Gawan 85-87 N 5
Soz 50/51 O 5
Spa 24/25 A 2
Spaichingen 24/25 D 4
Spanien
  60/61 C-E 5, 34/35 D 4/5
Sparta 64/65 E 7
Speinshart 24/25 GH 3
Spencer-F.-Byrd-Tiefe 112 B 5
Spencergolf 96/97 D 4
Spessart 24/25 E 2/3
Speyer 24/25 D 3
Spiekeroog 22/23 C 2
Spindlermühle 22/23 5K

Spirdingsee 50/51 JK 5
Spitzbergen 102/103 Y 2
Split 60/61 N 4
Spokane 108/109 B 2
Sporaden, Nördliche 64/65 EF 6
Sporaden, Südliche 64/65 G 7
Spratly-Insel 92/93 D 3
Spree 22/23 J 3
Spreewald 22/23 I 3/J 4
Spremberg 22/23 J 4
Springbok 77/78 B 4
Springe 22/23 E 3
Springfield 106/107 L 5
Springfield, Illinois 108/109 E 3
Springfield, Massachuchetts
  108/109 F 2
Springfield, Missouri
  108/109 D 3
Sprottau 22/23 K 4
Sredni Urgal 85-87 M 4
Sri Lanka 88/89 D 6, 122/123 R 6
Srinagar 88/89 C 3
Stachanow 64/65 M 1
Stade 22/23 E 2
Stadskanaal 22/23 B 2
Stadtallendorf 24/25 E 2
Stadthagen 22/23 E 3
Stadtlohn 22/23 B 4
Staffelsee 24/25 G 5
Staffelstein 24/25 G 2
Stams 24/25 FG 5
Stanleyfälle (Boyomafälle)
  77/78 C 1/2
Stanowoibergland 85-87 K 4
Stanowoigebirge 85-87 LM 4
Stanraer 56/57 E 4
Staraja Russa 50/51 O 2/3
Stara Zagora 64/65 F 4
Starbuckinsel 126/127 P 7
Stargard (Stargard Szczeciński)
  22/23 K 2
Stargard Szczeciński (Stargard)
  22/23 K 2
Starnberg 24/25 G 4/5
Starnberger See 24/25 G 5
Staßfurt 22/23 G 4
Stausee von Dubosari 64/65 H 2
Stausee von Tscheboksary
  38/39 I 3
Stavanger 54/55 B 4
Stawropol 64/65 N 3
Stawropolplateau 64/65 NO 3
Steben, Bad 24/25 G 2
Steenwijk 22/23 B 3
Steep Point 96/97 B 3
Stefaniesee (Chew Bahir)
  74/75 G 5
Stege 22/23 H 1
Steiermark 24/25 IJ 5
Steigerwald 24/25 F 3
Stein 24/25 D 5
Steinamanger 50/51 H 8
Steinfurt 22/23 C 3
Steinhausen 24/25 E 4
Steinhuder Meer 22/23 E 3
Steinige Tunguska 85-87 I 3
Steinkjer 54/55 C 3
Steinwald 24/25 H 3
Stendal 22/23 G 3
Sterlitamak 85-87 E 4
Sternberg 22/23 G 2
Sternstein 24/25 J 4
Stettin (Szczecin) 22/23 J 2
Stettiner Haff 22/23 J 2
Stewartinsel 96/97 G 5
Steyr; Fluss 24/25 J 4/5
Steyr; Stadt in Österreich
  24/25 J 4
Stockach 24/25 E 5
Stockholm 54/55 D 4
Stockport 56/57 F 5
Stoke on-Trent 56/57 F 5
Stolberg, Stadt in Nordrhein-
  Westfalen 22/23 B 5
Stollberg, Stadt in Sachsen
  24/25 H 2
Stolp (Słupsk) 50/51 H 4
Stonehenge 56/57 FG 6
Stör 22/23 E 2
Stora Lulevatten 54/55 D 2
Stora Sjöfall 54/55 D 2
Storavan 54/55 D 2
Stord 54/55 AB 4
Støren 54/55 C 3
Störkanal 22/23 G 2
Stormarn 22/23 EF 2

Stornoway 56/57 D 2
Storsee 54/55 C 3
Storuman 54/55 D 2
Strakonice 24/25 I 3
Stralsund 22/23 I 1
Strasbourg (Straßburg)
  24/25 C 4
Strasburg; Stadt in Mecklen-
  burg- Vorpommern 22/23 I 2
Straßburg (Strasbourg); Stadt
  in Frankreich 24/25 C 4
Straße von Bonifacio 60/61 J 5
Straße von Dover 56/57 H 6
Straße von Gibraltar 60/61 BC 8
Straße von Hormus 74/75 I 3
Straße von Kertsch 64/65 L 3
Straße von Messina
  60/61 M 6/7
Straße von Mosambik 77/78 E 3
Straße von Otranto 64/65 C 5
Straße von Sizilien 60/61 KL 7
Straße von Yucatán 108/109 E 4
Straubing 24/25 H 4
Strausberg 22/23 I 3
Stresow 22/23 I 2
Strohgäu 12 C 4
Stromberg 11 C 4
Stromboli 60/61 M 6
Strömstad 54/55 C 4
Strömsund 54/55 D 3
Struma 64/65 E 4/5
Strymon 64/65 E 5
Strynø 22/23 F 1
Stubbekøbing 22/23 H 1
Stubbenkammer 22/23 I 1
Studenica 64/65 D 4
Stuifen 24/25 E 4
Stutsch 50/51 M 5
Stuttgart 24/25 E 4
Stuttgart, Regierungsbezirk
  10 CD 4
Stykkishólmur 54/55 A 1
Suakin 74/75 G 4
Subotica 64/65 C 2
Suchoma 85-87 D 3
Suchumi 64/65 N 4
Sucre 116/117 D 4
Südafrika
  77/78 C 4/5, 122/123 N 8/O 9
Südamerika 128/129 H-J 7
Sudan; Landschaft 74/75 C-F 4
Sudan; Staat 74/75 FG 4,
  122/123 NO 6
Südantillenbecken
  124/125 IJ 10
Südantillenrücken 124/125 IJ 10
Süd-Äquatorialstrom
  128/129 I 6/J 7
Südatlantischer Rücken
  124/125 L 7-10
Südaustralien 96/97 D 3
Südaustralisches Becken
  124/125 U 9
Sudbury 106/107 K 5
Südchinesisches Bergland
  88/89 G 4
Südchinesisches Meer
  88/89 G 5
Sudd 74/75 FG 5
Sude 22/23 FG 2
Süderoogsand 22/23 D 1
Sudeten 50/51 GH 6
Südgeorgien 118 E 5
Südinsel, Neuseeland
  96/97 H 5
Südkarpaten 64/65 EF 3
Südkorea
  88/89 HI 3, 122/123 U 4
Südkvark 54/55 D 3
Südliche Orkney-Inseln
  122/123 K 11
Südlicher Bug 50/51 N 7
Südlicher Indianer-See
  106/107 J 4
Südliche Sandwichinseln
  122/123 N 11
Südliche Shetlandinseln
  119.2 D 36/C 1
Südliche Sierra Madre
  108/109 DC 5
Südliche Sporaden 64/65 G 7
Südliches Somalibecken
  124/125 PQ 7
Südmeseta 36/37 D 4/5
Süd-Orkney-Inseln 119.2 C 2
Südossetien 34/35 I 4

Südostindisches Becken
124/125 S 9
Südostkap 94 E 6
Südpazifischer Rücken
126/127 O 11/S 10
Südpazifisches Becken
126/127 P 9/Q 10
Südpol 119.2 A
Süd-Sandwich-Graben
124/125 JK 10
Süd-Sandwich-Inseln
128/129 JK 10
Südwestafrikanisches Hoch-
land 68/69 F 9/10
Südwestindisches Becken
124/125 Q 9
Südwestkap 96/97 GH 5
Suez 74/75 G 3
Suhl 24/25 F 2
Suihua 88/89 H 2
Sukkertoppen (Manîtsoq)
106/107 N 3
Sukkosero 54/55 G 3
Sukkur 88/89 B 4
Sula 54/55 A 3
Sula-Inseln 92/93 E 4
Sulawesi (Celebes) 92/93 DE 4
Sulaymaniyah 74/75 H 2
Suleimangebirge 88/89 BC 4/3
Sulina-Arm (Donau) 64/65 H 3
Sulingen 22/23 D 3
Sulitjelma 54/55 D 2
Sulu-Inseln 92/93 E 3
Sulusee 92/93 DE 3
Sulzbach 24/25 C 3
Sulzbach-Rosenberg
24/25 G 3
Sumatra 92/93 B 3/C 4
Sumba 92/93 D 5
Sumbawa 92/93 D 4
Sumburgh Head 56/57 G 2
Šumen 64/65 G 4
Sumgait 85-87 D 5
Sumi 50/51 Q 6
Sundagraben 124/125 S 6/T 7
Sunda-Inseln, Große
128/129 TU 7
Sunda-Inseln, Kleine 96/97 BC 1
Sundarbans 88/89 D 4
Sundastraße 92/93 C 4
Sunderland 56/57 G 4
Sundern 22/23 CD 4
Sundgau 24/25 C 5
Sundsvall 54/55 D 3
Sunndalsøra 64/65 B 3
Sunshine Coast 96/97 F 3
Süntel 22/23 E 3
Suojärvi 54/55 G 3
Suomenselkä 54/55 F 3
Superior 108/109 D 2
Sur 74/75 I 3
Surabaya 92/93 D 4
Surakarta 92/93 D 4
Surat 88/89 C 4
Surgut 85-87 G 3
Suriname
116/117 E 2, 122/123 I 6
Surtsey 54/55 A 2
Surud Ad 74/75 H 4
Süsostkap (Tasmanien)
96/97 EF 5
Sussuman 85-87 N 3
Susupe 92/93 G 2
Sutlej 88/89 C 3/4
Sutschan (Partisansk)
85-87 M 5
Sutschu (Suzhou) 88/89 H 3
Suur-Munamägi 54/55 F 4
Suva 126/127 N 8
Suzhou (Sutschu) 88/89 H 3
Svartisen 54/55 C 2
Svealand 54/55 CD 4
Sveg 54/55 C 3
Sverdrupinseln 106/107 I-K 2
Svolvær 54/55 C 2
Swakopmund 77/78 B 4
Swaninsel 116/117 B 1
Swansea 56/57 F 6
Swasiland
77/78 D 4, 122/123 O 8
Swinemünde (Świnoujście)
22/23 J 2
Świnoujście (Swinemünde)
22/23 J 2
Swir 54/55 G 3
Swobodny 85-87 L 4

Sydney; Stadt in Australien
96/97 F 4
Sydney; Stadt in Kanada
106/107 M 5
Syke 22/23 D 3
Syktywkar 85-87 E 3
Sylarna 54/55 C 3
Sylt 22/23 D 1
Sylvensteinsee 24/25 G 5
Syrakus (Siracusa) 60/61 M 7
Syr-Darja 85-87 F 5
Syrien 74/75 G 2, 122/123 O 4
Syrische Wüste
74/75 GH 2, 64/65 M 8
Syrjanka 85-87 O 3
Syrjanowsk 85-87 H 5
Syrte, Große 74/75 E 2
Syrte, Kleine 74/75 E 2
Sysran 85-87 D 4
Szczecin (Stettin) 22/23 J 2
Szeged 50/51 J 8
Székesfehérvár 50/51 I 8
Szombathely (Steinamanger)
50/51 H 8

T

Tabatinga 116/117 D 3
Taberg 54/55 C 4
Tábor 24/25 J 3
Tabora 77/78 D 2
Täbris (Tabriz) 74/75 H 2
Tabriz (Täbris) 74/75 H 2
Tabruq 74/75 F 2
Tabuk 74/75 G 3
Tachau 24/25 H 3
Tacloban 92/93 E 2
Tacna 116/117 C 4
Tacoma 108/109 A 2
Tademaït, Plateau von
74/75 D 3
Tadmur (Palmyra) 74/75 G 2
Tadschikistan
85-87 FG 6, 122/123 QR 4
Taegu 88/89 H 3
Taejon 88/89 H 3
Tafelfichte 22/23 K 5
Taganrog 64/65 M 2
Taganrog, Bucht von
64/65 LM 2
Tagant 74/75 B 4
Tagula 96/97 F 2
Tahan 92/93 C 3
Tahat 74/75 D 3
Tahiti 126/127 Q 8
Tahoua 74/75 D 4
Taian 88/89 G 3
Taif 74/75 H 3
Taihang Shan 88/89 G 3
Taimyr, Halbinsel 85-87 IJ 2
Taimyrsee 85-87 J 2
Tainan 88/89 H 4
Taipeh 88/89 H 4
Taischet 85-87 I 4
Taitao, Halbinsel 118 A 4
Taitschung 88/89 H 4
Taitung 88/89 H 4
Taivalkoski 54/55 F 2
Taiwan (Republik China)
88/89 H 4, 122/123 U 5
Taiyuan 88/89 G 3
Taizz 74/75 H 4
Tajo (Tejo) 60/61 A 6
Tajumulco 100/101 M 8
Tak 92/93 B 2
Taklimakan, Wüste
88/89 C 3/D 2
Talara 116/117 B 3
Talaudinseln 92/93 E 3
Talca 118 A 3
Talcahuano 118 A 3
Tal des Todes 108/109 B 3
Taldy-Kurgan 85-87 G 5
Tall Afar 64/65 O 7
Tallahassee 108/109 E 3
Tallinn 54/55 E 4
Tamale 74/75 C 5
Tamanrasset 74/75 D 3
Tambow 85-87 D 4

Tampa 108/109 E 4
Tampere 54/55 E 3
Tampico 108/109 D 4
Tamworth 96/97 F 4
Tana 54/55 F 1/2
Tanafjord 54/55 F 1
Tanahmerah 92/93 G 4
Tanaland 77/78 DE 2
Tanamiwüste 96/97 D 2/3
Tanana 106/107 E 3
Tanasee 74/75 G 4
Tandil 118 C 3
Tanezrouft 74/75 CD 3
Tanga 77/78 D 2
Tanganjikasee 124/125 NO 7
Tanganyikasee 77/78 CD 2
Tanger 60/61 C 8
Tangerhütte 22/23 G 3
Tangermünde 22/23 G 3
Tangshan 88/89 G 3
Tanimbarinseln 92/93 F 4
Tanjung 92/93 D 4
Tanjungkarang 92/93 C 4
Tännfors 54/55 C 3
Tannugebirge 85-87 I 4/5
Tansam 77/78 D 2
Tansania 77/78 D 2, 122/123 O 7
Tanzplan 24/25 J 2
Taolanaro 77/78 E 4
Taoudenni 74/75 C 3
Tapajós 116/117 E 3
Tarabulus (Tripolis) 74/75 E 2
Tarakan 92/93 D 3
Tarbagatai 85-87 H 5
Tarcoola 96/97 D 4
Tarent 60/61 N 5
Tarija 116/117 D 5
Tarim 74/75 H 4
Tarimbecken 88/89 C 3/E 2
Tarim He 88/89 D 2
Tarlac 92/93 E 2
Tarn 56/57 I 10
Tarnopol 50/51 L 7
Tarnów 50/51 J 6/7
Tarragona 60/61 F 5
Tarsus 64/65 K 7
Tartarischer Sund 85-87 N 4/5
Tartu 54/55 F 4
Tartus 64/65 K 8
Tas 81/82 J 3
Taschaus 85-87 E 5
Taschkent 85-87 F 5
Taschtagol 85-87 H 4
Tåsinge 22/23 F 1
Tasmanbecken 124/125 W 9/10
Tasmanien; Insel 94 EF 6
Tasmanien; Bundesstaat
96/97 EF 5
Tasmanschwelle 124/125 V 10
Tasmansee 96/97 G 4
Tassili der Adjer 74/75 D 3
Tassili des Ahaggar 74/75 D 3
Tatabánya 64/65 C 2
Tatarstan 84/35 IJ 3
Tatra, Hohe 50/51 IJ 7
Tatvan 64/65 O 6
Tauber 24/25 E 3
Tauberbischofsheim 24/25 E 3
Tauberland 24/25 EF 3
Tauern, Hohe 11 E 5
Tauern, Niedere 11 EF 5
Taufkirchen 24/25 H 4
Taufstein 24/25 E 2
Taung-gyi 88/89 E 4
Taunus 24/25 CD 2
Tauranga 96/97 H 4
Taurus 74/75 G 2
Taurus, Mittlerer 64/65 J 7/L 6
Taurus, Östlicher 64/65 L 7/O 6
Taurus, Westlicher 64/65 H-J 7
Taus 24/25 H 3
Tavani 106/107 J 3
Tavoy 88/89 E 5
Tawau 92/93 D 3
Tawda 85-87 F 4
Tefé 116/117 D 3
Tegelen 22/23 B 4
Tegernsee; Stadt in Bayern
24/25 G 5
Tegernsee; See 24/25 G 5
Tegucigalpa 108/109 E 5

Tehasserim 88/89 E 5
Teheran 74/75 I 2
Teheran, Ebene von 36/37 IJ 5
Tehuantepec, Landenge von
100/101 M 8
Tejo (Tajo) 60/61 A 6
Tekeli 85-87 G 5
Tekirdağ 64/65 G 5
Tel Aviv-Jaffa 74/75 G 2
Telemark 54/55 B 4
Telfs 24/25 G 5
Tellatlas
74/75 CD 2, 60/61 F 8/H 7
Telšiai 54/55 E 4
Teltow 22/23 I 3
Tema 74/75 D 5
Temirtau; Stadt in Russland
85-87 H 4
Temirtau; Stadt in Kasachstan
85-87 G 4/5
Templin 22/23 I 2
Temuco 118 A 3
Tenasserim; Landschaft
88/89 E 5
Tenasserim; Stadt in Myanmar
92/93 B 2
Ténéré 74/75 E 3/4
Teneriffa 74/75 B 3
Tengissee 85-87 F 4/5
Tennant Creek 96/97 D 2
Tennengebirge 24/25 I 5
Tennessee 108/109 E 3
Teófilo Otoni 116/117 F 4
Tepasto-Stausee 54/55 EF 2
Tepic 108/109 C 4
Tepl 24/25 H 3
Tepler Hochland 24/25 HI 3
Teplice (Teplitz) 24/25 I 2
Teplitz (Teplice) 24/25 I 2
Terceira 74/75 A 2
Terek 64/65 P 4
Teresina 116/117 F 3
Termes 85-87 F 6
Ternate 92/93 E 3
Terni 60/61 L 4
Ternopil 50/51 L 7
Terre Haute 108/109 E 3
Terschelling 12 A 2
Teruel 60/61 E 5
Tete 77/78 D 3
Teterow 22/23 H 2
Tetjuche (Dalnegorsk)
85-87 M 5
Tetouan 60/61 C 8
Tetschen 24/25 J 2
Tettnang 24/25 E 5
Teufelshöhle 24/25 G 3
Teufelsinsel 116/117 E 2
Teufelsmoor 22/23 DE 2
Teutoburger Wald 22/23 C 3/D 4
Tezpur 88/89 E 4
Thabana Ntlenyana 77/78 CD 4
Thabazimbi 77/78 C 4
Thailand
92/93 C 2, 122/123 S 5/6
Thale 22/23 G 4
Thane 88/89 C 5
Thanh Hoa 92/93 C 2
Thann 24/25 C 5
Tharr, Wüste 88/89 BC 4
Tharthar Becken 64/65 O 8/9
Thasos 64/65 F 5
Thaya 50/51 H 7
Theben; Stadt in Griechenland
64/65 E 6
Theben; Ruinenstätte 74/75 G 3
Theiß 64/65 D 3
Thelon 106/107 I 3
Themse 56/57 G 6
The Pas 106/107 J 4
Thermaischer Golf 64/65 E 5
Thermopylen 64/65 E 6
The Wash 56/57 H 5
Thiès 74/75 B 4
Thimphu 88/89 D 4
Thingvellir 54/55 A 2
Thionville (Diedenhofen)
24/25 B 3
Thira (Santorin) 64/65 F 7
Thompson 106/107 J 4
Thorn (Toruń) 50/51 I 5
Thorshöfn 54/55 B 1
Thrakien 64/65 FG 5
Thrakisches Meer 64/65 F 5

Thule; Stadt in Grönland
102/103 P 2
Thule; Forschungsstation
119.1 B 4
Thule (US-Stützpunkt)
106/107 M 2
Thunder Bay 106/107 K 5
Thur 24/25 D 5
Thüringen 24/25 FG 1, 10 D 3
Thüringer Becken 12 D 3
Thüringer Wald 24/25 FG 2
Thurstoninsel 119.2 BC 33
Tiahuanaco 116/117 D 4
Tianjin (Tientsin) 88/89 G 3
Tian Shan
88/89 C-E 2, 85-87 G-I 5
Tiaret 60/61 F 8
Tiber 60/61 L 4
Tibesti 74/75 E 3
Tibesti, Serir 74/75 E 3
Tibet 88/89 D 3
Tibet, Hochland von 79/80 J 6
Tichorezk 64/65 N 3
Tidiquin 60/61 C 8
Tidjikda 74/75 B 4
Tiefland von Senegambien
68/69 C 6
Tiefland von Turan 68/69 JK 3
Tieling 88/89 H 2
Tiengen, Waldshut- 24/25 D 5
Tientsin (Tianjin) 88/89 G 3
Tierra de Campos 38/39 D 4
Tiflis (Tbilisi) 64/65 P 5
Tighina 50/51 N 8
Tigre 74/75 GH 4
Tigris 74/75 H 2
Tihama 74/75 G 3/H 4
Tiirismaa 54/55 EF 3
Tijuana 108/109 B 3
Tikal 116/117 AB 1
Tilemsi-Tal 74/75 CD 4
Tilsit (Sowjetsk) 50/51 J 4
Timanrücken 85-87 DE 3
Timaru 96/97 H 5
Timimoun 74/75 D 3
Timiş 64/65 E 3
Timişoara 64/65 D 3
Timmendorfer Strand 22/23 F 2
Timmins 106/107 K 5
Timor 92/93 E 4
Timorlautinseln (Tanimbar-
inseln) 96/97 D 1
Timorsee 96/97 C 2
Tindouf 74/75 C 3
Tinerhir 74/75 C 2
Tinghert, Hamada von
74/75 D 3
Tinian 92/93 G 2
Tinos 64/65 F 7
Tirana (Tiranë) 64/65 C 5
Tiranë (Tirana) 38/39 F 4
Tiraspol 64/65 H 2
Tiree 56/57 D 3
Tîrgu Mureş (Neumarkt)
64/65 F 2
Tiritsch Mir 88/89 C 3
Tirol 24/25 F-H 5
Tirschenreuth 24/25 H 3
Tiruchchirappalli 88/89 C 5
Tirunelveli 88/89 C 6
Tiruppur 88/89 C 5
Tisisatfälle 74/75 G 4
Titicacasee 116/117 CD 4
Titisee-Neustadt 24/25 D 5
Tixi 85-87 L 2
Tizi Ouzou 60/61 H 7
Tjumen 85-87 F 4
Tkwartscheli 64/65 N 4
Tlemcen 60/61 E 8
Toamasina 77/78 E 3
Tobago 108/109 GH 5
Tobasee 92/93 B 3
Tobol 85-87 F 4
Tobolsk 85-87 F 4
Tocantins; Fluss 116/117 F 3
Tocantins; Landschaft
128/129 I 7
Tocatins 122/123 I 7
Tocopilla 118 A 2
Todtnau 24/25 C 5
Toggenburg 24/25 E 5
Töging 24/25 H 4
Togo 74/75 D 4/5, 122/123 M 6
Tohat, Oasen von 74/75 C 3
Tokar 74/75 G 4
Tokat 64/65 L 5

Tokelau-Insel 126/127 O 7
Tokmak 50/51 Q 8
Tokyo 88/89 I 3
Toledo; Stadt in Spanien
  60/61 C 6
Toledo; Stadt in den USA
  108/109 E 2
Toliara 77/78 E 4
Toljatti 85-87 D 4
Tollense 22/23 I 2
Tollensesee 22/23 I 2
Toluca 108/109 D 5
Tölz, Bad 24/25 G 5
Tombouctou 74/75 C 4
Tommot 85-87 L 4
Tomsk 85-87 H 4
Tondern 22/23 D 1
Tongagraben 126/127 O 8
Tonga-Inseln 126/127 O 8
Tonghua 88/89 H 2
Tongliao 88/89 H 2
Tongshuan 88/89 F 3
Tongtian He (Jangtsekiang)
  88/89 E 3
Tonking 92/93 C 1
Tonking, Golf von 92/93 C 2
Tonle-Sap 92/93 C 2
Tönning 22/23 D 1
Tønsberg 54/55 C 4
Toowoomba 96/97 F 3
Topeka 108/109 D 3
Topsee 54/55 G 2
Torbay 56/57 F 6
Torgau 22/23 H I 4
Torgelow 22/23 J 2
Torino (Turin) 60/61 I 3
Tormes 60/61 BC 5
Torneälv 54/55 E 2
Torneträsk 54/55 E 2
Tornio 54/55 E 2
Toronto 106/107 L 5
Torpa 54/55 C 4
Torrenssee 96/97 D 4
Torreón 108/109 C 4
Torres-Straße 96/97 E 2
Toruń (Thorn) 50/51 I 5
Toskana 60/61 K 4
Totes Gebirge 24/25 I J 5
Totes Meer 74/75 G 2
Toubkal 74/75 C 2
Touggourt 74/75 D 2
Toul 24/25 A 4
Toulon 56/57 J 10
Toulouse 56/57 H 10
Tours 56/57 H 8
Townsville 96/97 E 2
Traben-Trarbach 24/25 C 3
Trabzon 64/65 M 5
Træna 54/55 C 2
Trail 106/107 H 5
Tralee 56/57 C 5
Transamazônica 116/117 E 3
Transantarktisches Gebirge
  119.2 A/B 22
Transhimalaya 88/89 D 3/4
Trans-Sahara-Straße 74/75 D 3
Transsib 85-87 F 4
Trapani 60/61 L 6/7
Trarbach, Traben- 24/25 C 3
Trarza 74/75 B 4
Trasimenischer See 60/61 KL 4
Trás-os-Montes 60/61 B 5
Tratzberg 24/25 G 5
Traun; Fluss 24/25 I 4
Traun; Stadt in Österreich
  24/25 J 4
Traunreut 24/25 H 5
Traunsee 24/25 I 5
Traunstein 24/25 H 5
Trave 22/23 F 2
Travemünde, Lübeck- 22/23 F 2
Trebel 22/23 H 2
Treene 22/23 E 1
Tregrosse-Inseln 96/97 EF 2
Trelew 118 B 4
Trelleborg 54/55 C 4
Trent 56/57 G 5
Trenton 108/109 F 2
Treptow 22/23 K 1
Três Lagoas 116/117 E 5
Trés-Marías-Inseln 108/109 C 4
Trés-Marías-Stausee
  116/117 F 4
Treuchtlingen 24/25 F 4
Treuenbrietzen 22/23 H 3
Treviso 60/61 L 3

Triberg 24/25 D 4
Trier 24/25 B 3
Trier, Regierungsbezirk 10 B 4
Triest (Trieste) 60/61 L 3
Trieste (Triest) 60/61 L 3
Trifels 24/25 C 3
Triglav 60/61 L 2
Trikala 64/65 D 6
Trimburg 24/25 F 2
Trincomalee 88/89 D 6
Trinidad; Insel in der Karibik
  108/109 G 5/H 6
Trinidad; Stadt in Bolivien
  116/117 D 4
Trinidade; Insel im Atlantischen
  Ozean 116/117 GH 5
Trinidad und Tobago
  108/109 G H 5, 122/123 H I 6
Trinity-Inseln 106/107 D 4
Tripoli 64/65 K 8
Tripolis (Tarabulus) 74/75 E 2
Tripolitanien 74/75 E 2
Trischen 22/23 D 1
Tristan da Cunha 70/71 C 11
Trobriandinseln 92/93 H 4
Troisdorf 22/23 C 5
Trois Rivières 106/107 L 5
Trojá 64/65 G 6
Trollhättan 54/55 C 4
Trombetas 116/117 E 2
Tromelininsel 70/71 J 9
Tromsø 54/55 D 2
Trøndelag 54/55 C 3
Trondheim 54/55 C 3
Trondheimsfjord 54/55 BC 3
Troodos 64/65 J 8
Trosky 24/25 K 2
Trossingen 24/25 D 4
Trostberg 24/25 H 4
Troyes 56/57 J 7
Trujillo 116/117 C 3
Trukinseln 92/93 H 3
Trysilev 54/55 C 3
Tsamkong (Zhanjiang)
  88/89 G 4
Tsaratanana 77/78 E 3
Tsavo-Nationalpark 77/78 D 2
Tschad; Staat
  74/75 EF 4, 122/123 N 5
Tschad; See 74/75 E 4
Tschadbecken 68/69 F 6
Tschagosinseln 122/123 Q 7
Tschagosinseln 128/129 Q 7
Tschalkar 85-87 E 5
Tschanysee 85-87 G 4
Tschardschou 85-87 E 5
Tscheboksary 85-87 D 4
Tscheboksary, Stausee von
  38/39 I 3
Tschechische Republik
  85-87 A 4/5, 34/35 F 4
Tschechow 50/51 R 4
Tscheljabinsk 85-87 F 4
Tschengtschu (Zhengzhou)
  88/89 G 3
Tschenstochau (Czestochowa)
  50/51 I 6
Tscheremchowo 85-87 J 4
Tscherepowez 85-87 C 4
Tscherkassk 50/51 /P 7
Tscherkessk 64/65 O 3
Tschernihiw 50/51 O 6
Tscherniwzi (Czernowitz)
  50/51 L 7
Tschernogorsk 85-87 I 4
Tschernyschewski 85-87 K 3
Tscherskigebirge 85-87 MN 3
Tschetschenien 34/35 I 4
Tschiatura 64/65 O 4
Tschihsi (Jixi) 88/89 I 2
Tschimkent 85-87 F 5
Tschirtschik 85-87 F 5
Tschita 85-87 K 4
Tschojbalsan 85-87 K 5
Tschornobyl 50/51 O 6
Tschu 85-87 G 5
Tschüantschou (Quanzhou)
  88/89 G 4
Tschudowo 50/51 O 2
Tschuktschen, Halbinsel
  85-87 R 3
Tschuktschensee 85-87 R 2/3
Tschumikan 85-87 M 4
Tschuna 85-87 I 4
Tschunking (Chongqing)
  88/89 F 4

Tschutowe 50/51 Q 7
Tschuwaschien 34/35 I 3
Tsetserleg 88/89 F 2
Tshikapa 77/78 C 2
Tshoybalsan 81/82 M 5
Tshuapa 77/78 C 2
Tsinan (Jinan) 81/82 M 6
Tsingtau (Qingdau) 88/89 H 3
Tsitsihar (Qiqihar) 88/89 H 2
Tsodilo Hill 77/78 C 3
Tsumeb 77/78 B 3
Tuamotu-Archipel
  126/127 Q 7/8
Tuamoturücken 126/127 QR 8
Tuapse 64/65 M 3
Tubai-Inseln 126/127 PQ 8
Tubarão 118 D 2
Tübingen 24/25 E 4
Tübingen, Regierungsbezirk
  10 C 4
Tucson 108/109 B 3
Tucumán 118 B 2
Tucuruí 116/117 F 3
Tucuruí-Stausee 116/117 F 3
Tuguegarao 92/93 E 2
Tuktoyaktuk 106/107 F 3
Tula 50/51 Q 4
Tuloma 54/55 G 2
Tulsa 108/109 D 3
Tulun 85-87 J 4
Tumaco 116/117 C 2
Tuman 88/89 H 2
Tumbasee 77/78 B 2
Tumbes 116/117 B 3
Tunesien
  74/75 DE 2, 122/123 M 4
Tungnaá 54/55 B 2
Tungtingsee 92/93 D 1
Tunguska, Steinige 85-87 I 3
Tunguska, Untere 85-87 I 3
Tunis 74/75 E 2
Tunja 116/117 C 2
Tupiza 116/117 D 5
Tura 85-87 J 3
Turan, Tiefland von 79/80 GH 5
Turfan (Turpan) 88/89 D 2
Turfansenke 79/80 JK 5
Turgai 85-87 F 5
Turgaisenke 36/37 K 3/4
Turgaitafelland 36/37 JK 3
Turin (Torino) 60/61 I 3
Turkanasee (Rudolfsee)
  77/78 D 1
Türkei 64/65 I-M 6, 34/35 GH 5
Turkestan 85-87 F 5
Turkmenbaschi 85-87 E 5
Turkmenistan
  85-87 EF 6, 122/123 PQ 4
Turks- und Caicosinseln
  108/109 FG 4, 122/123 H 5
Turku (Åbo) 54/55 E 3
Turmberg 50/51 I 4
Turnau 24/25 K 2
Turpan (Turfan) 88/89 D 2
Turuchansk 85-87 H 3
Tuscaloosa 108/109 E 3
Tuticorin 88/89 C 6
Tuttlingen 24/25 D 5
Tuvalu 94 H 2
Tuwaik, Djebel 74/75 H 3
Tuxtla Gutiérrez 108/109 D 5
Tuzsee 64/65 J 6
Twente 22/23 B 3
Twentekanal 22/23 B 3
Twer 85-87 C 4
Twin Falls 108/109 B 2
Two Harbors 108/109 D 2
Tynda 85-87 L 4
Tyrnyaus 64/65 O 4
Tyrrhenisches Meer 60/61 KL 6

U

Uahran (Oran) 36/37 D 5
Ubari, Edeien 74/75 E 3
Uberaba 116/117 F 4
Uberlândia 116/117 F 4
Überlingen 24/25 E 5
Ubon Ratchatani 92/93 C 2

Ubundu 77/78 C 2
Ucayali 116/117 C 3
Uchta 85-87 E 3
Uchte 22/23 G 3
Uckermark 22/23 IJ 2
Udachnaya 85-87 K 3
Udaipur 88/89 C 4
Uddevalla 54/55 C 4
Udine 60/61 L 2
Udmurtien 34/35 J 3
Uecker 22/23 I 2
Ueckermünde 22/23 J 2
Ueckermünder Heide 22/23 J 2
Uele 74/75 F 5
Uelzen 22/23 F 3
Uetersen 22/23 E 2
Ufa 85-87 E 4
Uganda 77/78 D 1, 122/123 O 6
Uglegorsk 85-87 N 5
Ugra 50/51 Q 4
Uige 85-87 B 2
Uitenhage 77/78 C 5
Ujjain 88/89 C 4
Ujung Pandang (Makassar)
  92/93 D 4
Ukraine 38/39 GH 4, 34/35 GH 4
Ulaanbaatar (Ulan Bator)
  88/89 F 2
Ulaangom 88/89 E 2
Ulan-Bator (Ulaanbaatar)
  88/89 F 2
Ulan-Ude 85-87 J 4
Ulcinj 64/65 C 5
Ulhasnagar 88/89 C 5
Uliassutai (Dschibchalanta)
  85-87 I 5
Uliastay 88/89 E 2
Ulithi- Atoll 92/93 G 2
Uljanowsk 85-87 D 4
Ulm 24/25 E 4
Ulsan 88/89 H 3
Ulubatsee 64/65 H 5
Ulu dağ 64/65 H 5/6
Uman 50/51 O 7
Umanakfjord 106/107 N 2
Ùmánarssuaq (Kap Farvel)
  106/107 N 4
Umba 54/55 G 2
Umbsee 54/55 GH 2
Umeå 54/55 E 3
Umeälv 54/55 D 3
Umiat 106/107 D 3
Umtali (Mutare) 70/71 H 9
Umtata 77/78 C 5
Una 64/65 B 3
Unalaska 106/107 C 4
Unayzah 74/75 H 3
Undeloh 22/23 E 2
Ungarische Tiefebene
  36/37 FG 4
Ungarn 64/65 B-D 2, 34/35 FG 4
Ungava Bay 106/107 M 4
Ungava, Halbinsel 106/107 L 3
Unimak 106/107 C 4
Unst 56/57 G 1
Unstrut 12 D 3
Unteralterheim 24/25 E 3
Unterer Kamastausee 38/39 J 3
Untere Tunguska 85-87 I 3
Unterfranken, Regierungsbezirk
  10 CD 3
Upernavik 106/107 N 2
Upington 77/78 C 4
Uppland 54/55 D 3
Uppsala 54/55 D 4
Ur; Ruinenstätte 74/75 H 2
Ur; Fluss 24/25 B 2
Urach, Bad 24/25 E 4
Ural 85-87 E 5
Uralgebirge 85-87 E 4/F 3
Uralsk 85-87 E 4
Uranium City 106/107 I 4
Urengoy 85-87 G 3
Urfa 64/65 M 7
Urgantsch 85-87 F 5
Urk 22/23 A 3
Uruapan 108/109 C 5
Urubupungástausee
  116/117 E 4/5
Uruguaiana 118 C 2
Uruguay; Fluss 118 C 3
Uruguay; Staat 118 C 3,
  122/123 I 9
Urumieh (Rezayeh) 74/75 H 2
Urumiehsee (Rezayehsee)
  74/75 H 2

Ürümqi (Urumtschi) 88/89 D 2
Urumtschi (Ürümqi) 88/89 D 2
Urup 85-87 N 5
USA (Vereinigte Staaten)
  108/109 C 2/E 3, 122/123 E-G 4
Uşak 64/65 H 6
Usbekistan
  85-87 EF 5, 122/123 PQ 4
Uschhorod 50/51 K 7
Usedom 22/23 I 1/J 2
Ushuaía 118 B 5
Uslar 22/23 F 4
Uspenski 85-87 G 5
Ussa 85-87 E 3
Ussuri 85-87 M 5
Ussuriisk 85-87 M 5
Uster 24/25 D 5
Ustica 60/61 L 6
Ust-Ilimsk 85-87 J 4
Usti nad Labem (Aussig)
  12 EF 3
Ust-Ischim 85-87 G 4
Ust-Kamenogorsk 88/89 D 1/2
Ust-Kamtschatsk 85-87 P 4
Ust-Kut 85-87 J 4
Ust-Labinsk 64/65 M 3
Ust-Nera 85-87 N 3
Ust-Urt-Plateau 85-87 E 5
Utrecht 56/57 J 5
Utsjoki 54/55 F 2
Utsunomiya 88/89 I 3
Uusikaupunki 54/55 E 3
Uvs Nuur 88/89 E 1
Uweinat, Djebel 74/75 F 3
Uyuni, Salar de 118 B 2

V

Vaal 77/78 C 4
Vaasa (Vasa) 54/55 E 3
Vadodara 88/89 C 4
Vadsø 54/55 F 1
Vaduz 12 C 5
Vaiaku 94 H 2
Valdés, Halbinsel 118 B 4
Valdez 106/107 E 3
Valdivia 118 A 3
Valdres 54/55 B 3
Valence 56/57 J 9
Valencia; Stadt in Spanien
  60/61 E 6
Valencia; Landschaft
  60/61 E 6/F 5
Valencia; Stadt in Venezuela
  116/117 D 1
Valenciennes 56/57 I 6
Valera 116/117 C 2
Valkenswaard 24/25 A 1
Valladolid 60/61 C 5
Valledupar 116/117 C 1
Valletta 60/61 M 8
Vallgrund 54/55 E 3
Valparaíso 118 A 3
Van 64/65 O 6
Vancouver 106/107 G 5
Vancouverinsel 106/107 G 5
Vänersborg 54/55 C 4
Vänersee 54/55 C 4
Van Harinxma-Kanal 22/23 A 2
Vanna 54/55 D 1
Vansee 64/65 O 6
Vanua Levu 94 I 3
Vanuatu 94 GH 3
Varanasi 88/89 D 4
Varangerfjord 54/55 F 1/G 2
Varangerhalbinsel 54/55 G 1
Varberg 54/55 C 4
Vardar 64/65 E 5
Vardø 54/55 G 1
Varel 22/23 D 2
Varkaus 54/55 F 3
Värmland 54/55 C 4
Varna 64/65 G 4
Värnamo 54/55 C 4
Värtsilä 54/55 G 3
Vasa (Vaasa) 54/55 E 3
Västerås 54/55 D 4
Västerbotten 54/55 DE 3
Västerdalälv 54/55 C 3

Västervik 54/55 D 4
Vatikanstadt 60/61 L 5, 34/35 F 4
Vatnajökull 54/55 B 2
Vatneyri 54/55 A 1
Vättersee 54/55 C 4
Växjö 50/51 G 3
Vechta 22/23 D 3
Vechte 22/23 B 3
Veendam 22/23 B 2
Vega 54/55 C 2
Veitshöchheim 24/25 EF 3
Vejle 54/55 B 4
Velebit 60/61 M 3
Veliko Tărnovo 64/65 F 4
Vellore 88/89 C 5
Velmerstot 22/23 DE 4
Veluwe 22/23 A 3
Venedig (Venezia) 60/61 L 3
Venezia (Venedig) 60/61 L 3
Venezuela
　116/117 D 2, 122/123 H 6
Venlo 22/23 B 4
Venray 22/23 A 4
Venta 54/55 E 4
Ventspils 54/55 E 4
Veracruz 108/109 D 5
Verden 22/23 E 3
Vereeniging 77/78 C 4
Vereinigtes Königreich (Groß-
　britannien) 34/35 DE 3
Vereinigte Staaten
　108/109 C 2/E 3, 122/123 E-G 4
Vernadsky 119.2 C 36
Verona 60/61 K 3
Versailles 56/57 HI 7
Verviers 24/25 A 2
Verwoerd-Damm 77/78 C 5
Veseli 24/25 J 3
Vesoul 24/25 B 5
Vesterålen 54/55 CD 2
Vestfirðir 54/55 A 1
Vestfjord 54/55 C 2
Vestmannaeyjar 54/55 A 2
Vesuv 60/61 M 5
Vetschau 22/23 J 4
Vianden 24/25 B 3
Viborg 54/55 B 4
Vicenza 60/61 K 3
Victoria; Bundesstaat 96/97 E 4
Victoria; Stadt in Kanada
　106/107 G 5
Victoria; Stadt in Mexiko
　108/109 D 4
Victoria; Stadt auf den Seschel-
　len 70/71 J 8
Victoriafälle 77/78 C 3
Victoriahochbecken 68/69 H 8
Victoria-Insel 106/107 H 3/I 2
Victorialand 119.2 B 22/23
Victoriasee 77/78 D 2
Victoria-Straße 106/107 IJ 3
Victoriawüste, Große 96/97 CD 3
Viechtach 24/25 H 3
Viedma 118 B 4
Viedmasee 118 AB 4
Vienne 56/57 H 8
Vientiane 92/93 C 2
Viersen 22/23 B 4
Vierwaldstätter See 12 BC 5
Vierzehnheiligen 24/25 G 2
Vietnam
　92/93 C 2, 122/123 T 5/6
Viet Tri 92/93 C 1
Vigo 60/61 A 4
Vihanti 54/55 F 3
Vijayavada 88/89 D 5
Vijosë 64/65 CD 5
Vik 54/55 B 2
Vikna 54/55 C 3
Vilhelmina 54/55 D 3
Viljandi 54/55 F 4
Villa Dolores 118 B 3
Villahermosa 108/109 D 5
Villa Montes 116/117 D 5
Villarrica 118 C 2
Villavicencio 116/117 C 2
Ville 22/23 B 4/5
Villerupt 24/25 A 3
Villingen-Schwenningen
　24/25 D 4
Vilnius (Wilna) 85-87 B 4
Vils 24/25 H 4
Vilsbiburg 24/25 H 4
Vilshofen 24/25 I 4
Viña del Mar 118 A 3
Vindelälv 54/55 D 3

Vindhyagebirge 88/89 C 4
Vinh 92/93 C 2
Vinsonmassiv 119.2 B 34
Virtaniemi 54/55 F 2
Virunga-Nationalpark 77/78 C 2
Visakhapatnam 88/89 D 5
Visby 54/55 D 4
Viti Levu 94 H 3
Vitoria; Stadt in Spanien
　60/61 D 4
Vitória; Stadt in Brasilien
　116/117 F 5
Vitória da Conquista 116/117 F 4
Vittel 24/25 A 4
Vlašim 24/25 J 3
Vlorë 64/65 C 5
Vlotho 22/23 D 3
Vöcklabruck 24/25 I 4
Vodňany 24/25 J 3
Vodochody 24/25 J 2
Vogelfluglinie 22/23 G 1
Vogelsberg 24/25 E 2
Vogel-Spitze 74/75 E 5
Vogesen 24/25 B 5/C 4
Vogtland 24/25 GH 2
Vohburg 24/25 G 4
Vöhringen 24/25 F 4
Volkach 24/25 F 3
Völklingen 24/25 B 3
Volksrepublik China
　122/123 ST 4
Volta, Schwarzer 74/75 C 4/5
Volta-Stausee 74/75 C 5
Volta, Weißer 74/75 C 4
Vøringsfoss 54/55 B 3
Vormsi 54/55 E 4
Voroneţ 64/65 FG 2
Vorpommern 12 E 1/F 2
Vorskla 50/51 QR 6
Vörtssee 54/55 F 4
Võru 54/55 F 4
Voss 54/55 B 3
Votice 24/25 J 3
Vryburg 77/78 C 4
Vulkangraben 126/127 L 5
Vulkaninseln 128/129 V 5
Vung Tau 92/93 C 2
Vuoksi 54/55 F 3

W

Waag 50/51 H 7
Waal 12 A 3
Wabash 108/109 E 2
Waco 108/109 D 3
Wadi ath Tharthar 64/65 O 8
Wadi Azaouak 74/75 D 4
Wadi Dawasir 74/75 H 3
Wadi Draa 74/75 C 3
Wadi el Ghasal 74/75 F 4
Wadi el Milk 74/75 FG 4
Wadi Hadramaut 74/75 H 4
Wadi Halfa 74/75 G 4
Wadi Howar 74/75 F 4
Wadi Igharghar 74/75 D 3
Wadi Masila 74/75 HI 4
Wadi Saoura 74/75 C 3
Wadi Sirhan 74/75 G 2
Wadi Tafassasset 74/75 D 3
Wad Medani 74/75 G 4
Wagga-Wagga 96/97 E 4
Wagrien 22/23 F 1
Waiblingen 24/25 E 4
Waidhofen 24/25 J 5
Waigatsch 85-87 F 2
Waigeo 92/93 F 3
Wakkanai 88/89 J 2
Walaaminsel 54/55 G 3
Walachei 64/65 E-G 3
Wałbrzych (Waldenburg)
　50/51 H 6
Walchensee 24/25 G 5
Waldaihöhe 50/51 O 3/P 2
Waldbröl 24/25 C 5
Waldburg 24/25 E 5
Waldeck 24/25 E 1
Waldenburg (Wałbrzych)
　50/51 H 6
Waldkarpaten 50/51 K 7/L 8

Waldkirch 24/25 C 4
Waldkirchen 24/25 I 4
Waldkraiburg 24/25 H 4
Waldnaab 24/25 H 3
Waldsee, Bad 24/25 E 5
Waldshut-Tiengen 24/25 D 5
Wales 56/57 F 5
Walfischrücken 124/125 M 8/9
Walgreenküste 119.2 B 32
Walhalla 24/25 H 3
Walla Walla 108/109 B 2
Walldürn 24/25 E 3
Walsall 56/57 G 5
Walsrode 22/23 E 3
Waltershausen 24/25 F 2
Walvis Bay 77/78 B 4
Wanadsor 85-87 D 5
Wanawara 85-87 J 3
Wangen 24/25 E 5
Wangerooge 22/23 CD 2
Wankie 77/78 C 3
Wanxian 88/89 F 3
Wanzleben 22/23 G 3
Warburg 22/23 E 4
Warburger Börde 12 C 3
Warburton 96/97 D 3
Warchojansker Gebirge
　124/125 UV 2
Waren 22/23 H 2
Warendorf 22/23 C 4
Warnemünde, Rostock-
　22/23 H 1
Warnow 22/23 H 2
Warnsdorf 24/25 J 2
Warren Landing 106/107 J 4
Warschau (Warszawa) 50/51 J 5
Warstein 22/23 D 4
Warszawa (Warschau) 50/51 J 5
Wartburg 24/25 F 2
Warthe 10 F 2
Warthebruch 22/23 JK 3
Wasatchkette 108/109 B 3/C 2
Washington 108/109 F 3
Waskaganish 106/107 L 4
Wasserburg 24/25 H 4
Wasserkuppe 24/25 E 2
Waterford 56/57 D 5
Waterloo 108/109 D 2
Watlinginsel (San Salvador,
　Guanahani) 102/103 OP 7
Watson Lake 106/107 G 3
Wattenmeer 12 C 1/2
Wattens 24/25 G 5
Wattwil 24/25 E 5
Watzmann 24/25 H 5
Wau 74/75 F 5
Waza-Nationalpark 74/75 E 4
Webi Shabeelle 74/75 H 5
Weddellmeer 119.2 C 1/B 3
Wedel 22/23 E 2
Wedemark 22/23 E 3
Weert 24/25 A 1
Wegscheid 24/25 I 4
Weichsel 50/51 I 5
Weiden 24/25 H 3
Weifang 88/89 G 3
Wei He 88/89 F 3
Weikersheim 24/25 E 3
Weilburg 24/25 D 2
Weiler 24/25 C 4
Weilheim 24/25 G 5
Weimar 24/25 G 2
Weingarten 24/25 E 5
Weinheim 24/25 D 3
Weining 88/89 F 4
Weinsberger Wald
　12 F 4, 24/25 JK 4
Weipa 96/97 E 2
Weiße Elster 24/25 H 1
Weißer Main 24/25 G 2
Weiße Insel 85-87 G 2
Weißenburg; Stadt in Bayern
　24/25 F 3
Weißenburg; Stadt in Frank-
　reich 24/25 C 3
Weißenfels 22/23 G 4
Weißer Nil 74/75 G 4
Weißer Volta 74/75 C 4
Weißes Meer
　85-87 CD 3, 54/55 GH 2
Weißmeer-Ostsee-Kanal
　54/55 G 3
Weißrussland
　50/51 L-N 5, 34/35 GH 3
Weißwasser 22/23 J 4

Welikaja 50/51 N 3
Welikije Luki 50/51 O 3
Welkom 77/78 C 4
Wellesley-Inseln 96/97 DE 2
Wellington 96/97 H 5
Wellingtoninsel 118 A 4
Wels 24/25 IJ 4
Weltenburg 24/25 GH 4
Wenchang 24/25 D 3
Wendelstein 24/25 GH 5
Wendland 22/23 G 3
Wenshan 88/89 F 4
Wenzhou 88/89 H 4
Werchojansk 85-87 M 3
Werchojansker Gebirge
　85-87 L-N 3
Werdau 24/25 H 2
Werder 22/23 H 3
Werl 22/23 C 4
Wernigerode 22/23 F 4
Werra 12 D 3
Wertach 24/25 F 5
Wertheim 24/25 E 3
Wesel 22/23 B 4
Wesel-Datteln-Kanal 22/23 BC 4
Weser 22/23 DE 3
Weserbergland 11 C 2/3
Weser-Ems, Regierungsbezirk
　10 BC 2
Wesergebirge 12 C 2
Wesselinseln 96/97 D 2
Wesselowsker Stausee
　64/65 NO 2
Westanatolien 64/65 HI 6
Westaustralien 96/97 BC 3
Westaustralischer Rücken
　124/125 S 8/9
Westaustralisches Becken
　124/125 ST 8
Westaustralisches Tafelland
　94 B 5/D 4
Westaustralstrom
　128/129 S 9/T 8
Westerland 22/23 D 1
Western Cape 77/78 BC 5
Westerstede 22/23 C 2
Westerwald 24/25 CD 2
Westeuropäisches Becken
　124/125 K 3
Westfriesische Inseln
　56/57 JK 5, 22/23 AB 2
Westghats 88/89 C 5
Westindien 128/129 GH 5
Westkap 96/97 G 5
Westlicher Euphrat (Firat)
　64/65 M 6
Westlicher Großer Erg
　74/75 C 3/D 2
Westlicher Indischer Rücken
　124/125 O 9/Q 8
Westlicher Taurus 64/65 H-J 7
Westliche Sierra Madre
　108/109 C 4
Westoder 22/23 J 2
West Palm Beach 108/109 E 4
Westpatagonien 118 A 4/5
Westport 96/97 H 5
Westray 56/57 F 2
Westrich 12 B 4
Westrussischer Landrücken
　36/37 GH 3
Westsaharisches Becken
　124/125 LM 5
Westsajan 85-87 HI 4
West-Schelfeis 119.2 C 15
Westsibirisches Tiefland
　85-87 F-H 3
Westwindtrift 128/129 N 10/O 9
Wetar 92/93 E 4
Wetterau 12 C 3
Wetzlar 24/25 D 2
Wewak 92/93 G 4
Wexford 56/57 D 5
Weyburn 106/107 I 5
Weyhe 22/23 D 3
Whangarei 96/97 H 4
Wheeling 108/109 E 2
Whitehorse 106/107 F 3
Whyalla 96/97 D 4
Wichita 108/109 D 3
Wichita Falls 108/109 D 3
Wick 56/57 F 2
Wicklow Mountains 56/57 D 5
Wiedau 22/23 D 1
Wiedenbrück, Rheda- 22/23 D 4
Wiehengebirge 22/23 D 3

Wien 50/51 H 7
Wienhausen 22/23 F 3
Wiepersdorf 22/23 I 4
Wieren 22/23 F 3
Wies 24/25 F 5
Wiesbaden 24/25 D 2
Wiese 24/25 C 5
Wiesloch 24/25 D 3
Wiesmoor 22/23 C 2
Wight 56/57 G 6
Wil 24/25 E 5
Wildau 22/23 I 3
Wildbad 24/25 D 4
Wildenburg 24/25 E 4
Wildeshausen 22/23 D 3
Wildungen, Bad 24/25 E 1
Wilhelmshaven 22/23 D 2
Wilhelmshöhe 24/25 E 1
Wiljui 85-87 L 3
Wiljuisk 85-87 L 3
Wilkesland 119.2 C 20-17
Wilkizkistraße 85-87 IJ 2
Willingen 24/25 D 1
Willisinseln 96/97 F 2
Wilmington 108/109 F 3
Wilna (Vilnius) 54/55 F 5
Wilseder Berg 22/23 EF 2
Wilsnack, Bad 22/23 G 3
Wiltz 24/25 A 3
Windau 54/55 E 4
Windberg 22/23 C 3
Windhuk 77/78 B 4
Windsheim, Bad 24/25 F 3
Windsor; Stadt in Kanada
　106/107 K 5
Windsor; Schloss 56/57 G 6
Wingst 22/23 DE 2
Winnipeg 106/107 J 4/5
Winnipegosissee 106/107 I 4
Winnipegsee 106/107 J 4
Winnizija 50/51 N 7
Winschoten 22/23 C 2
Winsen 22/23 F 2
Winterberg; Stadt in Nordrhein-
　Westfalen 22/23 D 4
Winterberg; Stadt in der Tsche-
　chischen Republik 24/25 I 3
Winterswijk 22/23 B 4
Winterthur 24/25 D 5
Wipper 22/23 F 4
Wische 22/23 G 3
Wismar 22/23 G 2
Witebsk 50/51 O 4
Witim; Fluss 85-87 K 4
Witim; Stadt in Russland
　85-87 K 4
Witimplateau 85-87 K 4
Witjastiefe 126/127 L 6
Wittenberg 22/23 H 4
Wittenberge 22/23 G 2/3
Wittenburg 22/23 G 2
Wittenoom 96/97 B 3
Wittensee 22/23 E 1
Wittingau 24/25 J 3
Wittingen 22/23 F 3
Wittlich 24/25 B 3
Wittmund 22/23 C 2
Wittow 22/23 I 1
Wittstock 22/23 H 2
Witzenhausen 24/25 E 1
Wjalsee 54/55 H 2
Wjasma 50/51 Q 4
Wjatka; Stadt in Russland
　85-87 D 4
Wjatka; Fluss 85-87 D 4
Wladikawkas 64/65 P 4
Wladimir 85-87 D 4
Wladiwostok 85-87 M 5
Wohlen 24/25 D 5
Wojwodina 64/65 CD 3
Wolchow; Fluss 54/55 G 4
Wolchow; Stadt in Russland
　54/55 G 4
Woleai- Atoll 92/93 G 3
Wolfach 24/25 D 4
Wolfen 22/23 H 4
Wolfenbüttel 22/23 F 3
Wolfgangsee 24/25 I 5
Wolfratshausen 24/25 G 5
Wolfsburg 22/23 F 3
Wolga 85-87 D 5
Wolga-Don-Kanal 64/65 OP 1
Wolgaplatte 36/37 I 3
Wolgast 22/23 I 1
Wolgodonsk 64/65 O 2
Wolgograd 64/65 P 1

Wolgograder Stausee 85-87 D 4/5
Wolkowysk 50/51 L 5
Wollastonsee 106/107 I 4
Wollin 22/23 J 2
Wollongong 96/97 F 4
Wolmirstedt 22/23 G 3
Wologda 85-87 C 4
Wolograder Stausee 38/39 I 4
Wolokolamsk 50/51 Q 4
Wolos 64/65 E 6
Wolschski 64/65 P 1
Wolverhampton 56/57 F 5
Wolynien 50/51 LM 6
Wolynisch-Podolische Platte 36/37 G 3/4
Wonsan 88/89 H 3
Woodlarkinsel 96/97 F 1
Woomera 96/97 D 4
Wörgl 24/25 H 5
Wörishofen, Bad 24/25 F 4
Workuta 85-87 F 3
Wörlitz 22/23 H 4
Worms 24/25 D 3
Woronesch 85-87 C 4
Woronja 54/55 H 2
Worpswede 22/23 D 2
Wörth 24/25 D 3
Woschnesensk 50/51 O 8
Wotau 24/25 I 3
Wotkinsker Stausee 85-87 E 4
Wounded Knee 108/109 C 2
Wrangelinsel 85-87 Q 2
Wrangell 106/107 F 4
Wriezen 22/23 J 3
Wrocław (Breslau) 50/51 H 6
Wuhai 88/89 F 3
Wuhan 88/89 G 3
Wuhu 88/89 G 3
Wu Jiang 88/89 F 4
Wukiang 92/93 C 1
Wümme 22/23 E 2
Wunsiedel 24/25 GH 2
Wunstorf 22/23 E 3
Wuppertal 22/23 C 4
Wursten 22/23 D 2
Würzburg 24/25 E 3
Wurzen 24/25 H 1
Wüste Badain Jaran 88/89 F 2/3
Wüste Gurbantünggüt 88/89 D 2
Wüste Lut 74/75 I 2
Wüste Taklimakan 88/89 C 3/D 2
Wüste Tharr 88/89 BC 4
Wustrow; Insel 22/23 G 1
Wustrow; Stadt in Mecklenburg-Vorpommern 22/23 H 1
Wusuli Jiang 85-87 M 5
Wutach 24/25 D 5
Wuwei 88/89 F 3

Wuxi 88/89 H 3
Wuzhou 88/89 G 4
Wygsee 54/55 G 3
Wyk 22/23 D 1
Wyndham 96/97 C 2
Wyschni Wolotschek 50/51 Q 3
Wytschegda 85-87 D 3

X

Xaafuun 74/75 I 4
Xaintois 24/25 AB 4
Xai-Xai 77/78 D 4
Xanten 22/23 B 4
Xiaguan 88/89 F 4
Xiamen 88/89 G 4
Xi'an 88/89 F 3
Xiangfan 88/89 G 3
Xianggang (Hongkong) 88/89 G 4
Xiangtan 88/89 G 4
Xianyang 88/89 F 3
Xieng Khouang 92/93 C 2
Xigatse 88/89 D 4
Xi Jiang 88/89 G 4
Xinjiang 81/82 JK 5
Xingtai 88/89 G 3
Xingu 113 D 3
Xingxiang 88/89 G 3
Xingyang 88/89 G 3
Xining 88/89 F 3
Xinxiang 88/89 G 3
Xisha-Inseln 88/89 G 5
Xuzhou 88/89 G 3

Y

Yakeshi 88/89 H 2
Yakutat 106/107 F 4
Yalova 64/65 H 5
Yamagata 88/89 J 3
Yamoussoukro 74/75 C 5
Yampi Sound 96/97 C 2
Yamuna 88/89 D 4
Yanbal Bahr 74/75 G 3
Yanbual Bahr 74/75 G 3
Yancheng 88/89 GH 3
Yangon (Rangun) 92/93 B 2

Yangquan 88/89 G 3
Yangzhou 88/89 G 3
Yanji 88/89 H 2
Yantai 88/89 H 3
Yaoundé (Jaunde) 74/75 E 5
Yapen 92/93 F 4
Yapgraben 126/127 L 6
Yapinseln 92/93 F 3
Yaqui 108/109 C 4
Yaraka 96/97 E 3
Yarkant He 88/89 C 3
Yarlun Zangbo Jiang 88/89 E 4
Yarmouth 106/107 M 5
Ya Xian 88/89 F 5
Yazd 74/75 I 2
Ybbs; Stadt in Österreich 24/25 K 4
Ybbs; Fluss 24/25 J 5
Yell 56/57 G 1
Yellowknife 106/107 H 3
Yellowstone 108/109 C 2
Yellowstone-Nationalpark 108/109 BC 2
Yeşilırmak 64/65 L 5
Yibin 88/89 F 4
Yichang 88/89 G 3
Yichun 88/89 H 2
Yinchuan 88/89 F 3
Yingkou 88/89 H 2
Yining (Gulja) 88/89 D 2
Yin Shan 88/89 FG 2
Yipinglang 92/93 C 1
Yitulihe 88/89 H 1
Yli-Kitka 54/55 F 2
Ylitornio 54/55 E 2
Ylivieska 54/55 E 3
Yogyakarta 92/93 D 4
Yokohama 88/89 I 3
Yola 74/75 E 5
Yon Jiang 88/89 F 4
Yonne 56/57 I 8
York 56/57 G 5
Yorkton 106/107 I 4
Yosemite-Nationalpark 108/109 B 3
Yos Sudarso 92/93 F 4
Yozgat 64/65 K 6
Ypinglang 88/89 F 4
Ystad 54/55 C 4
Yucatán, Halbinsel 108/109 DE 5
Yueyang 88/89 G 4
Yukon; Fluss 106/107 D 3
Yukon; Provinz 106/107 F 3
Yukonplateau 100/101 G-I 3
Yulin 88/89 G 4
Yuma 108/109 B 3
Yumen 88/89 E 2
Yungas 113 C 4
Yunnanplateau 88/89 F 4

Z

Zabern 24/25 C 4
Zabol 74/75 J 2
Zacatecas 108/109 C 4
Zadar 60/61 M 3
Zagań (Sagan) 22/23 K 4
Zagreb 60/61 MN 3
Zagrosgebirge 70/71 I 4/J 5
Zahedan 74/75 J 3
Zahidan 88/89 B 4
Zaire (Demokratische Republik Kongo) 77/78 BC 2, 122/123 N 7
Zakopane 50/51 IJ 7
Zamboanga 92/93 E 3
Zamora 60/61 C 5
Záncara 60/61 D 6
Zanjan 74/75 H 2
Zaozhuang 88/89 G 3
Zapala 118 A 3
Zaragoza 60/61 E 5
Zaria 74/75 D 4
Zarqa 74/75 G 2
Zary (Sorau) 22/23 K 4
Zasieki (Forst) 22/23 J 4
Zauche 22/23 H 3
Zehdenick 22/23 I 3
Zehn-Grad-Straße 92/93 B 3
Zeitz 22/23 H 4
Zell 24/25 C 2
Zella-Mehlis 24/25 F 2
Zell am See 24/25 H 5
Zellerfeld, Clausthal- 22/23 F 4
Zenica 60/61 N 3
Zentralafrika 74/75 EF 5, 122/123 N 6
Zentralafrikanische Republik 122/123 N 6
Zentralafrikanische Schwelle 68/69 H 7-9
Zentrales Tiefland 100/101 M 6/N 5
Zentralgebirge 92/93 FG 4
Zentralindischer Rücken 124/125 Q 7/R 9
Zentralindisches Becken 124/125 R 7/8
Zentralpazifisches Becken 126/127 NO 6
Zerbst 22/23 H 4
Zeulenroda 24/25 G 2
Zeven 22/23 E 2
Zgorzelec (Görlitz) 22/23 K 4
Zhangjiakou 88/89 G 2
Zhangye 88/89 F 3

Zhangzhou 88/89 G 4
Zhanjiang (Tsamkong) 88/89 G 4
Zhengzhou (Tschengtschou) 88/89 G 3
Zhongshan 119.2 C 14
Zhuzhou 88/89 G 4
Zibo 88/89 G 3
Ziegenort 22/23 J 2
Zielenzig 22/23 K 3
Zielona Góra (Grünberg) 22/23 K 3
Zigong 92/93 C 1
Ziguinchor 74/75 B 4
Žilina 50/51 I 7
Ziller 24/25 G 5
Zimljansk 64/65 O 2
Zimljansker Stausee 64/65 O 1
Zinder 74/75 D 4
Zingst; Stadt in Mecklenburg-Vorpommern 22/23 H 1
Zingst; Halbinsel 22/23 H 1
Zinna 22/23 HI 3
Zinnowitz 22/23 I 1
Zinnwald-Georgenfeld 24/25 I 2
Zittau 24/25 J 2
Zlín 50/51 H 7
Zomba 77/78 D 3
Zonguldak 64/65 I 5
Zossen 22/23 I 3
Zruč 24/25 K 3
Zschopau; Stadt in Sachsen 24/25 I 2
Zschopau; Fluss 24/25 I 1/2
Zuckerhütl 11 D 5
Zugspitze 24/25 G 5
Zújar 60/61 C 6
Züllichau 22/23 K 3
Zülpicher Börde 12 B 3
Zunyi 88/89 F 4
Zürich 24/25 D 5
Zürichsee 12 C 5
Zutphen 22/23 B 3
Zweibrücken 24/25 C 3
Zwettl 24/25 K 4
Zwickau 24/25 H 2
Zwickauer Mulde 24/25 H 1/2
Zwiefalten 24/25 E 4
Zwiesel 24/25 I 3
Zwischenahn, Bad 22/23 D 2
Zwolle 22/23 B 3
Zypern; Staat 64/65 IJ 8, 34/35 H 5
Zypern; Insel 124/125 O 4